新编21世纪公共管理系列教材

• 行政管理、公共事业管理系列 •

非营利组织管理

第二版

Managing Nonprofit Organizations

康晓光 主编

中国人民大学出版社
· 北京 ·

作 者 简 介

康晓光　中国人民大学公共管理学院教授、博士生导师，中国人民大学中国公益创新研究院（前身为中国人民大学非营利组织研究所）院长，享受国务院政府特殊津贴；曾在中国科学院生态环境研究中心任职。主要研究领域为非营利组织管理、公益慈善、政治发展、国家与社会关系、儒家政治文化等，开设“非营利组织管理”等课程。著（编）有《行政吸纳社会》《NGO 与政府合作策略》《非营利组织管理》等专著和教材多部，领衔主编《中国第三部门观察报告》（自 2011 年起每年出版一部报告）；在《社会学研究》《管理世界》《中国软科学》，以及 *Modern China*，*Social Sciences in China* 等国内外学术期刊上发表论文数十篇。两次获得中国科学院科技进步奖一等奖。

内 容 简 介

由著名非营利组织研究者、中国人民大学康晓光教授主编的《非营利组织管理》一书，是中国人民大学“十三五”规划教材，致力于为读者提供一部兼具理论性与实践性的非营利组织管理入门教材。本书精要概述了非营利组织的基本概念及第三部门的结构、功能与环境，在此基础上，从战略管理、项目管理、人力资源管理、资金管理、无形资产管理、组织管理、政府管理体制等方面，对非营利组织管理的理论与实践进行了系统论述，并从政治社会学视角和公共管理学视角对非营利组织的相关学术理论进行了简要梳理和评价。

本书博采众长，广泛借鉴管理学、社会学、政治学等领域的非营利组织相关研究成果，并结合中国非营利组织发展的实践，在教材内容的本土化方面迈出了第一步。本书对前现代慈善与现代慈善的对比、从慈善史角度对现代非营利组织核心特征的解析、对公益慈善独特的人性与制度基础的论述、对当下中国慈善文化理想类型的对比、对中国非营利领域政府管理体制的梳理等内容，都发他人所未发，极具理论启示与现实关怀。

出版说明

现代意义上的公共行政与公共管理研究和教育始于20世纪初的西方。时至今日，随着公共管理职业化的发展，公共行政与公共管理的研究和教育事业在西方发达国家方兴未艾。自20世纪80年代起，为了适应政府改革与公共管理人才培养的需要，我国的公共行政与公共管理研究和教育在经历了发展的挫折之后，开始了恢复和重建的工作。经过多年的发展，特别是公共管理一级学科的设置和我国公共管理硕士（MPA）教育的启动以及高校公共管理专业的大量开设，公共管理已成为当代中国社会科学和管理科学领域的一个充满生机活力和具有远大发展前景的学科。

为了满足广大高校公共管理类专业的教学需要，在历届教育部高等学校公共管理类学科专业教学指导委员会的指导和支持下，中国人民大学出版社自1999年起，陆续出版了“21世纪公共行政系列教材”“21世纪公共管理系列教材”“21世纪公共事业管理系列教材”“公共管理系列教材”“公共管理核心课程系列教材”“21世纪劳动与社会保障系列教材”“21世纪土地资源管理系列教材”“21世纪城市规划与管理系列教材”等多个本科系列教材。这些教材被国内高校公共管理类专业广泛选用，并得到了公共管理学界的支持和认可，数十种教材被评为“十五”“十一五”“十二五”国家级规划教材，普通高等教育精品教材，以及各省市精品教材，为我国公共管理学科发展和人才培养做出了积极的贡献。

我国高等教育改革的进一步深化，以及新技术和新媒体的不断发展，对高校教材提出了更高的要求。为了回应这种要求，我们在广泛调研的基础上，拟对上述系列教材进行整合和提升，推出“新编21世纪公共管理系列教材”，以满足国内高校公共管理一级学科下设的行政管理、公共事业管理、劳动与社会保障、土地资源管理、城市管理、海关管理、交通管理、海事管理、公共关系学等本科专业的教学需要。

“新编21世纪公共管理系列教材”将秉承中国人民大学出版社“出教材学术精品，育人文社科英才”的宗旨，从本科教育的特点出发，从公共管理教育的特点出发，为广大高校公共管理类专业师生提供一套高质量的本科教材。在教材编写和内容安排上，“新编 21 世纪公共管理系列教材”强调基础知识、基本理论和基本技能，同时，也尽可能地体现创新性和前沿性，反映相关领域理论与实践的最新发展情况。

“新编 21 世纪公共管理系列教材”由中国人民大学、中山大学、北京大学、清华大学、复旦大学、厦门大学、武汉大学、浙江大学、吉林大学、东北大学、北京师范大学、山东大学、四川大学、西北大学等数十所国内著名大学的知名学者领衔著述，我们期望通过这种强强联合、优势互补、资源共享的方式，为国内公共管理学界奉上一套体现系统性、权威性、通用性，并兼具创新性、前沿性、启发性的精品教材。

公共管理的实践是不断发展和变化的。随着公共管理实践的不断发展，公共管理学科研究的范围、主题和内容也在不断地发展和变化。我们将紧跟公共管理学科的发展，与所有作者一起，不断对本套教材进行修订和完善。望广大读者给我们反馈信息，对本套教材提出批评和建议，以使我们能够在所有读者和作者的帮助下，与中国公共管理学科共同成长。

中国人民大学出版社

前　言

作为一本教材，需要时刻关注跟踪现实变化，将其更新吸纳到作品里，使之不太过滞后于现实。近年来，中国非营利领域有诸多新发展、新现象，作者对于该领域也有一些新思考、新收获，因此借此次教材修订的契机对原版进行了完善。此次工作，既弥补了一些既有的缺憾，也再次留有了一些新的遗憾，且在前言中做一简要说明。

本次修订的内容集中于以下几个方面：

导论部分，新版对“非营利组织”的概念进行了深入分析而非一般化的简单罗列。萨拉蒙关于现代非营利组织的核心特征的论述，已经成为本领域研究者和实践者日用而不疑的“常识”，以至于很少有人发问，为什么现代非营利组织具备这五点特征？本书认为，该问题需要放置在慈善史的脉络中进行理解，即从前现代慈善到现代慈善的演变过程中，来予以回答。进一步自然引申出的问题则是，为什么现代非营利组织能够从“社会”中分化出来，其必然性何在？本书通过诉诸公益慈善独特的人性与制度基础，对该问题予以解答。最后，本书从公益与商业关系角度对上述问题进行了对比说明，并对“社会企业”“公益商业化”等时新热点进行了正本清源式的辨析。

募捐部分，新版在开篇建立了慈善募捐的基本模型，并从该模型的构成要素出发，对比描述了实践中的诸多募捐方法之异同，并纳入了时下方兴未艾、如火如荼的网络募捐方法。

无形资产部分，新版精简了原版的众多定义和分类方式，综合给出了本书的核心定义与分类体系，并从该定义与分类出发，对后续内容加以整理。

组织结构部分，新版增加了“无边界组织”的内容，以涵盖时下兴起且日益重要的虚拟组织、非正式网络等新型组织形式及多样化的行动主体。组织文化部分，结合作者近年来的研究，本书识别了在中国公益慈善领域发挥作用的慈善文化的两种理想类型，并按照统一的框架对其进行了描述对比。

政府管理体制部分，新版删去了原版里国外管理体制的相应内容，并结合近年来慈善领域新出台的一系列重要的法律法规，对政府管理体制的总体特征及具体的管理方式进行更新调整。

理论部分，新版对公共管理学视角下的相关理论进行了补充，涵盖了市场失灵、契约失灵、政府失灵、志愿失灵、第三方政府、多中心治理理论、新公共管理、民营化理论、公共治理理论等与非营利组织管理相关的主要理论。

此外，全书还涉及诸多细节性的微调，如数据更新、法条替换等，此处不再一一赘述。

在上述已完成的工作之外，此次修订依然还留有不少未完成的设想。这种“未完成”主要体现于本书在“整体性”与“中国化”两个方面都有待丰实。

本书的“整体性”不足，最直观地体现在整本教材缺乏一个实质性的统一框架，章与章、章与节、节与节之间的联系、呼应、协同均有所欠缺，从而导致本书整体感、统一感不足。需要看到，这种不足其实是非营利领域的教材乃至著作的共性。其背后更为根本的问题是，作为一门成建制的学科和专业，非营利组织管理是否存在一些基础的、根本的概念，一些重大的、原创的理论，一条统摄的、贯穿的主轴，一个统辖性、全局性的框架，从而能够将非营利组织的内部运作（战略、项目、资源等）与外部环境（历史、文化、技术、经济、社会、政治法律、国际环境等）在学理上加以统一整饬，使之既可各安其位、各得其所，又能相互配合、彼此呼应。笔者的《超慈善》一文和《中国慈善》一书便致力于回答该问题，当然，这种回答依然在路上。

学理上的疑惑反映着现实的困境。此种困境生动体现在“非营利”“非政府”的自我指称中。我们不会将“骡子”定义为“非驴”“非马”，但是我们却将自己所致力于的组织和领域命名为“非营利”“非政府”，从而使之陷入了“非驴”“非马”的窘境。“非驴”“非马”窘境提出的根本问题是：非营利/非政府是一个独立的、自成一体的“物种”吗？该问题关乎本领域研究者与从业者的自我认知问题，也关乎政府、企业、社会公众对该领域的接纳认可问题，最终关乎非营利/非政府组织和部门的合法性问题。笔者的《义利之辨：基于人性的关于公益与商业关系的理论思考》一文即从人性论、价值观、资源运用规范、微观组织形式、宏观运行机制等由里及表的多个方面探讨了公益慈善/非营利/非政府的合法性、必要性与独立性。但这依然只是第一步。

本书的“中国化”不足，主要表现在本书现行框架下具体内容多是源自西方的舶来品，其本土化、中国化程度远远不够。读者在阅读过程中也许会直观感受到，本书的主要编制策略是博采众长，广泛借鉴西方管理学、社会学、政治学等领域的重要研究成果，并结合非营利组织管理的现实与中国非营利实践的案例素材，以弥补其“中国性”不足的缺憾。但不得不说，这种学术中国化、本土化的努力才刚刚开始。

中国具有深厚强韧的文化传统、源远流长的慈善历史、独树一帜的政治经济体制，它们构成了中国公益慈善/非营利实践独特的外部环境，塑造了具有中国特色的政府社会关系、公益商业关系、公益慈善实践、非营利部门系统结构，以及更为深层的公益慈善参与和行动方式背后的历史传承、行为动机、理念价值等。这种特色与差异既需要从学术上加以总结概括，也需要知行合一，主动对中国的慈善历史文化遗产加以活化，并与当下中国的公益慈善/非营利实践进行有机结合。笔者所主持的“体用”视角下的慈善文化行动性研究便致力于这一理想目标和行动路径。

概言之，在组织管理的普遍性的基础上走向非营利组织管理的独特性，在非营利组织管理的普遍性的基础上走向中国非营利组织管理的独特性，是本教材下一步修订的具体操作方向。将这些遗憾记于此处，既是对作者后续思考与行动的勉励，也希望其能够给予读者些许启发，如此则足矣。

编者

2020 年 6 月 11 日

目　录

第1章

导　论

二十多年来，非营利组织在中国得到了快速发展，越来越多的人开始关注甚至直接参与这类组织的活动。但与此同时，仍然有相当多的人对它感到陌生。其实，非营利组织遍布在我们身边，与我们的生活和工作有着千丝万缕的联系。

作为全书的导论，本章将告诉大家哪些组织是非营利组织，非营利组织有哪些特征和功能，我们为什么要研究非营利组织，以及学习非营利组织这门课程对我们的个人生活有什么意义。

1.1　概念解析

“非营利组织”这个概念是一个舶来品，是英文“nonprofit organization”的汉译，缩写为“NPO”。非营利组织这一概念对应的组织形式在不同的国家和地区有不同的称呼，比如“非政府组织”“志愿组织”“慈善组织”“公益组织”“免税组织”“民间组织”“社会组织”“独立组织”等等。萨拉蒙恰当地指出：“每一种称呼都至少会部分地误导着人们的视线；但同时，每一种称呼又反映了该领域的某一方面的性质。”①

除了繁多的称呼以外，对非营利组织内涵和外延的界定也是五花八门。目前来看，常见的定义非营利组织的方法有“剩余法”“特征法”“功能法”“法律界定法”。

1.1.1　非营利组织常见的定义方式

1. 剩余法

剩余法是较为流行的界定非营利组织的方法。这种方法认为，现代社会存在三类组织，一为政府组织，二为商业组织或营利组织，剩余的组织就是非营利组织。也就是说，

① 李亚平，于海．第三域的兴起：西方志愿工作及志愿组织理论文选．上海：复旦大学出版社，1998：31.

既非政府机构，又非商业组织的组织，即为非营利组织或非政府组织。

这种分类方法构成了“三部门理论”的基础。“三部门理论”认为，现代社会是由三大部门组成的，第一部门由政府组织构成，第二部门由商业组织构成，第三部门由非营利组织构成。“第三部门”亦称为“非营利部门”“非政府部门”“独立部门”“志愿部门”等。

剩余法的优点是简易，缺点是过于空洞，这种定义方法属于把大象定义为“非马”①，未能确切地指出非营利组织的属性，也未能界定它与其他组织的本质差异。

2. 特征法

特征法通过确定非营利组织的一系列特征对其进行定义。特征法规避了剩余法的缺点。

萨拉蒙根据组织的结构和运作方式，提出了非营利组织的五个基本特征：一是正规性，强调要有正式的规章制度、组织结构、经常性活动，以及法人身份。二是民间性，强调非营利组织不是政府的一部分。但是，这并不意味着非营利组织不能接受政府的资助。三是非利润分配性，强调非营利组织不是为其拥有者积累利润。非营利组织可以赢利，但盈余必须服务于组织的使命，不能在组织的缔造者、出资者或管理者中进行分配。四是自治性，强调非营利组织能够自主地选择自己的活动，拥有不受外部控制的内部管理程序。五是志愿性，强调非营利组织无论是实际开展活动，还是在管理组织的事务中均有显著的志愿参与，特别是形成有志愿者组成的董事会和广泛使用志愿人员②。

海曼指出了非营利组织的四个特征：一是成员致力于某些公益目标，二是经费不依赖官方，三是首要目标不在于获得最大利润，四是成员可以自由地随时退出③。

沃尔夫把非营利组织的特征概括为：一是具有公共服务使命，二是组织形式为非营利性或慈善性的公司，三是其治理结构应避免获取自我利益或个人金钱利益，四是无须支付联邦税，五是给予它们的捐赠能够获得税收减免的特殊法律地位④。与萨拉蒙和海曼相比，沃尔夫突出强调了非营利组织的免税地位。

联合国国民经济核算体系依据组织的资金来源定义非营利组织，认为只要一个组织的资金的一半来自其成员缴纳的会费和支持者的捐赠就属于非营利组织。与上述定义相比，联合国的定义则突出强调了非营利组织收入的志愿性。

特征法的优点是易于把握非营利组织的本质特征，缺点是适用范围有限。在某些国家或地区适用的特征，在其他国家或地区不一定适用。

3. 功能法

针对特征法的弊端，我们认为，在中国大陆，要判断一个对象是不是非营利组织，不必追究它是否具有正规性、非政府性、非营利性、自治性、志愿性、合法免税权利，而要看它的社会功能，只要它做的事确实是非营利组织应该做的事，那么就可以认定它是一个非营利组织。

---

① 沃斯．非营利管理：原理与实务：第3版．广州：华南理工大学出版社，2016.
② 萨拉蒙，等．全球公民社会：非营利部门国际指数．北京：北京大学出版社，2007：12-13.
③ 海曼．协会管理．北京：中国经济出版社，1985.
④ 沃尔夫．管理21世纪的非营利组织．北京：商务印书馆，2016.

根据这种功能性定义，当前中国大陆的非营利组织包括以下类型：人民团体类组织①，国家规定的免登记社团②，事业单位，城乡居民管理委员会③，在民政部门登记注册的社会团体、社会服务机构、基金会，在其他政府部门登记注册的非营利组织（如业主委员会、宗教活动场所等），以企业法人身份登记注册的非营利组织，海外非营利组织在中国的分支机构，挂靠在合法组织下的非营利组织，在单位、社区内部活动的非营利组织，公园街头的各种兴趣组织，互联网上的虚拟社团，等等。

功能法的优点是抓住了非营利组织的功能性特征，适用于发展中国家和转型中的国家，而缺点是无法把握非营利组织的组织结构、行为方式、资源来源等特征。

4. 法律界定法

各国政府管理部门针对非营利组织制定了操作性定义。

英国政府对非营利组织的认定标准为：(1) 该组织为公众而非私人利益设立；(2) 该组织雇用一些志愿服务、不领薪水的人员；(3) 领薪水的人员放弃应有的报酬（如接受比一般行情低的薪水）；(4) 盈余不得分配给会员；(5) 不受薪的理事负责管理该组织事务；(6) 其资金来自不同的组织④。

日本的法律规定，非营利组织是指不以营利为目的，并且其收入不得分发给成员的社会组织。但是，非营利并不意味着不能参加营利性经营活动，而是必须把各种收入用于公益事业⑤。

美国税法501 (c) (3) 规定，免税组织必须符合三个条件：一是该机构的运作目标完全是为了从事慈善性、教育性、宗教性和科学性的事业，或者是为了达到该税法明文规定的其他目的；二是该机构的净收入不能使私人受惠；三是该机构所从事的主要活动不是为了影响立法，也不干预公开选举。能够享受免税资格的组织便是非营利组织。501 (c) (3) 覆盖的组织类型有医疗保健组织、宗教组织、慈善机构、科研单位、教育机构、艺术团体、体育协会等。当社会公众向这类组织捐赠时，可以享受税收减免优惠⑥。

《中华人民共和国民法总则》规定，“为公益目的或者其他非营利目的成立，不向出资人、设立人或者会员分配所取得利润的法人，为非营利法人”，非营利法人包括事业单位、社会团体、基金会、社会服务机构等。《中华人民共和国慈善法》（简称《慈善法》）则将慈善组织定义为“依法成立、符合本法规定，以面向社会开展慈善活动为宗旨的非营利性组织”，慈善组织可以采取社会团体、基金会、社会服务机构等组织形式。

社会团体、基金会、社会服务机构构成了中国非营利组织的主体。按照《社会组织登

---

① 包括中华全国总工会、中国共产主义青年团、中华全国妇女联合会、中国科学技术协会、中华全国归国华侨联合会、中华全国台湾同胞联谊会、中华全国青年联合会、中华全国工商业联合会，及其基层组织。

② 包括中国文学艺术界联合会、中国作家协会、中华全国新闻工作者协会、中国人民对外友好协会、中国人民外交学会、中国国际贸易促进会、中国残疾人联合会、中国宋庆龄基金会、中国法学会、中国红十字总会、中国职工思想政治工作研究会、欧美同学会、黄埔军校同学会、中华职业教育社、电影家协会、戏曲家协会、美术家协会、音乐家协会、曲艺家协会、舞蹈家协会、摄影家协会、书法家协会、民间文艺家协会、杂技家协会、电视艺术家协会，及其基层组织。

③ 包括城市社区居委会、农村村委会。

④⑤⑥ 李晓明. 国内外非营利组织研究述评. 西北大学学报，2007 (5).

记管理条例（征求意见稿）》的界定：社会团体，是指中国公民自愿组成，为实现会员共同意愿，按照其章程开展活动的非营利法人。基金会，是指利用自然人、法人或者其他组织捐赠的财产，以提供扶贫、济困、扶老、救孤、恤病、助残、救灾、助医、助学、优抚服务，促进教育、科学、文化、卫生、体育事业发展，防治污染等公害和保护、改善生态环境，推动社会公共设施建设等公益慈善事业为目的，按照其章程开展活动的非营利法人。社会服务机构，是指自然人、法人或者其他组织为了公益目的，利用非国有资产捐助举办，按照其章程提供社会服务的非营利法人。

社会团体、基金会、社会服务机构三者的共同特征是：（1）该组织不以营利为宗旨和目的；（2）资源提供者向该组织投入资源不得取得经济回报；（3）资源提供者不享有该组织的所有权。

1.1.2 现代非营利组织核心特征的历史根源

上述诸多定义方式中，影响力最大、接受度最高、传播度最广的是萨拉蒙所采取的“特征法”。这一方面是由于通过提取事物本质特征来“下定义”的方式，更符合学术规范；另一方面则是因为萨拉蒙所归纳的五个特征——正规性、民间性、非利润分配性、自治性、志愿性，已经成为一个现代非营利组织的基本属性。

但无论是萨拉蒙本人，还是该定义的后来使用者，都未能清晰地说明，为什么一个标准的现代非营利组织需要同时具备上述五个特征。笔者认为，想要回答该问题，必须诉诸公益慈善历史，即只有将现代非营利组织放在公益慈善的演变过程中，通过比较前现代与现代公益慈善组织的异同，才能对现代非营利组织的核心特征加以深刻理解。

在前现代农业文明中，主要的经济部门是农业，传统农业的主要生产资料是土地（尤其是耕地），且土地的人口承载量很低。所以，人口被束缚在土地上，主要聚落形态是小规模的村社。个人的活动空间非常狭小，不但地理空间非常狭小，社会空间也非常狭小，并且人口流动性很低，即所谓“熟人社会”。社会的主要组织形式是大家庭、家族、宗族。借助大家庭和传统乡村社区为个体提供各种保障。

前现代慈善是农业文明中的慈善。前现代慈善一般由地方精英主导。确定救济对象与需要解决的问题、提出解决方案、筹集资源、组织实施、监督问责等均由地方头面人物主持。绝大多数的慈善活动是临时性的，局限于本乡本土，而且规模不大。从头到尾皆由同一个或一群人实施，没有明显的、稳定的专业分工，参与者不是以慈善为职业的人，而是“业余的”、“兼职的”、不拿报酬的“义工”。农业社会里也存在各式慈善机构①，但它们不具有现代慈善组织的普遍特征。助人者与受助者直接面对面，无需中间环节。传统道德构成慈善价值观，风俗、约定俗成的惯例、明文规定的乡规民约构成了慈善的行为规范。慈善属于社会自治领域，政府几乎不干预，也没有专门的法律调整。但是，问责是高效的，在熟人社会里，高度透明，没有秘密，一切丑行都会受到千夫所指，而且

① 夫马进．中国善会善堂史研究．北京：商务印书馆，2005；韩德林．行善的艺术：晚明中国的慈善事业．南京：江苏人民出版社，2015；梁其姿．施善与教化：明清时期的慈善组织．北京：北京师范大学出版社，2013.

被世代传播。在慈善领域，家庭、家族、村社、宗教组织发挥“主力军”作用，政府的作用不大，往往在发生大的天灾人祸的时候采取行动。

资本主义市场和以现代科学为基础的技术体系，有力地推动了工业化和城市化。制造业取代农业成为主导产业。以效率至上、科学管理为特征的生产方式大行其道。工业化和城市化导致了人口的大规模流动——从农业流向工商业、从农村流向城市，彻底摧毁了以农业为基础的世代定居的乡土社会。城市取代农村成为主要的人口聚居场所，相应地，大规模的“匿名社会”取代了小规模的“熟人社会”。个体的独立性、自主性、流动性空前提高，个人主义价值观盛行，传统的大家庭解体，核心家庭成为主要的家庭形态。

现代社会广泛地实行分工与专业化，公益领域亦是如此。社会分化出一类专业机构（公益组织），其职能是发现问题、提出解决方案、筹集资源、组织实施。“前现代慈善”中的“慈善家”的职能被分割了，“现代慈善”中的“慈善家”（捐赠人与志愿者）仅仅出钱、出物、出力，而不再参与发现问题、提出解决方案、筹集资源、组织实施等环节的工作。在现代慈善中，慈善组织是联结提供慈善资源的人与接受救助的人的“合法的”桥梁。它本身并不是“慈善家”，而是“中介者”或“中转站”。

慈善组织采取的组织形式是科层制——有得到政府管理机关认可的法人身份、有正式的章程、有规范的组织结构、有专职工作人员。此类“正式慈善组织”主宰了现代慈善，至少被认为是现代慈善的“主力军”。

一般来说，绝大多数的现代慈善组织的专职工作人员不是业余的、兼职的、不计报酬的志愿者，而是以此为职业并靠这份工作养家糊口的“从业者”。他们本身不是“慈善家”，既不捐款、捐物，也不无偿贡献时间和技能，而是一般的“工薪劳动者”，靠在慈善组织就业谋取一份收入，以支撑自己和家庭的生活所需。

现代慈善也不再是临时性的、地方性的、小规模的集体行动，而是常规性的、持续性的、大范围的、大规模的集体行动。理性化——效率至上、科学管理——导致慈善组织追求规模化、持久性，其项目具有大规模、大范围、标准化、稳定、持久的特征。

政府深度介入慈善领域，法律发挥着不可或缺的调节作用。政府的主要管理工具除了法律法规，还有注册管理、税收优惠、审计等。在“大政府时代”，政府大踏步进入慈善领域，从摇篮到墓地，包揽个人的一切需求。一些过去由民间慈善解决的问题，由政府接管了，成为其行政职能的组成部分。以往作为人道主义诉求的慈善内容，变为公民的权利和政府的职责，即变为由法律规定的、政府负责兑现的公民权利。

通过上述比较，可以发现，从前现代慈善到现代慈善，公益慈善在价值观、行动主体、组织形式、项目运作方式、政府角色等主要维度上均发生了实质性转变。也正是在这个历史过程中，现代非营利组织的基本特征——正规性、民间性、非利润分配性、自治性、志愿性，得以产生、明确并巩固下来。

1.1.3 为什么现代非营利组织能够分化出来

通过梳理公益慈善简史，本书在比较前现代慈善与现代慈善的过程中，说明了为什么现代非营利组织具有萨拉蒙所说的五个特征。但依然还留有一个尚待回答的问题是：现代非营利组织能够分化出来的必然性何在？本书认为，对这个问题的回答，需要诉诸公益慈善独特的人性与制度基础。

概言之，我们承认人具有利他的可能性。所谓“利他”，一般说来，具有四个“要件”：其一，以造福他人为目的；其二，自己不求回报；其三，自己要蒙受一定的损失；其四，出于自愿。这也是严格的利他定义。借助简单的日常经验，我们便可以发现利他行为的广泛存在，由此可见，人性中具有利他的可能性。

关于人为什么会利他，不同的文化与学说会给出不同的回答，中国传统儒家文化给出的答案是利他行为的动机就深藏于人性之中。因此，公益的最深的根基就在人性之中，即人性中的利他性。

因为人具有利他性，遂存在与之相呼应的“利他主义”价值观。在利他性与利他主义的人性和价值观基础上，形成了相应的资源使用规范，即为了他人的福祉使用（付出）自己的资源，并遵循“道德规范”，也就是“不求回报原则”。进而，与之相对应的微观组织形式——公益组织，以及宏观运行机制——道德场，也得以形成。

遵循上述逻辑，“利他动机—无偿给予—公益组织—道德场”的稳定链条得以建立，“利他/公益模式”得以形成。与之相对应的则是“利己动机—等价交换—企业—市场”之间的稳定联系，即“利己/商业模式”。

正因为人具有利他性，因此社会中能够存在“利他主义”的价值观念，无偿给予的资源使用规范才得以形成，公益组织于是能够在这种土壤中成长，“道德场”才具有独立分化出来的可能性。而在一个现代社会中，分化而出的公益部门的典型微观组织形式——非营利组织，也必然具有萨拉蒙所说的基本特征。也正是在这个意义上，我们说现代非营利组织的核心特征深深孕育于独特的人性与制度基础之中。

1.1.4 从公益与商业关系角度理解非营利组织的核心特征

时下，“社会企业”“公益商业化”等涉及公益与商业关系的说法成为热点，引发了诸多讨论，也混淆了不少观念。实际上，从上述慈善的人性基础、慈善简史以及现代非营利组织的核心特征入手，便能对这些众说纷纭的观点正本清源；同时，对“社会企业”“公益商业化”的探讨，也有助于理解现代非营利组织的本质属性。

关于什么是社会企业，目前学术界与实务界尚未有定论。不过，下列诸条大体上构成了关于社会企业定义的“共识”：以解决社会问题为主要目的；属于企业而非公益组织；分红受限制，不分配的利润用于目的事业；收入主要来自服务与产品的销售收入；更严格的标准涉及治理结构和财产权，所有的利益相关方都应进入董事会，关闭或清算时剩余资产只能用于社会目的，必须在章程中体现“资产锁定”原则。

在社会企业发展较好的英国、韩国等国家，以上原则也贯穿于相关的法律法规中。比如，在资金来源中规定社会企业至少有50%的收入源于商业营收，即至多有50%的社会捐赠；在治理结构中必须有独立代表社会利益的董事存在；在利润流向环节规定分红不得超过50%，破产清算时只能回收本金，甚至本金也不能回收。

可以发现，上述关于社会企业的诸多规定正是与现代非营利组织的基本特征相对应的。在现代慈善中，捐赠者将资源交给公益组织，所有权发生转移，归公益组织所有，而公益组织必须将其用于公共利益。为此，现代社会创造了一种被称为“非营利组织”的微观组织形式：作为公益事业的“中介”，公益组织必须服务于公共利益，而不能成为个人谋取私利的工具；公益组织的财产所有权不能归任何个人所有，必须归社会所有；公益组织不能有企业中的股东，任何人不能因为提供资金而获得决策权和剩余分配权；关闭、清算之后，剩余财产转交给宗旨相同的公益组织，以示对捐赠者意愿的尊重；理事会代表社会管理公益组织，理事不是由出资人指定或选举产生的。上述制度安排，保证了公益组织能够忠实地执行助人者的委托，忠实地履行对受助者的责任；保证了捐赠财产不会被任何人尤其是公益组织的管理者据为私有，并使捐赠者能够放心地把财产交予公益组织，从而有效地开发社会的公益资源，释放社会的利他潜能。

因此，现代公益组织拥有一种不以营利为目的的组织结构，拥有一种避免任何个人利己营私的管理制度。通过“非分配性约束”，“不以营利为目的”原则不再停留于口头宣示层面，而是落实到制度和运作层面，从而获得了有力的“保障”。这也正是现代非营利组织“非市场性”的具体落实。

正因如此，尽管社会企业的本质属性是企业，但由于它可以接受社会捐赠，因而也具有了“社会”属性。适用于非营利组织的一套原则，自然也就适用于社会企业本身。所以，在社会企业发展较为成熟的国家与地区，才会存在一系列涉及财产所有权、治理结构、利润分红、资产清算等问题的规范，因为这些规范正是与现代非营利组织的核心标准相对应的。

1.2　第三部门的结构

依据任何一个指标，如规模、出身、组织方式、活动领域，以及所发挥的作用，都可以对非营利组织进行分类。而且各类非营利组织之间存在着广泛的相互作用。所谓“第三部门的结构”是指构成第三部门的各种类型的非营利组织的存在状态以及它们之间相互作用的方式。

从分工和专业化的视角来看，可以把非营利组织分为三大类：行动类非营利组织；专业支持类非营利组织，或支持类非营利组织；资金支持类非营利组织，即基金会。三类非营利组织的相互关系如图 1－1 所示。

行动类非营利组织直接影响公众和社会。该类组织可以进一步划分为服务类、倡导类、服务兼倡导类。依据活动领域的属性，服务类组织可以划分为教育类、文化艺术类、体育类、环境保护类、医疗卫生类、扶贫济困类、维权类、法律服务类、残疾人服务类、市场中介类等。功能性组织（工会、商会、行业协会、学会等）和宗教组织也属于服务类。倡导类可以划分为立法参与类、政策干预类和舆论导向类。实际上，服务与倡导难以截然区分，在很多情况下，服务就伴随着倡导，而倡导本身就是一种服务。因此，我们把那些明显的同时兼有服务和倡导功能的非营利组织称为服务兼倡导类组织。

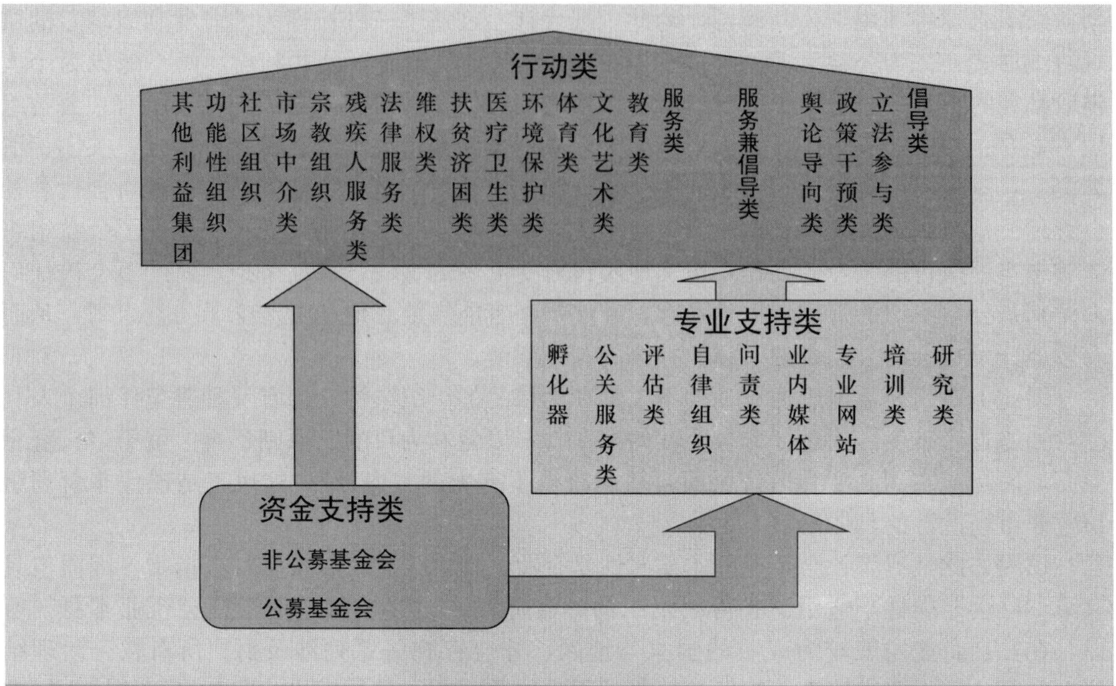

图 1-1　三类非营利组织的相互关系

专业支持类非营利组织并不直接对公众和社会施加影响，而是为行动类组织提供各种专业上的支持。依据所提供的专业支持的属性，专业支持类组织可以划分为研究类、培训类、专业网站、业内媒体、问责类、自律组织、评估类、公关服务类、孵化器。

资金支持类非营利组织为上述组织提供资金支持。我国法律把基金会划分为公募基金会和非公募基金会（俗称私募基金会）。有的基金会仅仅从事资助活动；有的基金会并不资助其他组织，而是把筹得的资金直接投入自己的行动之中；有的基金会则既资助其他组织，又采取直接行动。

一般说来，第三部门结构的演化要经历一个从简单到复杂的过程。初期，第三部门结构简单，表现为非营利组织数量不多，种类稀少，而且大部分是行动类组织，专业支持类组织的数量和能力均极为有限，缺乏分工，专业化水平很低，相应地，彼此间的合作也很少，大多各自单干，互动不足。伴随第三部门的发展，部门结构日趋复杂，非营利组织的数量越来越多，种类越来越丰富，而且分工越来越明确，相应地，组织之间的合作与竞争也日益增加。从"公益市场"的视角来观察，此时，在第三部门内部可以清晰地看到"市场细分"现象和公益"产业链"的形成。

不同的非营利组织对第三部门的发展具有不同的作用。从发展的视角来看，可以把非营利组织划分为典范型组织、基础型组织、创新型组织、跟随型组织和垃圾型组织。

典范型组织在整体上或在某一方面代表了非营利领域的最高水平。它们是其他非营利组织学习的标杆，具有巨大的示范作用。一般说来，典范型组织数量不多，但是影响巨大。

基础型组织在整体上或在某一方面代表了非营利领域的整体发展水平。它们不是最好的"典范"，也不是最差的"反面典型"，透过它们我们可以判断第三部门的整体发展水平。

创新型组织是正在从事某种有价值的创新活动的非营利组织。它们也许不是典范，许多指标甚至达不到部门的中游水准，但是它们通过自己的创新活动发挥引领作用，预示了非营利领域的未来发展方向。创新型组织的数量及业绩在很大程度上决定了第三部门发展的势头。

绝大多数组织属于跟随型组织。它们毫不起眼，普通而平庸，在各个方面都没有突出的表现。此类组织往往数量众多，处于部门的中下游。但是，它们也有存在的价值，仅从量上来看，它们也许还是"干活"的主力军。

垃圾型组织是行业内的败类，或是什么事也不干，虽生犹死，被形象地称为"植物人组织"；等而下之的，偶尔还干点坏事；最坏的则是专干坏事，"挂羊头卖狗肉"，是披着袈裟的魔鬼，部门内的丑闻多由它们贡献。此类组织是非营利领域的灾难，应该彻底铲除。

1.3 第三部门的功能

对于现代的政治、经济、社会生活来说，非营利组织极为重要。非营利组织不仅可以为我们提供各种具体的服务，而且是我们参与政治生活、完善公共治理的有效工具。非营利组织是社会资本的重要构成部分，也是塑造合法性的重要主体，承担着对公众进行社会化，传输价值观、道德规范、风俗习惯的任务。非营利组织是制约政府权力、遏制市场暴政的利器。此外，它还是构建富有生机的、理想主义色彩的新生活的生力军，从而为人类创建新世界保留了一个梦想空间。

1.3.1 提供社会服务

非营利组织涉足的主要领域包括文化教育、医疗卫生、助老养老、扶贫济困、环境保护、社区服务、残疾人及妇女儿童保护、灾害援助等。

政府、企业和非营利组织是满足个人需求的三种手段。在市场中运行的企业，可以有效率地提供"私人物品"，但却无法有效率地提供"公共物品"。这就是所谓的"市场失灵"。一般说来，政府是提供公共物品的主力军，但是政府在提供公共物品方面也有"失灵"的时候。例如，人们的价值观、兴趣、经济利益是高度多元化的，而政府往往只能反映绝大多数人或者"中位选民"的需求，对于异质性较强的、局部性的需求无能为力。再如，政府本身存在着垄断性、官僚组织的自利性、信息不完全、能力有限等缺点，所以不能通过"有形的手"将资源配置达到帕累托最优，公共物品供给不足的情况经常出现。各国的实践也证明，无论从质的方面还是从量的方面衡量，政府独家垄断公共服务都无法完全满足公众的需求。

与企业和政府相比，非营利组织在提供公共服务方面具有独到的优势。首先，非营利组织不以营利为目的，与企业相比，更有可能保证公共服务的质量。与政府相比，非营利组织存在的基础就是社会的评价，这使它有不断提高效率的动力。其次，与政府不同，非营利组织具备多样的、灵活的、平等的、参与式的机制，而且运行方式具有很大的弹性和适应性，能够根据不同情况及时做出调整，对公共服务需求的变化做出迅速反应，满足社会多元化的需求。再次，非营利组织关注社会公正，能够更加关注弱势群体的利益。最后，在提供某些公共物品时，较之企业和政府，非营利组织具有低成本、高效率、灵活多变的优势。这些优势使非营利组织成为现代社会中提供公共物品的重要主体。

除了作为弥补市场失灵和政府失灵的制度设置之外，非营利组织还作为政府有力的竞争对手，促使政府提高提供公共服务的效率。20 世纪 80 年代以来，各国纷纷将竞争机制引进公共服务领域，推进公共服务社会化和市场化，利用非营利组织、企业等参与公共服务的提供。非营利组织参与公共服务，相当于给政府增加了一个竞争者。政府要想在竞争中维护自己在公众心目中的地位，避免被非营利组织“击败”，就必须提高自身所提供的公共服务的质量。在公共服务领域中引入市场竞争机制，把公众的满意度作为评价服务组织的基本标准，可以使公共服务更加多样化，同时也提升了服务的质量，降低了成本。

1.3.2　参与公共治理

在现代西方世界，非营利组织被认为是表达多元化利益诉求的有效渠道，是实现善治的不可或缺的社会建制，也是衡量公共政策是否具有民意基础的晴雨表。

公共选择理论认为，政府作为公共政策制定与执行的核心主体，并不总是像“应然”的那样有效。组成政府的人并非“天使”，而是追求自身利益最大化的“理性经济人”，往往会借社会利益之名行机构私利之实，而且他们有时也会背叛“公正”原则，在制定和实施政策的过程中表现出“偏向性”。

公共治理理论则认为，社会与政府一样，对公共决策具有平等的发言权。政府不再是社会治理的唯一主体，有效的社会治理需要政府、社会、市场的共同努力，三者良性互动、充分合作，才能塑造良好的社会秩序，才能实现公共利益的最大化。

在政策制定中掌握充分、准确的信息是非常必要的，然而期待政府自己发现和掌握全部信息是不现实的，而非营利组织通过搜集、汇集所代表群体的信息，并通过与决策者交流，可以为政府提供更加全面的信息，同时减轻政府收集信息的负担。

非营利组织由于在公私领域的独特地位，能够在政府和公民之间搭起一座沟通的桥梁。一方面，非营利组织能够把政府的政策意图转达给其成员；另一方面，非营利组织能够及时把其成员对政府的期望集中起来传递给政府，使人们的要求拥有一个合法的表达途径，同时也增强了公众诉求的表达效力和对公共政策的影响力。

相对于企业而言，非营利组织更加关注可持续发展目标，更加关注在社会发展过程中容易被忽视的群体（如边缘阶层、弱势群体），所以非营利组织参与公共决策可以使决策更加公正，也更加符合社会的长期利益和整体利益。

非营利组织不仅可以承担公共政策的执行任务，而且还可以对政府执行公共政策的情况进行有效的监督。在公共管理中，公众的满意程度是评估政府公共政策执行效果的重要标准，非营利组织可以通过“顾客主权”对政府公共政策的执行施加压力，迫使政府的执行机构产生更强的责任感，提高政策执行的质量。

公民通过非营利组织参与公共政策，不仅有助于提高公共政策的社会认同度和接受度，而且有助于减少公共政策贯彻执行的成本和阻力，使公共政策的实施获得积极的社会支持，提高政策的执行效率。

亨廷顿在《变动社会中的政治秩序》一书中探讨政治稳定问题时，曾提到过两种社会类型："群众社会"和"参与社会"。这两种社会都具有高水平的政治参与，但"在群众社会里，政治参与是无结构的、无常规的、漫无目的的和杂乱无章的。因为群众缺乏能够把民众的政治愿望和政治活动与他们的领袖们的政治目标和决定联系起来的组织结构"。而"在参与社会里，情形则恰好相反，政治参与是通过立法渠道加以组织和安排起来的，能够消解政府与民众的对立，从而保证社会的稳定"①。其实，有组织的政治参与依赖于有组织的公众，而非营利组织正是公民组织起来参与公共政策的最有效的工具，因而是"参与社会"不可或缺的组成元素。

1.3.3 构筑社会资本

非营利组织是伦理观念的现实载体。利他主义是非营利组织的重要伦理基础，这种伦理属性决定了非营利组织成员的活动是以公共利益为宗旨的、出于道德良知和社会责任感而发生的、不谋取私利的自觉行为，是一种高尚的道德行为。非营利组织的这种道德优先性可以培养人们的社会责任感、人道主义精神、关爱他人和牺牲奉献的美德。他们的美德还将通过自身的行为传递给整个社会。拥有这些美德的公民共同建立了公民的共同体，他们认同这一共同体，认为自己是其中的一员，愿意为了共同体的利益而努力，他们还建立了共同认同的价值体系、行为准则和互惠规范，他们积累并不断提升着社会资本的存量。

托克维尔讨论了公民社团的发展对培养其成员的合作与团结习惯，以及其公共精神的重要性。托克维尔认为，通过参与公民社团，人们的"感情和思想得到了更新，心胸开阔起来，只有通过人们之间互利互惠的行动才能增进彼此的理解"。

阿尔蒙德和维巴考察了五个国家的公民文化，发现社团成员在政治上更成熟，更有社会信任感，有更多的社会参与，以及主观上有更大的公民行为能力。通过参与公民组织，参与人学会了合作的技巧并产生了在集体劳作中共同分担责任的意识。而且，当个人属于有着多元目标和多样化成员的横向组织时，他们的态度将因为组织内的互动和交互压力而变得温和起来。此外，公民社团的发展还会对社会产生外部效应，大量的社团组成的密集网络增进了利益表达和利益集结。也就是说，由大量社团组成的密集网络既体现了又增进了有效的社会合作。②

帕特南认为，作为"公民共同体"重要组成部分的非营利组织，是公民共同体的规范和价值得以体现的重要的社会结构，并且这种规范和价值因非营利组织的发展而得到强化。"公民共同体"的这些规范和价值体现在：首先，非营利组织的兴起使人们更加关注共同事物，更加关心集体利益而非个人利益，更加具有利他精神，更加注重集体的长远利

① 亨廷顿．变化社会中的政治秩序．上海：上海人民出版社，2008.

② 阿尔蒙德，维巴．公民文化：五个国家的政治态度和民主制．北京：东方出版社，2008.

益而非短期利益。也就是，“公民共同体里的公民追求托克维尔所说的‘恰当理解的自我利益’，即，在更广泛的共同需要背景下的自我利益，‘有远见的’而非‘短视的’自我利益，有助于促进他人利益的自我利益”①。其次，强调平等和民主精神。“公民共同体里的公民身份要求所有人拥有平等的权利承担平等的义务。这样一个共同体的联结纽带是互惠与合作的横向关系，而不是权威与依附的垂直关系。公民之间作为平等的人，而不是作为庇护与附庸，也不是作为统治者与被统治者，发生互动。”② 最后，强调团结、信任和宽容。公民共同体里的公民“还是乐于助人的、相互尊重的和相互信任的”，他们对不同的意见和观点是宽容的，并且最接近亚里士多德所谓的友谊的状态，它还“驱散了孤立和相互的不信任”③。

希尔斯也对市民认同进行了讨论。他认为，通过参与非营利组织，可以形成其成员共同认同的价值体系和行为准则。这些价值体系和行为准则有别于国家机构的活动准则和国家的法律法规，它们与国家的法律法规共同支撑着社会的良性运行，是维护社会结构和政治稳定的关键因素。市民认同渗透到个人之间的行为以及个人与国家之间的行为中，它规约个人对社会的行为。同理，它也规约不同集体之间的关系、集体与国家的关系以及国家内部个人之间的关系。这些市民认同是由社会规范支撑起来的，包括习俗规范、道德规范、宗教规范、纪律规范和法律规范。一个有着共同遵守的社会规范的社会，其社会认同度更高，人们在这些规范的制约下规范各自的行为，共同维护着社会的秩序。在此基础上，人们之间相互信任，关系比较和谐，或者解决分歧的方式明确、公正、透明，形成了人们对法律和制度的信任。这两者构成了现代社会的社会心理基础和社会规范基础。

总之，非营利组织活跃其间的市民社会恰如一所培育公民精神、提升公民素质的大学校。在这里，社会成员通过各种组织形式积极参与到社会公共生活之中，实现自我管理、自我服务，塑造了互助意识、公益意识、集体意识、民主意识、责任意识。

1.3.4 确立价值观、合法性和文化领导权

葛兰西把市民社会看作各个阶级争夺“文化领导权”的战场。市民社会既可以成为统治阶级对被统治阶级进行精神统治的阵地，也可以成为被统治阶级从精神上反抗统治阶级的阵地。在现代，要建立牢固的政治秩序，除了掌握国家政权之外，还要掌握文化领导权。相应地，要改变政治秩序，首先就要夺取文化领导权，再夺取政府，然后利用这两种权力建立全新的秩序。葛兰西承认经济因素是左右历史发展的最根本的力量。但是，他也强调指出，在重大的历史变革中，经济基础只起间接作用，只能造成一种“大环境”。一定的历史-政治行动的产生及成败，取决于对阵双方力量的对比，而意识形态因素则左右着力量对比关系，从而直接影响历史运动的进程④。

哈贝马斯将非营利组织界定为公共领域的重要组成部分，而公共领域是形成公共舆论、确立合法性的地方。哈贝马斯认为，市民社会是一种独立于国家的“私人自治领域”，

---

① 帕特南．使民主运转起来．南昌：江西人民出版社，2001：100.

② 同①101.

③ 同①100-101.

④ 葛兰西．狱中札记．北京：中国社会科学出版社，2000.

它包括私人领域和公共领域。其中，私人领域是指由市场对生产过程加以调节的经济子系统，公共领域则是由各种非官方的组织或机构构成的有机体，包括团体、俱乐部、党派、沙龙、报纸等。公共领域为人们提供了讨论公众事务的场所，在这里话语交往和理智辩论占据主导地位。

哈贝马斯认为，公众关于合法性的认识正是在公共领域中建立的。他将公共领域内部社会成员以及社会自治组织相互间通过意愿交流而形成的权力性意志称为“交往权力”。这种权力是在非强制交往中形成的一种共同意志的潜力，它在现实生活中的外在形态集中表现为公众舆论力量。他甚至认为“有些时候，公共领域说到底就是公共舆论领域，它和公共权力机关直接相抗衡”①。哈贝马斯指出，“公共领域对涉及普遍利益问题的公开讨论，使公共权力的运用和行使不再是几个人或少数人的专利，其存在的合法性从诉诸传统习惯或个人魅力转而诉诸公众理性所共同认可的法律（宪法）。公众讨论所形成的公共意见，成为最重要的立法依据和立法资源……由于公共领域讨论的广泛参与性，公共意见作为理性尺度，具有合法的权威性，并能真正代表普遍利益，所以，公共意见能够对国家事务进行批评、影响和监督，具有对以国家形式组织起来的权力进行监督和控制的功能”。同时，他也强调，“话语并不具有统治功能。话语产生一种交往权力，并不取代管理权力，只是对其施加影响。影响局限于创造和取缔合法性。交往权力不能取缔公共官僚体系的独特性，而是‘以围攻的方式’对其施加影响”②。但是，哈贝马斯认为由交往行为而产生的社会化力量无论在私人生活领域还是在公共领域中都是必不可少的，否则政治权力的垄断者就可以轻而易举地把那些彼此孤立的原子化个人俘虏起来置于自己的专断之下。

1.3.5 制约政府权力

政府权力侵犯公民和法人权利的情况屡见不鲜，政府官员的腐败行为屡禁不止，这是政府权力缺乏制约的必然后果。虽然宪法界定了政府权力的界限，但是如果没有现实的制约力量，宪法往往流于一纸空文。因此，如何构建外在的力量，以阻止政府权力的过度膨胀，使其难以侵犯公民和社会组织的合法权益，才是问题的关键。然而，在政府权力面前，分散的个人不堪一击，只有组织起来的个体才能制约政府的权力。非营利组织就是公民组织起来的最有力的工具，正是它们构建了社会权力，从而有力地限制了政府权力。

一个独立于政府的、多元社会的存在，是对行政权力进行制约的必不可少的条件，这一理念根植于多元主义和分权思想之中。与国家权力相比，个人的力量是极为弱小的。但是，非营利组织能够把分散的个体以组织的形式凝聚在一起，使个体的力量陡然倍增。托克维尔说：“在没有这种社团的国家，如果人们之间不能随时仿造出类似的社团，我看不出有任何可以防止暴政的堤坝。”③

托克维尔把非营利组织看作社会自主力量，他特别关注市民社会中的这一结社形式对

① 哈贝马斯．公共领域的结构转型．北京：学林出版社，1999：2.
② 同①28.
③ 托克维尔．论美国的民主：上卷．北京：商务印书馆，1988：217.

制约政府权力的意义。他认为，美国民主制度所依赖的三权分立体系虽然是绝对必要的，但并不足以保证一个国家既享受自由又拥有民主。只有宪政原则是不够的，原则是不会自我实行的。真正的自由需要社会中一种实际的权力、一种公民意志来限制政府和保护公民权利。因此，如何取得人类平等，取得长期支持有限政府原则的社会安排，才是更为根本的问题。他认为，自由结社对解决这一问题具有重要的意义。作为一种社会自主力量，自由的社会团体对国家权力有制衡作用。一个由各种独立的、自主的社团组成的多元社会，可以对权力构成一种“社会的制衡”。

其实，关于非营利组织这一“体制外的”力量所体现的权力分立思想在孟德斯鸠的权力制衡理论中已有端倪。查尔斯·泰勒指出，孟德斯鸠的贡献绝不仅仅在于提出了在各个权力机构之间分配权力的构想，在孟德斯鸠的权力制衡图景中，还存在着具有同等重要意义的并不是为了政治目的而成立的独立社团。这些社团的重要性并不在于它们构成了一个非政治性的社会领域，而在于构成了政治体系中权力分立及多样化的基础。“紧要的并不是它们外在于政治体系的生命，而是它们被整合入政治体系的方式，以及它们在该体系之中的作用。孟德斯鸠所谓的‘中间团体’实质上是‘两栖的’实体。它们拥有外在于政治结构的生命，而且，这也的确是它们的主要目的和它们具有力量的基础。但是，为使政治健康发展，它们在政治中发挥作用也就具有了十分重要的意义。”① 这就是说，本非为政治目的而存在的社会团体，却具有事实上的政治意义。它们构成了权力分立的基础，也天然地具有权力制衡的功能。

在多元主义民主理论家罗伯特·达尔那里，多元化的社会组织对权力制约的意义就有了更为直接的表达。达尔认为，人民在民主政治体制中不可能直接参与政治，而是通过成为某些社会组织的成员的渠道来参与政治。达尔说：“独立的社会组织在一个民主制中是非常值得需要的东西，至少在大型的民主制中是如此。一旦民主的过程在诸如民族-国家这样大的范围内被运用，那么自主的社会组织就必定会出现。而且，这种社会组织的出现，不仅仅是民族国家统治过程民主化的一个直接结果，也是为民主过程本身运作所必需的，其功能在于使政府的强制最小化、保障政治自由、改善人的生活。”②

总之，只有多元化的社会力量的存在，才能构成维持法治与民主的社会基石，才能避免权力的过度集中。正如约翰·基恩所说：“一个多元的且独立于国家之外的自组织的市民社会是民主的一个不可或缺的条件。无论谁提倡国家和市民社会的统合，都将危及民主的生命。没有社会制约的国家权力总是危险的和不可欲的，它是对专制主义的放纵。”③

1.3.6 遏制市场暴政

非营利组织在市场经济发展的过程中发挥了重要的作用。西方发达国家的经验表明，没有发达完善的行业互助组织、市场中介组织就不可能有发达完善的市场经济。例如，各

① 邓正来，亚历山大．国家与市民社会：一种社会理论的研究路径．北京：中央编译出版社，2002：27.

② 达尔．民主理论的前言．北京：三联书店，1999：227.

③ 同①120.

种行业协会已经成为市场经济条件下宏观调控体系的重要组成部分，它们为会员企业提供政策咨询，反映合理诉求，平衡各方利益，调解贸易纠纷，并把企业组织起来，订立行规行约，规范同业竞争，促进行业信用建设和行业自律，对加强市场交流、维护市场秩序、促进产业升级发挥了积极的作用。行业协会已经成为加快转变经济发展方式、促进行业可持续发展的"催化剂"和"助推器"。再如，会计师事务所、律师事务所等非营利组织可以为市场主体提供相关的中介服务，以确保市场主体资格的真实性和交易的安全性。

但是，非营利组织不仅是市场的"朋友"，也是市场的"制约者"，并且随着市场的发展，这种对立或冲突状态甚至越来越强烈。萨拉蒙指出，"在过去，非政府部门面对着被政府接管的危险；今天，这种威胁来自商业部门"，"营利组织进入各个领域，并排斥非营利组织，有些时候达到取而代之的地步"①。

哈贝马斯讨论了作为"系统"的市场对"生活世界"的殖民化。"生活世界"对应于公共领域，而"系统"则由经济和国家组成。在"生活世界"中，人们进行的是"社会整合"，而在"系统"中进行的是"制度整合"。操纵"制度整合"的是金钱和权力，而支配"社会整合"的是人与人在日常交往中的相互理解。"系统"以金钱和权力为媒介，以工具理性为运行规则；"生活世界"则以语言和符号为媒介，以交往理性为运行规则，在价值层面上规范人际关系。现代社会的主要特征是"系统"与"生活世界"的分离，但是"系统"所依赖的工具理性具有自我膨胀的特性。随着工具理性的过分膨胀，技术、科学、金钱和权力等媒介使物质生产迅猛发展，金钱和权力取代以语言为媒介的交往活动成为社会行为的核心，在市场和政府行为的作用下，个人经济生活的自主性变成了被非理性的市场力量所左右的消费欲望，公民成了政治生活中被动和消极的旁观者，社会整合水平明显下降，经济和权力的扩张导致了生活世界的异化。

随着世界市场经济的发展，市场在权力格局中的地位日益攀升，有研究甚至认为，市场将成为比政府更强大的殖民者。市场经济运作中出现的垄断暴力、假冒伪劣、损害工人权益、破坏生态环境等现象，令市场的道德性蒙上阴影。市场的利润原则、功利原则，极易诱发拜金主义、利己主义和极端个人主义，由此产生经济腐败、贫富不均、社会不公、经济秩序混乱等社会问题。某些组织被赋予了反抗"市场暴政"的使命。例如，劳工组织以集体谈判、罢工、法律等手段制衡企业权力。再如，消费者权益组织通过培育消费者权利意识、提供法律援助、制造舆论压力等行动打击黑心企业、反对欺行霸市、促进"企业社会责任"。

哈贝马斯认为，要拯救生活世界，关键在于通过交往行为来克服"生活世界"中被"系统"扭曲的沟通，将交往媒介从金钱和权力转向语言，在主体间的相互理解中寻求经济异化和权力异化的改善机制，回归"生活世界"原本的以语言为载体的交往和以理解为目的的价值信念，以此为中介恢复"生活世界"再生产的动力机制。同时，建立相对独立的公共领域，通过民众的积极参与和社会舆论监督市场经济和政府的职能运作，建构有效的协商对话制度，抵御"系统"对"生活世界"的侵蚀。

---

① 萨拉蒙，等. 全球公民社会：非营利部门视界. 北京：社会科学文献出版社，2007：196，238.

1.4 第三部门的环境

非营利组织及第三部门的属性、结构与功能，既与它们自身的特质有关，也与它们的环境息息相关。跨国比较研究显示，各国非营利组织及第三部门之间的差异主要是由其外部环境的差异造成的。这是因为，相对于政府（第一部门）和企业（第二部门）来说，非营利组织（第三部门）往往处于弱势地位，外部环境对它的影响十分显著。

“系统”与“环境”是我们非常熟悉的两个概念。那么，什么是“环境”？构成环境的东西必须具备两个条件：一是存在于系统之外，二是对系统有影响。因此，所谓“环境”就是系统外部的、对系统有影响的东西的总和。

就非营利组织而言，环境通过三种“直接变量”对其产生影响：一是资源，即系统所需的硬的和软的投入，如人员、资金、理念、专业知识、关系网络等。二是规则，即外界强加于非营利组织的行为规则，如法律框架、公认的治理结构、政府的干预、主流价值观和风俗习惯等。三是活动空间，即环境给组织提供的活动空间以及限定的活动范围。环境还通过“间接变量”影响这些“直接变量”。这些“间接变量”包括政治、经济、媒体与舆论、公众，以及全球化。下面重点分析这些间接变量对非营利组织的影响。

1.4.1 政治

影响非营利组织的政治变量包括政治制度、法律框架以及政府的态度、策略和行为。

一国的政治制度是决定非营利组织生存状态的关键因素。一些基本的政治权利，如自由结社、集会、研究、出版的权利，是非营利组织赖以生存的前提条件。如果公民没有这些权利，非营利组织就无法健康地生存。而公民的权利状况又与政治制度的属性直接相关。例如，极权主义政体几乎剥夺了公民的一切政治权利；自由主义政体赋予了公民全面的政治权利；权威主义政体则有选择地给予公民政治权利，权利清单残缺不全，而且残留下来的政治权利也打了折扣。

当今时代，法律的影响极大，无论是法治国家还是非法治国家，国家都要通过法律对非营利组织进行管理或规范。非营利组织的登记注册、税收优惠、政府监管都要依据法律进行。

法律还要由人来执行。即使是法治国家，政府也有自由裁量权。在权威主义国家，法律是政府制定的，也由政府来执行，而且在执法过程中，政府的自由裁量权极大，甚至可以公开违法。法律仅仅是政府用来控制他人的工具，对自己没有任何约束力。因此，政府对非营利组织的态度、策略和具体的行政行为，对非营利组织有重要影响。

1.4.2 经济

影响非营利组织的经济变量包括经济制度、企业性质和企业行为。

市场经济制度是独立的第三部门得以存在的前提条件。资本主义市场制度包括三个要件：一是市场作为资源配置的主导机制，二是私有产权和私人企业制度，三是绝大多数青壮年人作为无产者进入劳动力市场。

企业是影响第三部门发展的非常重要的力量。人们都知道企业是非营利组织重要的资金来源之一。其实，企业对非营利组织的影响绝不限于捐款。

企业参与第三部门的形式丰富多样。企业可以直接捐款。这种捐款行为有的是偶然性的，有的是经常性的。企业可以鼓励自己的员工作为志愿者参与公益。企业也可以设立专职部门，如设立企业社会责任部门，更加专注地投身公益。此时，企业不再是简单地捐款，而是深入参与了公益活动，例如参与被资助方的项目设计、执行和监督。企业还可以发起成立独立于自身的非营利组织，如基金会，作为第三部门的成员直接做公益。在这种情况下，企业不再是非营利组织的“外部支持者”了，而是非营利组织的“发起人”。这是企业参与公益的最高形式。

企业参与公益的动机比较复杂。个别企业会出于纯粹的利他主义或社会责任感而参与公益事业。但是，绝大多数企业参与公益并不是单纯为了做善事，而是还有其他考虑。后者称为“策略性公益”。所谓“策略性公益”是指企业做公益的时候，不仅有“利他”的目的，同时还有“利己”的目的，甚至“利他”仅仅是一种更高明的“利己”的手段。例如，通过参与公益，企业可以提高自己的知名度和美誉度，可以改善与政府的关系，也有助于企业文化建设，提高员工对企业的忠诚度。所以，许多企业把自己的公益行为看作“软广告”或开拓市场的有力工具。

1.4.3 媒体与舆论

当今世界，媒体高度发达，人们的受教育水平越来越高，人们的权利意识和社会责任感日益高涨，于是舆论愈加发达，其影响力与日俱增。

媒体是塑造舆论的最重要的力量。同时，媒体也是非营利组织的支持者、同盟军和直接参与者。

要做事就要有资源，而资源要从外部汲取，因此非营利组织的主要工作之一就是动员和组织社会上的各种力量投入自己的事业当中，而这一切都离不开媒体的支持。可以说，媒体是非营利组织动员资源的最有效的渠道或工具之一。

非营利组织还可以通过媒体宣扬理念和知识，寻求公众的认同，扩大社会影响，提升社会合法性，拓展社会基础。

媒体也是对非营利组织实施监督和问责的重要力量。无论是为了践行自己的使命，还是为了“吸引眼球”以谋取利润，媒体都热衷于揭露各类“丑闻”，对非营利组织当然也不例外。客观公正的负面报道在短期内可能会给非营利组织带来不利影响，但是却有利于它的长期发展。现实中，媒体的监督和问责对非营利组织的行为具有巨大的规范作用。许多非营利组织对媒体“既爱又恨”，因为对它们来说，媒体是把双刃剑，既能支持自己的事业，也能毁掉自己的前途，既会客观公正地报道非营利组织的行为，也会戴着有色眼镜将非营利组织的缺点无限放大。

1.4.4 公众

“公众”是一切人的统称，包括官员和平民、富人和穷人、白领和蓝领、市民和农民、老人和儿童、佛教徒和穆斯林等。

公众为非营利组织创造了社会需求，并成为它最重要的服务对象。公众也为非营利组织提供了人、财、物等必不可少的资源。非营利组织的正式员工、志愿者、理事和顾问都来自公众。公众还为非营利组织捐款、捐物，其实，来自公众的捐款远远超过企业的捐款。来自公众的支持也是一种重要的资源，它鼓舞了从业人员的士气。可以说，没有公众就没有非营利组织存在的必要，而且失去了公众的非营利组织也会因失去了必不可少的资源而丧失存在的可能。

第三部门理论很少关注阶级分化和阶级斗争问题。实际上，公众不是铁板一块，而是分化为不同的群体，甚至是严重对立的群体。大体说来，社会中有权、有钱的人是非营利组织“业余的赞助人”，他们混迹于非营利组织的理事会和志愿者队伍中；下层是“主要的受助人”，也在第三部门就业，但在组织内仍然处于底层；中层是“职业的行动者”。非营利领域是白领的事业。白领在这里找到理想，践行理想，并成为这一领域的生力军和主力军。

1.4.5 全球化

全球化正在改变我们的生活。全球化不仅仅是经济的全球化，还是全球市场的形成，给我们带来了一个崭新的“全球社会”。

过去，社会属于国家。各个国家的社会被封闭在各国的国界线之内，各个国家的社会之间的交往受到拥有主权的政府的有力限制，全球社会由一系列被国界线分割的、属于不同国家的社会相加而成。如今，各国的国界线依然清晰可辨，但是主权国家已经无法有效地分割全球社会了，各国社会的边界线已经模糊不清了。如同经济一样，社会已经突破了国界的限制，与外部连为一体。社会中的行动主体活跃于世界舞台之上，与国外的同类密切交往，享有共同的信念、共同的规则、共同的利益、共同的语言，水乳交融，浑然一体。于是，一个真正意义上的“全球社会”形成了。

对于非西方国家来说，社会的全球化对本土非营利组织的产生、运作和发展的影响至深至广。实施这种影响的“主体”包括外国政府、跨国公司、政府间组织、国际 NGO，其中国际 NGO 最为活跃。它们手中的“弹药”包括理念、专业知识、组织和行动方式、资金、人员、组织机构、培训活动和支持体系、政策和舆论影响力等。而发射“弹药”的“武器”则包括资助、培训、能力建设、试验示范、倡导与游说、国际交流等。赋予“弹药”和“武器”有效性的主要机制是示范效应、利益引诱和政治压力。所谓“示范效应”是指非西方国家的非营利组织承认西方国家的同类比自己更为“发达”，自觉地把它们作为“榜样”，并主动地向榜样学习。所谓“利益引诱”是指西方非营利组织利用资助、留学、出国访问等“利益”，诱使非西方国家的非营利组织按照自己的意愿行事。所谓“政治压力”是指西方国家运用“人权外交”，向非西方国家的政府施压，迫使它们实行改革，建立有利于非营利组织发展的法律框架，同时使它们不敢随意地打压本国的非营利组织。

全球化对非西方国家非营利组织产生了实实在在的巨大的影响，例如，主导本土草根组织的命运，对官办非营利组织也有重大影响；影响大众传媒、研究机构和教育体系，进而影响社会舆论和政府决策；通过培训、国际会议、出国访问、嘉奖等方式，直接影响各级政府官员；通过资助研究、出国考察等方式，直接影响立法的观念、程序、议题和结果。

1.5 非营利组织与你的个人生活

你也许会认为，尽管非营利组织对政治、经济、社会和文化非常重要，但与你的个人生活却非常遥远。事实并非如此，非营利组织与你的个人生活息息相关。

在你读书期间，你很可能加入了一个甚至几个学生社团。事实上，绝大多数的学生在校期间曾参与社团活动。在每学年刚开始的时候，你总能看到各个社团举办的形式各异的招新活动。它们用各种有趣的方式展示着社团的魅力，吸引着你的关注。它们其中的一个或者几个，总是会激发出你强烈的好奇心与兴趣。你也许想通过参与学生社团活动，增进你对所在学校的了解；你也许希望能在此结识一些朋友，感受集体生活的温暖与乐趣；你也许希望加入某个社团，以彰显自己的特长爱好，并寻找志同道合的盟友；或者你发现自身的弱点，希望通过参与社团弥补这些缺点，甚至培养一些必要的本领和技能；或者你只是认同社团的宗旨，希望与其他成员一起为共同的事业而努力……

你也许曾经得到过非营利组织的帮助。比如，为缓解特困大学生的生活困难，帮助他们顺利完成学业并获得全面发展，中国扶贫基金会于 2002 年 9 月 1 日启动了“新长城”特困大学生自强项目。“新长城”的目标是：动员社会力量，为特困大学生提供经济资助，帮助他们实现成才之梦；组建受助大学生互助团体——自强社，由社员共同管理，通过自助、助人、拼搏、服务社会，传递社会关爱，实现成才梦想。项目帮助对象是经济特困、品学兼优的全日制在校本科生。项目自 2002 年以来，累计募集善款 28 665.6 万元，直接受助者为 134 849 人次，覆盖 31 个省区市的 600 余所项目高校。在 104 所大学成立新长城自强社，为学生提供成长成才的平台。2018 年，项目筹集善款 14 636 048.2 元，受助者为 4 549 人次①。

近年来，随着非营利组织的快速发展，大量的新的就业和实践机会被创造出来。萨拉蒙教授主持的在西方发达国家以及中欧转型国家、发展中国家等 36 国进行的比较研究显示，2000 年这些国家共拥有 2 530 万雇员、2 020 万相当于全职的志愿者，共计 4 550 万相当全职从业人员，占经济活动人口的 4.4%，其中发展中和转型国家的这一比例为 1.9%②。我国的非营利组织也提供了大量的就业机会。根据 2018 年民政事业发展统计公报，截至 2018 年底，全国共有社会组织 81.7 万个，吸纳社会各类人员就业 980.4 万。

但是，很多大学毕业生可能并不太希望到这些非营利组织中就业。之所以如此，可能是因为他们觉得非营利组织还是一个新兴的行业，薪酬较低。事实也确实如此，数据显示，2010 年公益行业从业人员的平均月薪为 2 909 元，2014 年上升为 3 998 元，4 年

① “新长城特困大学生自强项目”2018 年度总结报告。

② 萨拉蒙，等. 全球公民社会：非营利部门国际指数. 北京：北京大学出版社，2007：20-21.

增长了 1 089 元，年增长率约为 8.3%①。根据一份行业报告推算，2018 年公益职业的平均薪酬总体上低于国家统计局发布的当地平均工资②。事实上，非营利组织的特性决定了它不需要像营利性组织一样通过降低员工工资来节省成本，因此只要自身具有足够的支付能力，完全可以为员工提供合理的薪酬。实际上，许多发达国家的非营利组织已经实现了职业化管理，作为职业经理人的非营利组织就业者，他们同样享有可观的薪酬。

非营利组织不仅可以在宏观层面上创造大量的就业机会，还可以在微观层面上为学生能力的培养提供有益的帮助。参加社团和志愿活动是大学生借助非营利组织锻炼自我的两种主要途径。有过社团经历的毕业生求职成功率较高。大学生在未正式就业前，通过兼职或做志愿者的方式为非营利组织服务，一方面体现了大学生的无私付出和服务社会的高尚品德；另一方面可以累积社会经验，提升个人能力，为正式就业打好基础。事实上，在西方发达国家，曾经在非营利组织工作是一个人职业生涯的重要经历，它会为你获取更理想的就业机会提供一个“跳板”，因为这会向雇佣单位证明你的优良品行和奉献精神。

最为重要的是，在一个“系统”日益强大的世界里，在某种程度上，非营利组织为你按照自己的兴趣或理想生活提供了一种可能，为你改变世界提供了一个现实的平台。

1.6 本书的篇章结构

本教材的编写遵循以下几个原则：

教材的内容选取要合理。所谓“内容选取要合理”，一要全面，尽可能地覆盖重要的知识，不要出现人为的遗漏；二要精当，不能因为过分追求全面而把许多不必要的知识网罗进来，过分繁杂会给读者平添无谓的负担；三要准确，要准确地介绍知识，不能出现错误，或是似是而非，要引证权威文献，遣词造句要精准。

教材的谋篇布局要合理。所谓“谋篇布局要合理”，一是指章节的排列顺序要符合研究对象的内在逻辑，否则必然导致逻辑上的混乱；二是指要便于读者理解和掌握。

教材还要配案例，案例最好本土化。但是，目前我们只收集到部分章节的案例，一些章节没有案例，通览全书会感到不均衡。我们将继续收集案例，争取将来再版时增补全。

下面介绍一下本书的篇章结构和主要内容（见图 1-2）。

第 1 章介绍非营利组织的概念，第三部门的结构、功能与环境，非营利组织与个人的关系，以及本书的篇章结构。

第 2 章介绍非营利组织的战略管理。强调了使命的重要性，阐释了战略的核心内容、几种重要的流行的战略分析工具以及战略规划的基本知识。

---

① 高一村.《2014 中国公益行业人才发展现状调查报告》发布　解读 2014 中国公益行业人才发展现状. 中国社会组织，2014（21）：25-27.

② 墨德瑞特. 公益职业：一个正常但不寻常的职业. http://yiku.org.cn/index.php/Home/Article/details/id/26411.

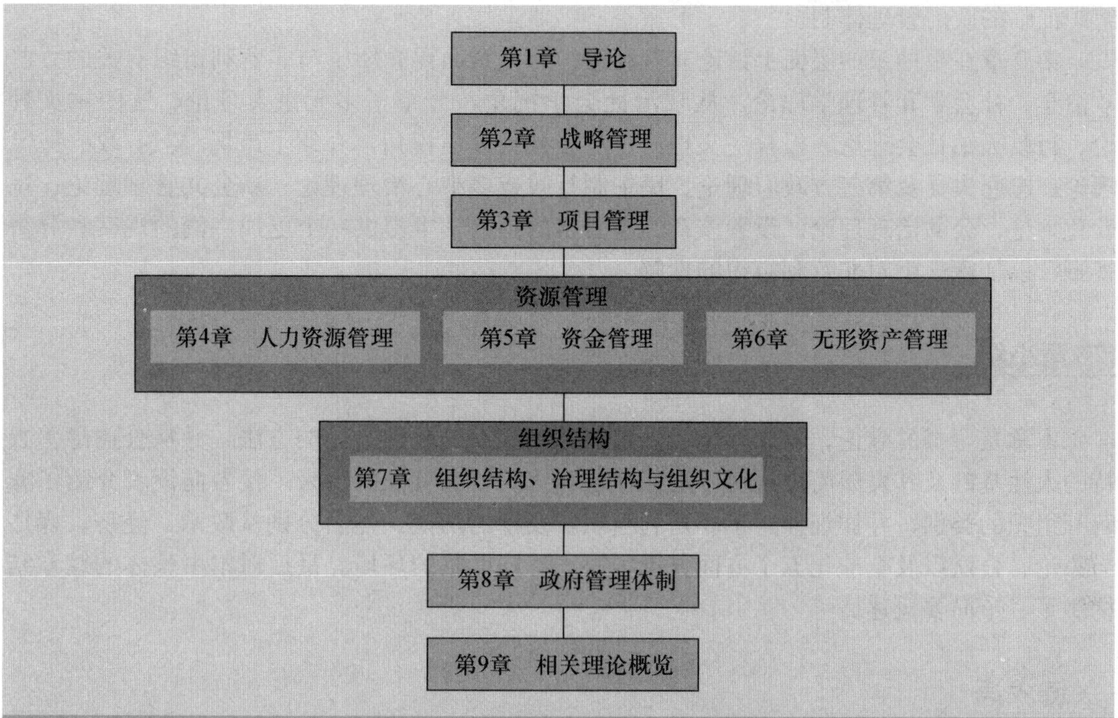

图 1－2　本书的篇章结构

第 3 章介绍项目管理。非营利组织的活动表现为各种各样的项目。项目是联结非营利组织与外部世界的渠道。战略要落实为一系列的项目。项目管理是非营利组织管理的枢纽，处于整个管理工作的中心位置，具有承上启下、左联右结的功能。

第 4 章、第 5 章和第 6 章属于非营利组织资源管理范畴。在图 1－2 中，它们被放在同一模块之中。要做好项目，组织需要投入相应的资源，包括人力资源、资金，还有各类无形资产。这三章分别介绍三类主要资源的特征与构成，如何获取它们，以及如何有效地使用和管理它们。第 4 章人力资源管理涉及正式职员、志愿者、理事和高级顾问的管理。第 5 章资金管理包括募捐、内部财务管理和资助管理。第 6 章无形资产管理包括知识管理、公信力管理和危机管理。

第 7 章介绍狭义的组织结构、治理结构和组织文化。资源只有很好地组织起来，才能发挥应有的作用，使项目顺利实施并达到预期的目的，进而实现组织的战略和使命。狭义的组织结构的直接功能就是组织和管理资源。要建立良好的狭义的组织结构，要求在其上有一个良好的决策机制，这就是所谓的“治理结构”。治理结构决定了非营利组织的最高决策权力的建立和分配方式。而组织文化是一种无形的组织结构，看不见、摸不着但无处不在，影响至深至广。对于一个非营利的、利他主义的、带有浓厚的理想主义色彩的组织来说，其作用尤为巨大。

前七章围绕非营利组织，讨论与非营利组织管理有关的方方面面。第 8 章从外部入手，介绍政府管理非营利组织的方式。非营利组织的状态和命运与其所处的环境息息相关，而政府是决定非营利组织状态和命运最重要的环境力量。该章详细介绍了中国非营利组织面临的政府管理体制。

第 9 章在更抽象的层面上讨论非营利组织。该章简要介绍了与非营利组织有关的一些政治学、社会学和管理学理论。从政治社会学视角，介绍了多元主义理论、法团主义理论、行政吸纳社会理论、极权主义理论。从公共管理学视角，介绍了市场/契约/政府失灵理论、志愿失灵及第三方政府理论、民主制行政或多中心治理理论、新公共管理理论、民营化理论、公共治理理论。设置该章的主要目的是为学生提供一个更加广阔的观察和分析视野，以加深学生对非营利组织的理解。

本章小结

本章是全书的导论，首先列举了界定非营利组织的几种常见的方法，并从公益慈善独特的人性基础及其发展简史说明了现代非营利组织核心特征的由来。接着向读者介绍了非营利组织的类别，并详细描述了非营利组织所发挥的功能。然后分别从政治、经济、媒体与舆论、公众以及全球化五个方面分析了第三部门面临的环境。最后对本书整体的篇章结构做了一个简要概述。

关键术语

非营利组织	第三部门	公共治理	社会资本	利他主义
公共领域	私人领域	合法性	文化领导权	生活世界的殖民化
市场暴政				

复习思考题

1. 非营利组织的基本特征是什么？
2. 非营利组织与政府和企业有什么区别？
3. 结合你自己的生活经验谈一谈非营利组织的功能。
4. 为什么企业的公益行为往往属于策略性公益？
5. 你是否会考虑去非营利组织就业，或者做一个志愿者？

参考文献

1. 萨拉蒙，等. 全球公民社会：非营利部门视界. 北京：社会科学文献出版社，2007.

2. 朱莉. NGO 与第三世界的政治发展. 北京：社会科学文献出版社，2002.

3. 帕特南. 使民主运转起来. 南昌：江西人民出版社，2001.

4. 哈贝马斯. 公共领域的结构转型. 北京：学林出版社，1999.

5. 托克维尔. 论美国的民主：上卷. 北京：商务印书馆，1988.

6. 葛兰西. 狱中札记. 北京：中国社会科学出版社，2000.

7. 海曼. 协会管理. 北京：中国经济出版社，1985.

8. 邓正来，亚历山大. 国家与市民社会：一种社会理论的研究路径. 北京：中央编译出版社，2002.

9. 李亚平，于海. 第三域的兴起：西方志愿工作及志愿组织理论文选. 上海：复旦大学出版社，1998.

第2章 战略管理

对于一个正规的组织来说，战略性思考是必不可少的；对于一个成熟的组织来说，战略管理也是不可或缺的。当一个组织确定了自己的使命之后，紧接着就应该考虑战略了。任何组织都要做事，任何组织都不可能做所有的事，因此，任何组织都要决定自己要做什么以及不做什么。而回答“做什么，不做什么”这一问题的就是“战略”。“战略的实质是决定该干什么。”这是波特在《何为战略》一文中给出的著名判断①。只有确定了战略，知道了要做什么以及怎么做之后，才能知道需要什么资源；只有知道了资源构成，才能有的放矢地探索组织和管理这些资源的方式，也就是确定组织结构，这就是所谓的“战略引导结构”。

本章讲述与非营利组织的战略管理有关的理论和方法。这些理论和方法绝大多数来自商业管理领域，真正属于非营利组织研究领域的原创性的成果很少。因此，我们在介绍这些理论和方法时，会突出“非营利”特征，以区别于商业管理。

2.1 战略的定义

战略（strategy）一词源于希腊语“strategos”。这个词最原始的含义为“军队”和“领导”。军事与企业实践之间的联系由来已久。据说，苏格拉底就认为，将军和商人的职责是相同的，两者都需要对各自资源的使用进行计划以实现目标②。

1938年，巴纳德在《经理人员的职能》一书中认为，战略管理工作应注重如何使组织与环境相适应。这种有关组织与环境“匹配”的观念就成为现代战略分析方法的基础。

1965年，艾格·安索夫在《公司战略》一书中，对企业成长的基本原理、理论和程

① 波特，哈默尔，等．未来的战略．成都：四川人民出版社，2000：18.

② 惠廷顿．战略是什么．北京：中国劳动社会保障出版社，2004：20.

序进行了研究，初步形成了企业战略管理研究的理论框架。

1971 年，哈佛大学的安德鲁斯提出了另一种战略研究思路。他将战略划分为四个构成要素：市场机会、组织实力、个人价值观、社会责任。其中，市场机会和社会责任是外部环境因素，组织实力与个人价值观则是内部因素。他还主张组织应通过更好地配置自身资源，形成独特的能力，以获取竞争优势。

格里·约翰逊和凯万·斯科尔斯提出的战略的定义为："战略主要涉及组织的远期发展方向和范围，在理想情况下，它应使资源与变化的环境，尤其是它的市场、消费者或客户相匹配，以便达到所有者的预期希望。"他们对战略的本质进行了全面的阐述，提出了战略的七个特点：（1）战略决策（strategic decision）一般与组织的活动范围有关。比如组织应该集中在某个活动领域，还是几个活动领域？活动范围与决策者希望组织像什么和做什么有关。（2）战略要与一个组织的运营环境相匹配。如组织所在国家的经济状况、人口的增长幅度、竞争的激烈程度、商品的需求水平、技术水平等。（3）战略要与组织的资源潜力相匹配，即要将组织的活动与其资源容量相匹配。这不仅指组织将遭遇环境威胁或获得发展机会，还意味着组织的资源要与这些机会和威胁相匹配。（4）战略决策经常作为组织的关键资源要素。战略不仅需要考虑组织现有资源能力适用于环境的程度，还要考虑可获得和控制的资源适用于未来战略发展的程度。（5）战略决策会影响日常的经营性决策。组织中的变化要求经营层做出一整套、一系列的决定。（6）组织战略不仅受到环境力量和资源可得性的影响，还受到那些在组织内或组织周围拥有权力的人的价值观和期望的影响。在某种程度上，战略是对那些对组织有强大影响力的人的态度的反应。（7）战略是组织要遵循的长期发展方向①。

根据钱德勒的定义，战略决定一个企业基本和长期的目标和目的，并为实现那些目标采取一系列必要的行动和资源配置。钱德勒给战略下的富有影响力的定义具有古典战略思维的所有特征：强调长期观点、目标概念的清晰化和具体化，以及用一系列有逻辑的行动和资源实现最初的目的②。

2.2 战略的核心内容：确定项目组合

2.2.1 项目及其重要性

战略要回答"做什么"和"不做什么"的问题。

非营利组织的产出是"项目"，相当于经济组织的"产品"或"服务"。非营利组织的"产品"和"服务"表现为"项目"。因此，"做什么"和"不做什么"就体现为"做哪些项目"和"不做哪些项目"。

所以，战略决策最终体现为选择或确定的"项目"和"项目组合"。因此，战略和战略规划的核心任务或最终成果就表现为所确定的"项目组合"。

---

① 约翰逊，斯科尔斯. 公司战略教程. 北京：华夏出版社，1998：5-7.

② 惠廷顿. 战略是什么. 北京：中国劳动社会保障出版社，2004：19.

当然，战略规划不仅要回答“做什么”的问题，还要回答“如何做”的问题。

项目是“枢纽性的东西”，是把组织内部的各个部分、组织与外部环境联系起来的枢纽。“使命、目标、战略定位、项目组合、组织结构、管理流程、文化、治理结构、核心能力”，这个概念集合是有序的。其中，“项目组合”处于承上启下的位置。所谓“承上”，即为使命、目标、战略定位提供“基础”；所谓“启下”，即引领或决定组织结构、管理流程、文化等。

那么什么叫“项目”？

哈维·莱文认为，项目是“在约定的时间内被执行的一组任务，以满足一系列具体的目标；在很大程度上是一种一次性的活动；具有生命周期，有具体的开始和结束时间；具有一定的工作范围，并可按任务类型进行分类；有预算；可能需要使用多种稀缺的且需与他人分享的资源”①。

项目具有以下特性：(1) 目的性：任何一个项目都是为实现特定的组织目标服务的。(2) 独特性：项目生成的产品或服务与其他产品或服务有一定的独特之处。(3) 一次性：每一个项目都有自己明确的时间起点和终点，都是有始有终的，而不是不断重复、周而复始的。(4) 制约性：每个项目都在一定程度上受客观条件的制约，最主要的制约是资源的制约。(5) 其他特性：项目的不确定性、风险性、项目过程的渐进性、项目成果的不可挽回性、项目组织的临时性和开放性等。

2.2.2 优化项目组合的工具

项目组合管理是通过多项目组合优化，确保行动符合组织的战略目标，从而实现组织收益最大化。

过去的项目管理理论和工具都基于单个项目管理，对于如何在组织层面管理多个项目一直没有有力的理论和方法。20 世纪 70 年代以来，研究者陆续开发出一些优化管理项目组合的工具，其中最具代表性的是波士顿咨询公司（也称波士顿顾问公司）开发的“波士顿矩阵”和麦肯锡咨询公司开发的“三层面模式”。

1. 波士顿咨询公司的“波士顿矩阵”

波士顿矩阵将组织的每一个事业部标在二维矩阵上，从而显示出哪个事业部提供高额收益，哪个事业部是资源漏斗。波士顿矩阵的发明者，也是波士顿咨询公司的创立者布鲁斯·D. 亨德森认为，“公司若要取得成功，就必须拥有增长率和市场份额各不相同的产品组合”(见表 2-1)②。

表 2-1 波士顿矩阵

	高市场份额	低市场份额
高增长率	明星业务	问号业务
低增长率	金牛业务	瘦狗业务

① 莱文. 项目管理：实战技巧与工具. 北京：清华大学出版社，2004：2.

② 斯特恩，斯托克. 公司战略透视：波士顿顾问公司管理新视野. 上海：上海远东出版社，1999：49.

波士顿矩阵区分出四种业务类型：

（1）问号业务（question marks），特征为高增长率、低市场份额。属于这个业务类型的是一些投机性产品，带有较大的风险。这些产品可能利润率很高，但占有的市场份额很小。这往往是一个组织的新业务，必须增加设备和人员，以便跟上迅速发展的市场，并超过竞争对手，这意味着需要大量的资金投入。"问号"非常贴切地描述了组织对待这类业务的态度，此时组织必须慎重回答"是否继续投资该业务"这个问题。只有那些符合组织发展长远目标、组织具有资源优势、能够增强组织核心竞争力的业务才能得到肯定的回答。得到肯定回答的问号业务适合采用增长战略，迅速扩大市场份额，甚至不惜放弃近期收入以达到这一目标，因为要问号发展成为明星业务，其市场份额必须有较大的增长。

（2）明星业务（stars），特征为高增长率、高市场份额。这一类产品具有较高的增长率，并且其市场份额占有支配地位，但也许会、也许不会产生正现金流量。明星业务是由问号业务继续投资发展起来的，可以视为高速成长的市场中的领导者，它将成为组织未来的金牛业务。但这并不意味着明星业务一定可以给组织带来源源不断的现金流，因为市场还在高速成长，组织必须继续投资，以保持与市场同步增长，并击退竞争对手。如果没有明星业务，组织就失去了希望。组织必须将有限的资源投入能够发展成为金牛业务的明星业务上。

（3）金牛业务（cash cows），特征为低增长率、高市场份额。这一类产品产生大量的现金，但未来的增长前景是有限的。它们是成熟市场中的领导者，是组织现金的来源。由于市场已经成熟，组织不必大量投资来扩展市场规模，同时作为市场中的领导者，该业务享有规模经济和高边际利润的优势，因而能够给组织带来大量现金流。组织往往用金牛业务来支持明星业务和问号业务的发展。金牛业务适合采用稳定战略，目的是保持市场份额。

（4）瘦狗业务（pets），特征为低增长率、低市场份额。这一类产品既不能产生大量的现金，也没有希望改进其绩效。瘦狗业务存在的原因更多的是感情上的因素，虽然一直微利经营，但就像人养了多年的狗一样不忍放弃。其实，瘦狗业务通常要占用很多资源，如资金、管理部门的时间等，多数时候得不偿失。瘦狗业务适合采用收缩战略，以便把资源转移到更有利或更有前途的业务上。

亨德森指出："只有那些具备合理的产品组合的多元化公司才能发挥自己的优势，真正抓住增长的机遇。在合理的产品组合中，高市场份额、高增长的明星是未来的保障；金牛业务为组织提供了未来增长所需的资金；增加投入，问号业务将转变为明星业务。瘦狗类产品就不需要了，因为它们象征着失败，说明企业没能在增长阶段取得市场领导地位，或者没能及时撤退、及时止损。"①

2. 麦肯锡咨询公司的"三层面模式"

麦肯锡咨询公司的梅尔达德·巴洛海、斯蒂芬·科利和戴维·怀特在《增长炼金术：企业启动和持续增长之秘诀》一书中提出，所有保持持续增长的大公司的共同特点是保持了三层面业务的平衡发展。

他们指出："有一条健全的更新（业务的）管道，是一切具有持续增长能力的公司的

---

① 斯特恩，斯托克．公司战略透视：波士顿顾问公司管理新视野．上海：上海远东出版社，1999：51-52.

特点……它们在核心业务垮台之前必须毫不迟疑地创造新业务……建立和管理好一条连续不断的更新企业（业务的）管道，乃是实现持续增长面临的中心难题。”①

他们区分了“一项业务生命周期中的胚胎、新生和成熟阶段”，并且把这些阶段称为“增长的三层面”。第一层面是指那些处于成熟阶段的业务，包含了处于组织心脏位置的核心业务，它们通常为组织带来大部分的收入，也是支撑二、三层面业务发展的基础，但是潜力几乎耗尽了。针对这一层面的管理战略是拓展和守卫核心业务，并发掘出所有潜力。第二层面是处于新生阶段的业务，包括正在崛起的业务，带有快速发展和创业的特征，经营概念已经发育完全，属于组织的明星业务。针对这一层面的管理战略是建立新兴业务，加大投入，使之成为未来的核心业务。第三层面包含了明天的业务——未来更长远业务选择的种子，它们尚处于胚胎期，但是比“想法”更进了一步，是走向实质性业务的第一步。它们是课题研究、市场试点、少量投资的尝试，或是为加深对行业的了解所做的努力。不关心第三层面的发展，组织就没有未来。针对这一层面的管理战略是创造有生命力的候选业务②。要达到持续领先的目的，组织必须对这三个层面进行均衡管理，对不同层面的业务采用不同的战略，建立确保新旧业务更替的畅通渠道，一旦出现衰退势头，便不失时机地以新替旧。

他们进一步指出：“为了创建具有生命力的更新管道，最成功的增长者把三个层面同它的每项业务挂钩。公司作为一个整体，有其业务发展的三层面，它的每个部门或者经营单位也各有其相应的三层面。部门之下的每个职能部门也都各有其三层面，每个制造场所、产品集团、研究实验室以及销售地域全都如此。”③

麦肯锡三层面模式与增长阶梯如图 2－1 所示：

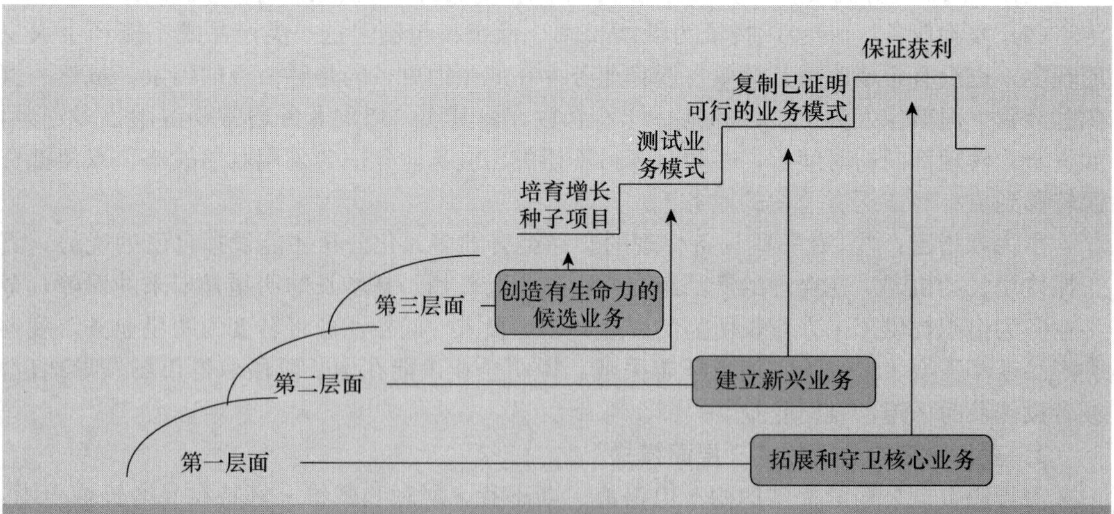

图 2－1 麦肯锡三层面模式与增长阶梯

① 巴洛海，科利，怀特．增长炼金术：企业启动和持续增长之秘诀．北京：经济科学出版社，1999：4.
② 同①5－7.
③ 同①13.

2.3　战略规划的主要工具

2.3.1　战略分析的三大学派概述

在组织战略理论发展的过程中，由于研究角度不同，产生了三个不同的学派：环境导向学派、资源依赖学派、环境-资源综合学派。

1. 环境导向学派

环境导向学派兴起于20世纪六七十年代，该学派的代表人物是哈佛大学教授迈克尔·波特，代表理论是波特的五种力量模型。迈克尔·波特的著作《竞争战略》和《竞争优势》成为各公司制定战略的宝典。环境导向学派的基本观点如下：(1) 组织的外部环境（特别是行业和竞争环境）决定着它能否赢得高额利润。(2) 组织的资源和能力优势不具有长久稳定性，其他组织通过模仿或购买，同样可以获得。(3) 外部环境是组织成功地制定战略的决定性因素。(4) 组织的内部资源和能力须根据外部环境中存在的机会和威胁进行调整①。

2. 资源依赖学派

资源依赖学派兴起于20世纪80年代以后，该学派的典型代表是普拉哈拉德和哈默尔的核心竞争力理论。资源依赖学派的基本观点是：(1) 每个组织都是独特的资源和能力的结合体。这种独特的资源和能力的结合是成功地制定战略的基础和出发点，也是利润的源泉。(2) 这种独特的资源和能力是伴随着组织的发展过程而积累起来的，其他组织难以通过模仿、购买之类的手段获得，除非重复其发展过程——这也是不可能的。(3) 并不是组织的所有资源和能力都有潜力成为持续竞争优势的基础，只有当资源和能力是珍贵的、稀缺的、不完全可模仿的和不可替代的，这种潜力才能变成现实。(4) 当组织的资源和能力能增加组织的外部环境机会或减少威胁时，这种资源（包括能力）才是有价值的。

3. 环境-资源综合学派

在制定战略时，要同时兼顾组织和环境两大变量，厚此薄彼是错误的和危险的。环境-资源综合学派的典型代表是SWOT分析技术。20世纪80年代初，由美国旧金山大学的管理学教授韦里克提出。SWOT分析技术经常被用于组织战略分析。在现在的战略规划领域，SWOT分析是一个众所周知的工具。

SWOT分析是指，通过了解组织自身的优势与劣势，分析外部环境的机会与威胁，在此基础上，将组织内部的资源因素与外部环境因素进行合理匹配，从而制定良好的战略。SWOT分析的目的是，通过综合组织内外的信息，展示组织的优势与不足，激励组织调动其优势，克服其劣势，从而最大限度地利用外部环境提供的机会，规避风险，以实现组织利益的最大化。

---

① 波特．竞争战略．北京：中信出版社，2014．

2.3.2 环境导向学派：波特的五种力量模型

五种力量模型（见图 2－2）是迈克尔·波特于 20 世纪 80 年代初提出的，对组织战略研究产生了深远影响。五种力量分别是：新进入者的威胁、买方议价能力、供方议价能力、替代产品或服务的威胁、同行业竞争强度。五种力量的不同组合变化最终会影响行业利润潜力的变化。五种力量模型将大量不同的因素汇集在一个简单的模型中，以此分析一个行业的基本竞争态势。一种可行战略的提出首先包括确认并评价这五种力量。

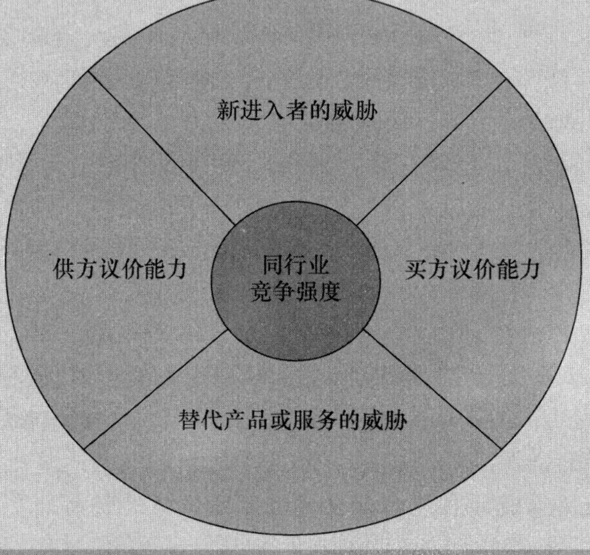

图 2－2 波特的五种力量模型

（1）新进入者的威胁。新进入者的威胁指的是行业中现有组织的盈利水平受新竞争对手影响的可能性。威胁的严重程度取决于进入障碍的高低和现有组织的共同反应。如果进入障碍高和/或新进入者预计现有竞争者的报复会很厉害，进入威胁就低。这种情况会阻碍新竞争者的进入。进入障碍的来源主要有六个：规模经济、产品差异、资本要求、转移成本、销售渠道开拓、不受规模支配的成本优势。

（2）买方议价能力。买方主要通过压价、要求较高的产品或服务质量、使竞争对手互相对抗来威胁一个行业。这些行为会影响整个行业的利润水平。大型买方团体的力量取决于市场形势和团队采购对于整个行业经济的重要性。在下列情况下，买方可能具有较强的讨价还价能力：买方比较集中，买方从该行业中购买的产品是标准化的或者是无差异的，买方面临较小的转移成本，买方利润水平低，买方后向整合威胁，该行业产品对买方产品或者服务的质量不重要。

（3）供方议价能力。通过威胁提高价格或者降低产品与服务质量，供方可以向行业的参与者施加议价能力。强大的供方可以挤压行业中组织的利润水平，甚至可以使其无法收回投入的原材料成本。使供方力量变强的因素一般也映射了使买方力量变弱的因素。供方集团在下列情况下会具有比较强大的议价力量：供方集团由少数几个组织主导，而且相对于产品流向的行业来讲更集中；供方集团不需要为向同一行业销售产品而与替代品斗争；该行业不是供方集团的重要客户；供方产品是买方的重要投入；供方集团的产品有差异或者已经建立起买方转移成本；供方集团可能前向整合威胁。

（4）替代产品或服务的威胁。一个行业内的所有组织都和生产替代产品或服务的组织有竞争。替代产品为竞争组织收取的可获利价格设置了一个上限，制约了这个行业的潜在利润水平。替代产品性价比越有吸引力，对该行业利润水平的限制就越紧。

（5）同行业竞争强度。现有组织之间的竞争主要表现为想方设法地争夺优势地位。组织经常使用的竞争手段有：价格竞争、广告战、产品介绍、增加客户服务和保证等。当竞争者感觉到压力或者可以借助某个机会提高自己的地位时，就会发生同业竞争。

五种力量模型反映出的事实是：（1）一个产业的竞争力大大地超越了现有参与者的范围；（2）它的竞争概念已不同于以往“努力超越对手”的竞争概念；（3）它为人们分析组织竞争状况提供了更为开阔的思路。波特将一些重要的影响因素归类整理，并对每一类因素的特点进行了通俗的说明，便于人们了解和把握这些因素。

2.3.3　资源依赖学派：核心竞争力理论

1. 核心竞争力的概念

组织的核心竞争力具有三个特征：第一，核心竞争力提供了通向多样化市场的潜在通道；第二，核心竞争力对最终产品的可见消费者的福利应做出巨大的贡献；第三，核心竞争力应是竞争者难以模仿的①。

竞争对手可能获得构成核心竞争力的一部分技术，但是，它会发现复制或多或少的内部协调及学习的综合模式是极为困难的。

核心竞争力源于组织内的集体学习②。核心竞争力不会随着使用而递减，它不像物质资产那样会随着时间的流逝而损耗，竞争力会随着它的应用及分享而提高。但是，竞争力也需要培养和保护。如果不对它加以使用，知识就会退化。竞争力是将当前业务结合在一起的胶水，它还是新业务的发动机③。

核心竞争力在组织中的地位如图 2－3 所示。

如何发现核心竞争力？哈默尔认为，“核心竞争力的定义应该是自顶向下的，这并不意味着必须由高层领导开始，而是一种从上向下总揽全局的感觉。你必须找出普遍的、概括性的东西，而不是简单地把已有的细节堆在一起……定义核心竞争力的意义在于发现一种超越的、出众的能力，而不是提交一份关于技术和功能的汇总清单”④。要找出表象下面的深层的东西。确认核心竞争力的过程是认识自我的过程。

在另一篇文章中，核心竞争力理论的创立者又提出了似乎相反的观点，不再强调企业的所作所为要紧紧依赖既有的资源和能力，而是强调“人有多大胆，地有多大产”——突出“战略意图”的决定性作用。似乎“雄心壮志”比核心竞争力更重要，或者“雄心壮志”

---

① 科特，候莎尔，等. 未来的总裁. 成都：四川人民出版社，2000：267－268.

② 同①262.

③ 同①264.

④ 德鲁克，汉迪，等. 巨人的智慧：下. 成都：四川人民出版社，2000：37.

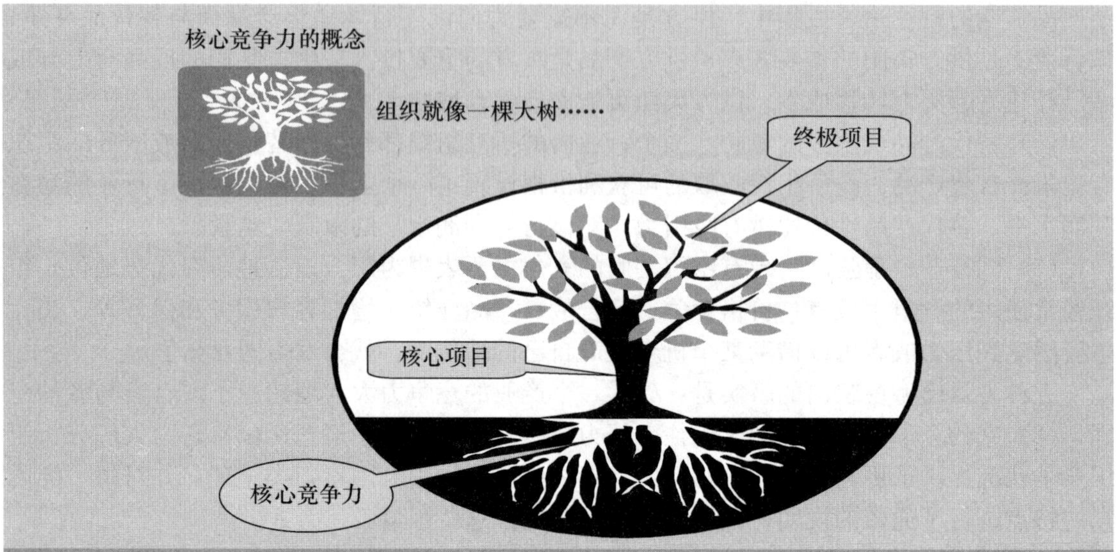

图 2－3　核心竞争力在组织中的地位

本身就是核心竞争力的有机组成部分。

在《战略意图》一文中，哈默尔和普拉哈拉德指出，“过去 20 年中达到世界顶尖地位的公司最初都具有与其资源和能力极不相称的雄心壮志。但是，它们通过企业的全面成功而使人着迷，并在 10～20 年占据世界领先地位的探索中保持了这个谜。我们将这一令人着迷的事物定义为‘战略意图’”①。

他们认为，“战略意图并不仅仅是雄心的释放（许多公司雄心勃勃但因缺乏目标而倒下了）。这一概念还包括如下积极的管理过程：将企业的注意力集中于成功的本质；通过向员工传达目标价值而激发活力，让个人与团队都能作出贡献；当情况发生变化时提出管理的新定义以保持热情；利用意图并始终如一地指导资源配置”②。

2. 核心竞争力战略

核心竞争力战略包括三个方面：培育核心竞争力；运用核心竞争力；扬长避短，集中资源，专注于自己最擅长的领域。

（1）培育核心竞争力。

在组织暂时未找出自身的核心能力时，应该首先将其能力或生长点培育成核心能力。其前提条件是：组织内部应对生长点的内容和方向保持意见一致，尤其是高层；负责管理核心能力生长点的班子应保持相对稳定；组织战略较为明显且具有连贯性；对将生长点培育成核心能力充满信心。

培育核心竞争力的具体方式有：与拥有相关技术和技能的组织建立合营、合作关系；与相关的科研机构、大学建立长期的研究与开放合作关系；抢先吸引潜在用户签订长期合作开发等合同；引进相关的技术和人才；组织内部各类人员学习相关的知识并实际运用；

① 波特，哈默尔，等. 未来的战略. 成都：四川人民出版社，2000：130.

② 同①131.

将众多方式积累的技术技能集中地、多次地应用于组织的各项经营活动，并不断地总结、分析、学习、创新，形成一个“学习型组织”。

（2）运用核心竞争力。

组织的战略重点应转向如何在组织内部部署核心能力。其中，人力资源的组织和分配是最为重要的环节，这是因为，核心能力作用的发挥取决于两个因素：保有量，即携带核心能力“基因”人员的数量和质量；转移速度，指上述人员转移到新的商机领域的难易和快慢程度。因此，在组织结构相对稳定的情况下，人才的跨部门流动是部署核心能力的重要方式。

（3）扬长避短，集中资源，专注于自己最擅长的领域。

首先，应该认清丧失核心能力的几种可能情况：资金投入不足，可能造成能力萎缩；过于部门化，可能分割能力；当没有一位高级主管全面负责时，能力更易丧失；由于疏忽，能力可能被联盟伙伴顺手牵羊。

其次，在具体执行过程中可采取如下方法：向部门经理委以跨部门管理特定能力的权力，并令其对这些能力的发展负责；定期召开“能力总结会”，重点讨论对核心能力的投资以及加强构成能力的技术和技能的开发计划；不断研讨内部部署核心能力的模式；密切关注联盟、外购对核心能力的影响；必须保证核心能力的观念植入每位员工的头脑中，并表现在他们的行为中，如同组织文化建设一样。

3. 核心竞争力战略的体系结构

核心竞争力战略是一种关于“竞争”的战略，但是它并不反对“合作”，相反，它使“合作”成为必需。关闭、出售、外包、并购、合资、战略联盟、合作竞争，都是核心竞争力战略体系的有机组成部分。

核心竞争力战略是指导“合作”的有效理论，它回答了三个至关重要的问题：1）为什么合作？为了扬长避短。2）凭什么合作？凭自己的核心竞争力。3）与什么合作？与其他人的核心竞争力合作。

（1）战略联盟。

战略联盟是 20 世纪 90 年代以来国际上流行的一种新兴的战略管理思想。战略联盟是指两个或两个以上的组织为了实现某种共同的战略目标而达成的长期合作安排。

战略联盟的本质是为了扩大市场或增加盈利，必须放弃某些眼前利益，形成组织间的竞争性合作联合体。战略联盟可以实现优势互补，形成综合优势，可以有效地占领新市场，有利于处理专业化和多样化的生产关系。战略联盟具有边界模糊、关系松散、机动灵活和运作高效的特点。战略联盟可以采取多种形式，如共同研究、分享技术、生产设施的联合使用、购买对方的产品、联合制造零件或组装产品、共同的广告宣传、共同的销售渠道等。

选择战略联盟的原则有：1）合作对手的价值活动比自己做得好，而这些价值活动是自己需要的；2）已经建立了保护自己核心能力的壁垒；3）单独进行某些价值活动的风险太大；4）某些价值活动具有较高的外部性，且易被对手模仿，从而难以专有。

通常战略设计者选用战略联盟的工作程序如下：1）列出所有与机构有直接和非直接关系的利益各方；2）列出机构和利益各方包括关键竞争对手的主要活动；3）列出鉴定机

构的相同和不同之处；4）考虑利益各方目前活动的业绩如何；5）考虑机构和利益各方在计划联盟之后是否存在共同的利益。

（2）合作竞争。

在现代市场经济条件下，竞争和合作是矛盾的统一体，两者既是对立的，又是统一的。由于市场选择相同、产品的同质性等，组织间的竞争非常激烈。但是，当竞争激烈化到一定程度时，大家会认识到凭借单打独斗的方式参与竞争往往会导致组织资源的巨大浪费，甚至两败俱伤。因此，当自身资源和环境的限制使组织的发展战略和持续获利能力出现“瓶颈”时，出于组织利益的考虑，组织间的合作行为就产生了。

要成功地实施合作竞争战略，结成伙伴关系，需要满足以下四个基本条件：第一，共同的利益。参与合作的组织的资源配置得以优化，组织间资源和核心能力可以互补，迎来创新的契机。第二，共享的理念。共享的理念是合作竞争成功与否的关键。当然，这种共享并不强求合作双方的经营理念完全相同，但对双方的合作竞争战略的看法和认识一定是有共识并可共享的。第三，合理的利益分配方案。第四，诚信。在合作竞争战略中，诚信一般在互相信赖、沟通与信息共享、合作团体意识等三个方面得到展现。

在未来日趋激烈的竞争环境中，没有谁能够在所有的领域中同时击败所有的竞争对手，因为没有谁是十全十美的，任何人都有自己的长处和短处。谁也不可能包打天下，而且很难独打天下，只有正确地“有所不为”，才能成功地“有所为”。只有扬长避短，集中资源，专注于自己最擅长的领域，并且与其他优胜者合作，才能使自己立于不败之地。在不久的将来，成功的非营利组织必须做到“知己知彼”，选准自己的“位置”，并且善于同时运用“合作”与“竞争”这两种策略，懂得如何在竞争中合作，在合作中竞争。

2.3.4 环境-资源综合学派：作为基本工具的SWOT分析

所谓SWOT分析中的“S”指组织的优势（strength），“W”指组织的劣势（weakness），“O”指环境提供的机会（opportunity），“T”指环境中的威胁（threat）。

SWOT分析的三个逻辑步骤：第一，自身能力分析，分析组织的资源或能力的优势和劣势；第二，外部环境分析，分析环境提供的机会和存在的威胁；第三，在环境和实力之间进行“优化匹配”。

1. 自身能力分析

竞争优势（S）是指一个组织超越其竞争对手的能力，或者是指组织特有的能提高组织竞争力的东西。

竞争优势可以是以下几个方面：（1）技术技能优势，如独特的生产技术，低成本生产方法，领先的革新能力，雄厚的技术实力，完善的质量控制体系，丰富的营销经验，上乘的客户服务，卓越的大规模采购技能。（2）有形资产优势，如先进的生产流水线，现代化车间和设备，丰富的自然资源储存，吸引人的不动产地点，充足的资金，完备的资料信息。（3）无形资产优势，如优秀的品牌形象，良好的商业信用，积极进取的组织文化。（4）人力资源优势，如关键领域拥有专长的职员，积极上进的职员，具有很强的组织学习能力且经验丰富的职员。（5）组织体系优势，如高质量的控制体系，完善的信息管理系统，忠诚的客户群，强大的融资能力。（6）创新能力优势，如产品开发周期短，强大的经销商网络，与供应商良好的伙伴关系，对市场环境变化的灵敏反应，市场份额的领导地位。

竞争劣势（W）是指某种组织缺少或做得不好的东西，或者是指某种会使组织处于劣势的条件。

可能导致内部弱势的因素有：(1) 缺乏具有竞争意义的技能技术。(2) 缺乏有竞争力的有形资产、无形资产、人力资源、组织体系。(3) 关键领域的竞争能力正在丧失。

2. 外部环境分析

潜在机会（O）是指市场机会，是影响组织战略的重大因素。组织管理者应当确认每一个机会，评价每一个机会的成长和利润前景，选取那些可与组织财务和组织资源匹配、使组织获得竞争优势的潜力最大的最佳机会。

潜在的发展机会可能是：(1) 客户群的扩大趋势或产品细分市场。(2) 技能技术向新产品新业务转移，为更大客户群服务。(3) 前向或后向整合。(4) 市场进入壁垒降低。(5) 获得并购竞争对手的能力。(6) 市场需求增长强劲，可快速扩张。(7) 出现向其他地理区域扩张、扩大市场份额的机会。

外部威胁（T）是指在组织的外部环境中，总是存在某些对组织的赢利能力和市场地位构成威胁的因素。组织管理者应当及时确认危及组织未来利益的威胁，做出评价并采取相应的战略行动来抵消或减轻它们所产生的影响。

组织的外部威胁可能是：(1) 出现将进入市场的强大的新竞争对手。(2) 替代品抢占组织已有的销售额。(3) 主要产品市场增长率下降。(4) 人口特征及社会消费方式的不利变动。(5) 客户或供应商的谈判能力提高。(6) 市场需求减少。(7) 受到经济萧条和业务周期的冲击。

3. 战略是综合环境与实力之后的选择

SWOT 矩阵是帮助战略管理者制定战略的重要匹配工具。经过 SWOT 分析，一个非营利组织可以有如下不同的战略匹配和选择：

(1) 优势-机会（SO）战略。SO 战略是一种发挥组织内部优势以利用组织外部机会的战略。所有的管理者都希望自己的组织处于这样一种状况：可以利用自己的内部优势抓住和利用外部趋势与事件所提供的机会。

组织通常会先采用 WO、ST 或 WT 战略，为采用 SO 战略创造条件或提供保障。当组织处于明显劣势时，它将努力克服这一劣势；当组织面临巨大威胁时，它将努力回避这些威胁，以便集中精力利用机会。

(2) 劣势-机会（WO）战略。WO 战略的目标是通过利用外部机会来弥补内部劣势。适用于这一战略的基本情况是：存在一些外部机会，但组织的一些内部劣势妨碍它利用这些外部机会。组织通过自身解决这些劣势，或者从外界获得所需要的能力，以便使组织能利用外部环境中存在的机会。

(3) 优势-威胁（ST）战略。ST 战略是利用本组织的优势回避或减少外部威胁的影响。这一战略的目的是扩大组织优势，降低外部威胁。

(4) 劣势-威胁（WT）战略。WT 战略是一种旨在减少内部劣势，同时回避外部威胁的防御性技术。一个面对大量外部威胁和具有众多内部劣势的组织一定处于不安全和不确定的状态。

战略制定的 SWOT 矩阵如表 2－2 所示：

表 2－2 战略制定的 SWOT 矩阵

内部因素 / 外部因素	内部优势（S） 如管理、运作、财务、市场营销、研究与开发、工程等方面的优势	内部劣势（W） 如同“内部优势”栏中相对处于劣势的因素
外部机会（O） （考虑风险等）如目前和未来经济状况，政治和社会变革，新产品、服务和技术	SO 战略：极大-极大 潜在最成功的战略，充分利用组织内部的优势以及外部的机会	WO 战略：极小-极大 如为了利用外部机会，制定发展战略以克服组织劣势
外部威胁（T） 如能源短缺、竞争以及上栏“外部机会”中相似的因素	ST 战略：极大-极小 用内部优势来抵消外部威胁或规避外部威胁	WT 战略：极小-极小 如收缩、清算或合资，用以降低劣势和威胁的负面影响

资料来源：韦里克，孔茨．管理学：全球化视角：第十一版．北京：经济科学出版社，2004：98.

2.4 战略管理：从制定到实施

战略管理包括制定战略管理和实施战略管理两个环节。

2.4.1 战略管理的概念

以下六个名词有助于更好地理解战略管理的内涵：（1）使命。与所有者的价值观或期望一致的前提。（2）目标。（3）具体目标。对目标的量化或更精确的描述。（4）行动或任务。实施战略的各步骤（或许与经营问题或具体个人有关）。（5）控制。对各步行动的监视。（6）奖惩。对达到目标的奖励和对未达到目标的惩罚。

“使命”是对组织的最高利益的一般表示，理想上应与主要利益相关者的期望和价值观相一致，它涉及组织的总体目标、经营范围和界限；“目标”通常是与“使命”相一致的对组织方向的一般表述，它是定性的描述；“具体目标”则是定量的，或者至少是更加详细、具体、准确的；“行动”或“任务”是与战略相联系的具体的经营活动；为监视和检查行为是否达到目标或完成目标的程度，就需要“控制”；而“控制”要想有效，就必须有“奖惩”。

2.4.2 战略的制定

一般来说，战略的制定包含三个关键步骤：组织使命陈述——陈述组织使命与组织目标；环境和资源分析——对组织的外部环境、自身条件和竞争优势进行分析；战略分析和选择——根据战略目标对备选战略进行选择。此外，我们还要关注制定战略的关键因素——参与性。

1. 组织使命陈述

陈述使命的目的就是明确组织的使命和目标，揭示它想成为什么样的组织和要服务于哪些人等远景内容。一个组织并不是根据它的名字、章程和管理条例来定义的，而是根据它的使命和目标来定义的。一个好的使命陈述可以起到集中资源、统一意志、振奋精神的作用，从而引导、激励组织取得出色的业绩。作为战略制定者，首要任务就在于认定和表明组织的使命。

使命陈述一方面应有足够的概括性，过于具体的规定将限制组织的创造性发展，而另一方面又不应过于笼统，排除一些与组织使命严重违背的战略选择也是十分必要的。所以，一个好的使命陈述应该在具体性和概括性中间找到一个适当的平衡点，是基于对未来的内外部环境分析和展望而得出的。同时，它还应该是动态性的，以便根据环境变化和组织发展做出适当的调整。

2. 环境和资源分析

环境和资源分析包括外部环境分析和资源与实力分析两个部分。当确定了使命之后，就进入环境和资源分析步骤，这是制定战略的必要前提和重要依据。组织的资源和实力是它开展活动的基础，一切战略的制定和实施都必须建立在现有实力的基础之上。同时，组织总归生存在特定的环境之中，这一环境直接或间接地影响着它的所有活动。

3. 战略分析和选择

完成环境和资源分析后，战略制定者就可以根据组织外部环境和自身实际情况选择相应的战略了。组织战略方案的种类有很多，形式也是多种多样的，究竟应该如何选择适合自己的战略，这是战略制定者要面对的难题之一。组织的理想战略首先应当能够利用外部机会并减少外部不利因素的影响，同时，它应当能够强化组织内部的优势并改进自身存在的不足。战略分析通常只能给战略制定者提供若干种可行的方案，而实际选择战略的过程则要求决策者考虑多方面的因素，进行多方面的均衡。这一选择过程将远比想象中的复杂曲折。

4. 关键因素：参与性

战略制定应该全员参与。制定战略是组织认识自我、识别环境的过程，也是发现问题、找出解决方案的过程。在某种程度上，制定战略的过程比最终的战略报告更有价值。所以我们说，过程重于结果，参与高于一切。战略规划不是高层的特权，而是全体成员的权利。只有全员参与，才能得到更高的认同，才能得到更好的贯彻执行，才不会使制定战略变成劳民伤财的负担。

战略是用来实施的，而战略实施的第一个重要任务就是将战略管理的责任从战略制定者向战略执行者（各部门主管和各级管理人员）转移。这一转移常常会有很大阻力，因为新战略的施行往往意味着变革，而变革会给不同的人带来不同的好处和损失，那些“得不偿失”的人往往会有意无意地抵制变革。一般情况下，管理者和普通员工更加关心的是可预期的个人利益而不是组织利益，除非两者正好重合。如果战略决策与管理者的预期有较大出入，战略的实施就很难得到保证。为了避免或减弱这种危机的负面影响，战略制定者在制定战略时应该尽量多地使部门管理者和普通员工参与到战略制定的过程中来，同样，战略制定者也应该尽量参与到战略实施的过程中去。

2.4.3 战略的实施

战略的实施，即通过建立和发展行动的机制和能力，将战略规划转化为现实绩效的过程。战略的实施是贯彻执行既定战略规划所必需的各项活动的总称，也是战略管理的一个重要部分。显而易见，如果精心选择的战略不付诸实践，或不认真地组织实施，此前的努力将付诸东流；反之，不但可以保证好的战略取得成功，还可以克服原定战略的某些不足，使之趋于完善，最终获得成功。

在现实中，已制定好的战略中，只有不到10%能成功地实施。建立贯彻实施战略的组织机构要发挥领导作用，使组织结构、资源、文化能与战略相匹配；还要处理好组织内部各方面的关系，动员全体员工投入战略实施中来，以保证战略目标的实现。

战略的实施包括如下任务：（1）制订计划。对于战略实施来说，最重要的管理问题包括制定年度目标、制定政策、配置资源、调整现行组织结构、改组和流程再造、调整奖励和激励计划、减小变革阻力，使管理者适应新的战略、培育支持新战略的组织文化、调整生产作业过程、发展有效的人力资源，以及优化组织规模。（2）调整组织结构与管理流程使之与战略相匹配。（3）制定人力资源开发与利用战略。人力资源战略是组织为适应外部环境日益变化的需要以及人力资源开发与管理自身的需要，根据组织的发展战略，充分考虑员工的期望，从而制定的人力资源开发与管理的纲领性的长远规划。同时，人力资源战略也必须与组织经营、发展和文化战略相互配合，才能发挥出最大的效用。（4）制定财务管理战略。财务管理主要包括筹资、内部管理、投资决策。（5）制定知识管理特别是管理信息系统（MIS）开发战略。管理信息系统是运用系统理论和方法，以电子计算机和现代通信技术为信息处理手段和传输工具，为组织管理决策提供信息服务的人机系统。它的基本功能有管理生产数据，安排管理和生产计划，控制各部门的生产运营以及通过计算机对组织未来进行预测，等等。（6）制定研究与开发战略。研究与开发的目的是通过技术的领先来增强组织的竞争优势。（7）调整组织文化使之与组织战略相匹配。每个组织都有自己的文化，文化是组织从事经营活动的独特方式。组织文化的定义是：组织在学会对外适应环境、对内实现一体化的过程中形成的行为方式。这一方式被认为是行之有效的，并将作为理解、思考和感觉事务的正确方式被传授给新成员。组织文化就如同个人的性格一样，影响着战略的实施，因此在进行内部环境分析时，应该给组织文化以足够的重视。只有组织文化与组织战略相匹配，战略的实施才能得到保证。

2.5 有关战略的不同观点

什么是战略？迈克尔·波特首先提出了这个问题。然而，时至今日，研究者们围绕着战略本质问题依然争论不休。理查德·惠廷顿在《战略是什么》一书中对这一问题进行了全面而深刻的探讨。与其他学者将战略看作一种既定的活动不同，理查德·惠廷顿从不同的角度和层面对战略的内涵和本质进行了解析。他认为，自近代以来，对战略的认识存在四种观点，分别是古典观点、进化观点、过程观点和系统观点[①]。

古典观点是教科书中的主流，以迈克尔·波特为代表。这一观点认为战略制定是一个精心计算的理性化过程，目标是实现长期竞争优势的最大化；如果能投入足够的努力，收集足够的信息，并且运用恰当的分析技巧，外部世界和组织本身的状况是可以预测的，而且是可以根据高层管理者们仔细制订的计划进行塑造和修正的；只有进行理性分析和目标决策的组织才能保证长期的成功，避免失败。战略是制订长期计划的理性过程，它决定组织的命运。

自然选择学派持进化观点，汉南、弗里曼和威廉姆森是这一学派的代表人物。这一派认为：（1）古典意义上以未来为导向的理性化计划观点常常无法反映实际；（2）环境往往过于复杂、难以预测，因此无法做出有效的预见；（3）市场是动态的、充满敌意的、残酷的、竞争性的，因此组织无法制订长期计划，但又必须追求目标最大化；（4）组织的成败取决于环境，而不是其决策者；（5）成功的战略只能在对自然规律进行判断、选择的过程中产生；（6）决策者唯一可以做的事情是保证自己的工作尽可能有效率地符合当下环境的需求；（7）未来具有太大的可变性和不可预见性，无法进行预测和计划，最佳的战略就是追求当下生存机会的最大化。

过程观点认为长期计划基本上是没用的，但是持该观点的人对那些在某些方面无法很好地适应环境的组织的命运并不很悲观。真正被执行的计划根本不存在，随着时间的推移，计划肯定会被淡忘。在实践中，战略更可能从一个实际的学习和妥协过程中显现出来，而不是来自一系列理性的大步跨越。没有人知道什么是最优的战略，没有人能够永远坚持某一战略，没有制定或执行一项战略几乎不会给组织带来什么危害。最佳战略会自发地出现在组织的学习和适应过程中。

系统观点认为，战略确实重要，但不像古典观点所说的那样重要。理性尽管是有限的，但人们设计和实施计划的能力也不像过程观点所宣称的那样悲观。市场的盲目性确实很大，但是人们仍然具有一定的自主确定战略的能力。马克·格兰诺维特提出了“嵌入”概念，他认为战略的目标和实践取决于战略制定活动发生时所处的特殊的社会体制。除了市场之外，还有许多社会的、政治的力量在影响组织的命运。战略的形式和目标尤其依赖于组织所处的社会环境，因此在决定采用何种战略时应当具有社会学的敏感。

此外，折中的观点认为，人们无法掌控未来，但却可以对未来发挥适度的影响。人们不应当被动地接受或回应，而应当主动面对即创造改变。

本章小结

本章借鉴和吸收了商业管理领域的有关战略管理的研究和实践成果，对非营利组织如何进行战略规划和战略管理做了分析。特别是对一些重要的优化项目组合的工具以及战略规划的工具做了重点介绍。通过学习，学生应该理解并掌握这些基本工具。

---

① 惠廷顿. 战略是什么. 北京：中国劳动社会保障出版社，2004：3-7.

关键术语

战略	战略分析	战略规划	战略管理	环境导向学派
资源依赖学派	环境-资源综合学派	波士顿矩阵	三层面模式	SWOT 分析
核心竞争力	古典观点	进化观点	过程观点	系统观点

复习思考题

1. 什么是战略和战略管理?
2. SWOT 分析技术如何应用在非营利组织的战略规划中?
3. 请简述波士顿矩阵和三层面模式的主要内容。
4. 核心竞争力理论包括哪些方面?
5. 请简要阐述有关战略的四种主要观点。

参考文献

1. 约翰逊，斯科尔斯. 公司战略教程. 北京：华夏出版社，1998.
2. 韦里克，孔茨. 管理学：全球化视角：第十一版. 北京：经济科学出版社，2004.
3. 莱文. 项目管理：实战技巧与工具. 北京：清华大学出版社，2004.
4. 斯特恩，斯托克. 公司战略透视：波士顿顾问公司管理新视野. 上海：上海远东出版社，1999.
5. 科特，候莎尔，等. 未来的总裁. 成都：四川人民出版社，2000.
6. 巴洛海，科利，怀特. 增长炼金术：企业启动和持续增长之秘诀. 北京：经济科学出版社，1999.
7. 波特，哈默尔，等. 未来的战略. 成都：四川人民出版社，2000.
8. 德鲁克，汉迪，等. 巨人的智慧：下. 成都：四川人民出版社，2000.
9. 惠廷顿. 战略是什么. 北京：中国劳动社会保障出版社，2004.

第 3 章

项目管理

绝大多数非营利组织主要提供“无形的服务”，而不是“有形的产品”，这些“无形的服务”就表现为“项目”。可以说，非营利组织主要以项目的方式开展活动。有的非营利组织甚至就是为了运作某个项目而成立的。如何确定项目及项目组合在“战略管理”一章中已经介绍了。实际上，与项目选择有关的主要工作在制定战略阶段已经基本解决，留给项目管理的主要是一些微观的、具体的任务。

本章内容包括：项目设计；项目申请；制订项目实施计划，包括总计划、年度计划和季度计划；建立项目管理模式，包括确定管理机制、建立管理机构、组建执行团队；筹集项目所需资源，包括补充项目团队的专业知识、筹款、招募志愿者、建立合作关系；过程控制，即项目实施及其监控，包括进度控制、财务控制、人事控制、风险控制；项目评估与学习，并在此基础上从经验中学习。

3.1 项目设计

本节讲解项目设计的主要原则。

3.1.1 紧扣组织使命和战略

永远不要忘记你的使命！你的组织为什么而存在？社会为什么需要你的组织？这是每一个非营利组织负责人必须严肃面对的问题。组织的所作所为就是为了正确而有效地履行组织的使命，所以项目设计的首要原则就是遵循使命的指引，至少不能违背组织的使命。

项目设计还要服从组织战略。战略规定了组织应该做什么、不应该做什么。但是，这种规定往往是“宽松的”，有时仅仅指出了组织活动的领域。与战略限定的领域相比，项目的活动范围更“狭窄”、更“具体”。因此，在项目设计环节仍然存在“选择问题”，“宽泛的”战略要落实到一个个“具体的”项目之上。

3.1.2　锁定目标群体及其需求

任何项目都是为某个特定人群服务的，都是为了解决这些人面临的某种特定问题。例如，希望工程的目标群体是贫困地区贫困农户的小学生，所要解决的问题是他们求学过程中所面临的各类困难。任何一个组织的任何一个项目都不可能解决所有人的所有问题，所以聚焦是非常必要的。要记住，有限的资源，只能解决有限的问题，达到有限的目标。

总是存在许多需要解决的现实问题，而组织的资源和能力又是有限的，只能解决一个或几个问题，那么到底要优先解决哪几个问题呢？这就是所谓的“优先性问题”。需求的优先性分析既要考虑组织的使命，也要考虑客观的需要，知道什么是最紧迫、最重要的现实问题，然后结合自己的资源、能力以及外部环境条件做出最适合的选择。

非营利组织的项目不是在真空中运行的，而是在复杂而真实的“母体”中运行的。“母体”对非营利组织及其项目的运作具有直接的、有力的、广泛的、深刻的影响。非营利组织运行于其中的“母体”，不仅包含作为服务对象的“弱者”，还包含作为资助方的“强者”。非营利组织服务的对象往往是弱势群体，但是在得不到强者支持的条件下，非营利组织往往不可能独立完成服务于弱者的项目。因此，从现实出发，非营利组织在考虑“目标群体”及其“需求”的时候，就不能仅仅考虑弱者的客观需要，而要同时考虑强者的意愿或态度。例如，有钱人会不会捐款，政府会不会允许甚至支持，媒体会不会给予报道，明星会不会前来助阵……在实际工作中，这些因素对项目设计的影响往往比弱者的需要更大。这就涉及一个严峻的问题，非营利组织的所作所为到底是为了满足弱者的需要，还是为了满足强者的偏好。从理论上说，这个问题的答案非常清楚——非营利组织显然是为弱者服务的，但是在现实中，非营利组织的领导人有时却要面临艰难的选择。因为钱在富人手里。在这里，理想主义和现实主义发生了激烈的碰撞！在这种情况下，拥有正确的使命以及坚守正确的使命，就显得尤为重要。

3.1.3　寻找满足特定群体特定需求的有效方式

特定的问题有特定的解决方式。先要尽量罗列出能够解决的问题，能够满足目标群体需求的各种方式、手段、办法。然后，分析这些方法的有效性和可行性。所谓有效性，首先指采用的办法确实能够解决问题，在手段和目标之间存在因果关系；其次指手段与目标的匹配尽可能符合优化原则，以最小的成本获取最大的效益。所谓可行性，指能够获得实施这些方法所需的资源和能力，或是组织自身就具备所需的资源和能力，或是通过合作可以获得这些资源和能力。这涉及资金申请、合作伙伴的支持。可行性分析，既涉及组织自身的资源与能力分析，也涉及环境分析。

3.1.4　追求创新性、可持续性和可复制性

设计者在设计项目时要自觉地追求项目的创新性、可持续性和可复制性。这是福特基金会的何进博士提出的项目设计理念。

非营利组织的价值，一方面体现在它为社会做了多少事上，另一方面体现在它的创新性上，而且后者更为重要。单个非营利组织的资源总是极为有限的，能够做的具体的事也

是非常有限的，但是如果能够发现一种新的需求，开创一种新的解决问题的方式，提出一种新的理念，并通过发挥示范作用有效地扩大实际影响，那么其作用就有可能是无限的。因此，在项目设计时，非营利组织往往会有意识地追求创新性，而不是简单地重复自己或别人的老套路。昙花一现的创新意义不大，只有时间上可持续的创新才有价值。而要让创新在更大的范围内发挥作用，项目开创的模式必须具有普遍性，只有如此，新模式才能是可复制的、可推广的，才能被更多的人使用。如果项目成功所需的条件太苛刻，别人根本无法模仿，那么这种创新就是不可复制的，也是不可推广的，从而其创新的价值也要大打折扣。

3.1.5 退出机制

有些项目是可以持续做下去的，例如老人照顾。有些项目的目标是为当地建立某种能力，通过建立能力使当地的组织可以独立开展某种行动。有些项目的目标仅仅是创新和示范。能力建设项目和创新项目都面临“退出问题”。非营利组织不可能也不应该永远干下去，或早或晚要结束项目，即“退出”。但是，非营利组织也不希望出现“人走茶凉”“人亡政息”的结果，而是希望在自己退出之后，项目依然健康地运行。因此，好的项目设计应该包含“退出机制”，以确保在项目结束，非营利组织退出之后，项目所确立的模式依然能够健康地运行，甚至更上一层楼。一般说来，在设计退出机制时应追求如下目标：项目的理念被对方接受，所需的专业技能被对方掌握，组织结构和管理流程持续存在，资金有保障，更重要的是后继有人，当然还要有适合的法律环境。

3.1.6 风险评估与防范

现代社会充满了风险、变化与不确定性。这种风险既可能来自外部，如政治、法律、经济、社会、国际环境的变化，也可能来自组织内部，如人员调整、资金断裂、组织使命变更等；既可能是宏观的，也可能是微观的；既可能是自然的，也可能是社会的。无论何种类型的风险，都要求项目设计者提前预估主要风险，并制订相应的预防方案，以便能够在风险来临时沉着有序应对，做到有备无患。

3.2 项目申请

项目运行需要资金支持。有的项目的资金来自组织内部，但是大多数非营利组织的项目的资金来自外部，需要向基金会、政府、企业申请，或是向公众募集。对于大多数非营利组织来说，申请资助的成败足以决定组织自身的生死存亡。本节将讲述与向外部申请资助有关的技巧。

3.2.1 寻找和确定资助方

需要对外募集资金的非营利组织的领导人和相关工作人员，要充分掌握潜在的资助方的各种信息。例如，它们愿意资助哪类组织，愿意资助在哪些领域中开展的活动？尤其是要了解它们有什么特别的考虑。

这些信息大多可以通过搜索资助方的官方网站获得。除此之外，登门拜访、参加会议，向圈内的“明白人”咨询，甚至与圈内的“明白人”闲聊，都可以获得有关信息。

对于一个清晰的项目来说，首要的任务是找到适合的资助方。所谓“适合”是指该项目正好属于对方的资助范围之内。如果彼此曾经有过愉快的合作经历那就更好了。

在某种程度上，申请项目就相当于把产品（项目）销售给客户（资助方），如果客户（资助方）需要这个产品（项目），而且觉得价格（申请资助额度）合适，它就会买下产品（给予资助）。所以，商业营销的许多理念和方法可以运用于非营利组织的申请过程。“营销范式”强调，申请者要了解资助方的使命、资助范围、工作方式和特点，力求使申请工作“适销对路”，以便提高申请的成功率。

3.2.2 撰写申请报告书

一旦确定了申请对象，下一步的工作就是按照对方的要求撰写申请报告书。

各个资助机构都可能对申请报告书提出一些特殊的要求。申请者必须了解对方的特殊要求，并尽量予以满足。尽管各个资助机构制定的申请报告书的格式存在差异，但还是存在某种“通用模式”。而且，就申请报告书的内容和逻辑而言，那些“通用部分”往往是重要的，而“特殊部分”则是次要的。

下面介绍申请报告书的通用模式。

1. 目的与意义

首先要阐明为什么做这个项目，做这个项目为了达到什么目的。为此，需要阐明项目对于受助者的意义、对于组织本身的意义、对于社会的意义以及对于资助机构的意义。

该部分一般还要交代项目的大背景，包括社会、经济、政治和文化背景。

2. 具体目标与工作内容

要把宽泛的目的分解为具体的目标，把具体的目标与相应的工作内容对应起来。要简明扼要地说明项目的工作内容，清晰地列举项目所要达到的目标。具体目标是工作内容的测度。每一项工作内容都要对应一些明确的目标。这些具体目标是项目执行团队、组织本身以及资助方对项目进行监测和评估的基础性依据。

在列举具体目标及其所对应的工作内容时要记住，总体目标、具体目标、工作内容之间存在紧密的逻辑关联。

3. 实施方案

实施方案是整个申请报告书中最重要的部分。这一部分的任务是：(1) 确定项目的目标群体。为此要描述目标群体的各项特征，尤其是描述其地域分布，因为后者涉及项目实施的空间范围。(2) 确定并描述项目要满足的目标群体的需求。(3) 描述为满足目标群体的需求而设计的各项活动。(4) 描述各项活动之间的逻辑关系和工序流程。(5) 描述各项活动与项目的各项具体目标之间的因果关系。(6) 确定支持条件，即内部与外部的支持条件。(7) 制订风险防范方案。(8) 制定退出机制。(9) 论证项目的创新性、可持续性、可复制性。

一般情况下，组织内部或资助方主要根据这部分内容决定是否批准或资助该项目。

4. 预期成果

成果极为重要，没有成果就没有做项目的必要。要准确地描述项目的预期成果，不要遗漏，也不要夸大，更不能无中生有。

目标是项目的期望，成果是项目的结果。组织内部、资助方都要求看到结果，并根据结果做出奖惩判断。执行团队也需要根据预期成果做出自我评估。

如果设计合理而且执行得力的话，目标、活动、预期成果之间应该具有紧密的逻辑联系。

描述预期成果的通行方法包括三项内容：(1) 产出 (output)，指实际进行的活动，与活动有关的“看得见、摸得着”的东西。产出回答“你做了什么”这一问题。(2) 效果 (outcome)，指各种活动给受助者带来的直接收益，或者是对受助者的直接影响。效果回答“你做的事情有什么直接作用”这一问题。(3) 影响 (impact)，指项目产生的更广泛、更长远的影响。影响的对象，可以是受助者，也可以是其他群体；影响所及的领域，可以是项目锁定的受助者的需求，也可以是更广泛、更长远的社会利益。影响回答“你做的事情有什么间接作用”这一问题。

此外，对于产出的描述必须具体化、可观测、可量化，否则监测和评估便无法进行。对于周期较长的项目，还要分阶段描述预期成果。

5. 组织结构

有的项目一个机构无法单独完成，需要多方合作。在这种情况下，申请报告书需要列举合作者，并说明各合作者的权利与责任、各合作者的具体分工以及彼此之间的权力关系。

无论是独家单干，还是多方合作，都要建立并描述项目管理模式。指定代表机构对项目负总责的人。组建项目执行团队，确定项目经理，列举团队成员，描述项目经理和成员的分工、责任与权利。人员分工要与目标、活动、产出相联系。所有的目标、活动、产出都要明确地落实到具体的人头上。有时还要交代关键人员的筛选和替换机制。

6. 日程表或进度表

确定项目起讫日期，划分项目周期的各个阶段，描述每个阶段的任务、阶段性考核的指标及考核办法，描述每个阶段的资源配置（人力、资金、外部关系等），描述每个阶段的风险控制，确定终期结项工作的具体内容。

7. 预算

没有资金什么也干不成，没有合理的、令人信服的预算就无法得到资金，所以项目的资金预算极为重要。

并不是预算做得越大越好。要的钱太多了，对方会望而却步；要得太少了，不足以支持有效的规模。关键是金额要合理。以合理额度为标准，不能压缩，否则在执行时必然会产生偷工减料的现象，其结果是伤害受助者的利益，项目目标也无法实现；也不能夸大，否则会被对方识破，以致对方拒绝予以资助，同时也会损害组织自身的形象。

做预算要考虑本机构的预算规模；如果是向外申请，还要考虑对方可以承受的程度或是对此类项目的资助习惯。

预算应交代总资金规模、各子项目的预算、各项活动的预算、各类支出的预算，以及合作单位之间的资金分配方案。

3.2.3 申请

在确定了目标资助机构，按照对方要求完成申请报告书之后，下一步的工作就是提交申请报告。如果可能，事先最好联系一下资助机构，然后再提交报告。

资助机构收到申请报告之后，一般会在一段时间之后做出答复。这个时间段可能是固定的，也可能是不固定的。比较成熟的资助机构都会公布一个做出回应的时间期限，如收到报告一个月之内或三个月之内将做出回应。也有一些资助机构对于不打算资助的申请不做回复。

一般情况下，资助方不会无条件地批准申请方的申请，会提出一些调整意见。这些意见往往是有价值的，值得认真对待。申请方需要根据这些意见对申请报告进行适当的修改。所谓“适当的修改”是指，既不能为了拿到钱而无原则地接受资助方的意见；也不能盲目自信，拒不接受任何意见。在这方面，妄自菲薄和蛮横自负都是错误的。

修改之后的报告要再次提交资助方。如果资助方满意了，那么申请就被批准了。如果对方认为还需要修改，那么申请方就要继续修改。如果对方认为报告不可救药，那么申请过程就终止了。一般说来，提交、提意见、修改、再提交，这个过程要重复多次。申请的过程是一个难得的学习机会，因为资助机构的审批者往往是经验丰富的前辈，在与他们进行书信往来或面对面的讨论中能学到许多东西。

3.2.4 注意事项

申请—资助，这是申请方与资助方之间的合作。合作要建立在相互了解的基础之上，而相互了解需要时间。实际上，合作的过程就是最好的相互了解的过程。所以，申请资助要遵循“循序渐进原则”，也就是说，申请资助的额度要从小到大。初次合作，资助方不了解申请方，不可能立即给申请方一笔大额资助。有了合作成功的经验，资助方对申请方有了一定的信任，再申请更大额度的资助就更有把握了。经过一次次的合作，资助方对申请方的了解越来越深，信任也越来越深，申请方可以和资助方一起讨论项目的目标、活动、风险、预算，资助方甚至还可以提供资金以外的很多帮助。

一般情况下，资助机构对其资助实行“合同式管理”，即以具有法律意义的合同规定申请方和资助方的权利与义务。申请方要具备法治观念，要有契约意识，要按时、保质、保量地兑现自己在合同中做出的承诺。这并不是说合同的内容不可以调整，但是调整要经过协商并得到双方认可，否则就要不折不扣地执行。

做事做人要讲究原则。首先要恪守职业道德，否则不可能把事情做好。其次要恪守做人的基本准则，否则不可能永远把事情做好。良好的口碑和职业声誉得来不易，但要毁掉它们却容易得多，一次严重的过失就有可能让之前所有的努力毁于一旦。

申请—资助，既是机构与机构之间的交往，也是人与人之间的交往。这其中有原则，也有感情。所以，在讲究原则的同时还要建立感情。不要做势利小人，“人走茶凉”。也不要对方一不满足自己的要求就心怀恨意。更重要的是，学会与人分享利益，不能好处自己独吞；学会自觉分担责任，不能把负担和过错全推给别人。

3.3　制订项目实施计划

并不是所有的组织都需要制订项目实施计划，也不是所有的组织都需要制订成文的、严密的项目实施计划。许多小型非营利组织只有“项目”，没有“项目实施计划”。它们大多采用“摸着石头过河”的方式做项目。而且许多新的、不成熟的项目，只能采取“试错法”运行，在“试探”或“试错”的过程中逐步完善、成熟。在现实中，只有那些成熟的项目才有实施计划，只有那些大型非营利组织才能制订项目实施计划并对其执行过程实施有效的控制。

制订计划应遵循“参与原则”。所谓“参与”是指利益相关者的参与。参与式方法是制订计划的重要方法之一。参与的目的有两个：一是通过群策群议，达到集思广益的效果，使实施计划更加合理；二是形成共识，以便同心同德，提高项目实施的效率。参与分为内部参与和外部参与。内部参与，是指项目团队成员、相关部门及相关人员参与实施计划的制订。外部参与，是指项目的受助者、资助方和其他合作者参与实施计划的制订。在制订计划阶段，如果很好地遵循了参与原则，就会为后续的执行打下良好的基础，使执行变得轻松而容易。

一般说来，项目设计报告确定了项目的基本信息，如目标群体、活动内容、资金预算等，但不包括与具体实施过程有关的信息，因此还需要制订项目实施计划以指导项目的具体实施。计划的作用在于确定具体的行动方案，使执行人员有所依循，消除行动中的不确定性，也为监控和奖惩提供依据。

总计划的内容一般包括：（1）分解，即分解目标、分解活动、分解过程，把粗略的设想具体化，转变为具体的指标、行动和阶段；（2）确定总目标、分阶段目标和各项活动的目标；（3）各阶段和各项活动的设计，确定它们之间的时间次序和内在的逻辑关系；（4）资源需求预算，包括资金预算、人员配备计划、工作设备要求，这些预算要落实到各项活动和各个阶段；（5）制订详细的、可操作的资源筹集方案；（6）制定详细的时间进度表；（7）确定负责机构和人员，明确其责任和权力；（8）制订风险控制预案。

长期项目还需要制订年度计划。年度计划需要回答的问题包括：年内实施的各项活动及其优先次序，年内时间表，需要组织提供的资金量及筹资方案，人员需求量及人员培训方案，各项活动的负责人及其职责，合作伙伴，评估与激励机制，进度监控方案。

如果需要，还可以制订季度计划、月计划、周计划。其原则和方法与年度计划是一样的。

实际上，计划不可能，有时甚至不需要得到完全的执行。这是因为，事先不可能预见到所有的因素，因此计划不可能是十全十美的。“随机应变”“因地制宜”都是必要的原则。组织自身的状况会发生或大或小的改变，环境也会不断变化，因此，合理地、及时地调整计划是必不可少的。需要根据计划实施控制，但也不能僵化地对待计划，需要做出改变的时候必须当机立断。当然，要改变计划需要相关各方达成共识，而这又需要充分、有效的沟通。

3.4 建立项目管理模式

组织需要根据战略和项目实施计划建立项目管理模式。项目管理模式包括管理机制和管理机构（或执行团队）。

为了有效地实施项目，需要根据项目的特点建立专门的管理机制，还要建立专门的管理机构，负责推动运行，整合资源，协调行动，并对项目目标的达成负直接责任。

在小型组织中，部门化不发达，小项目往往由一个人负责，有时甚至一个人负责几个小项目，而大项目则是大家一起干。

在大型组织中，部门化很发达，往往设立一个专职部门统一负责实施小项目和探索型项目。在实行直线职能制的大型组织中，大项目往往由一个专职部门负责实施。在实行矩阵制的大型组织中，要为大项目组建专门的实施团队，其成员来自各个相关的职能部门，他们同时接受项目经理和所在部门负责人的领导。

在组织层面，要确定一个“项目主管”，代表组织负责管理项目。项目管理机构的负责人一般称为“项目经理”，大型项目还要设立分项目经理。项目经理的职责决定了项目经理的重要性及其应具备的条件。项目经理是至关重要的角色，需要较为丰富的项目管理经验、团队管理能力、公关能力，还需要丰富的社会经验，最好还能有点个人魅力。项目经理通常在资深员工中挑选，尤其要看他是否有相应的工作经历。组织也可以对外招聘，或是向其他组织临时借用。要对项目经理授权。在授权范围内，项目经理可以依据项目实施计划，自主安排工作，调动资源，掌握进度。项目主管对项目经理的工作进行指导和监督，项目经理对项目主管负责。

有了项目主管和项目经理还不够，还要有项目执行团队。项目经理指导和监督团队成员的工作。在团队成员的遴选方面，要充分尊重项目经理的选择。

有时为了弥补专业人员的不足，可以邀请外部专家加盟项目管理团队。有时为了充分贯彻参与原则，还需要邀请受助方和资助方代表进入项目管理机构。

3.5 筹集项目所需资源

要把书面设计变为现实的行动并达到预期目的，除了要有项目设计、实施计划、管理机制，还要有其他资源，如人员、资金、专业知识和技能、外部关系、合作者等。因此，项目管理者的要务之一就是按照设计和计划的要求，备足各种资源，否则就无法按计划实施项目。

根据项目所需的资金来源，可以把项目分为两大类：一类主要依靠组织内部资金，一类主要依靠外部资金。前者的设计和实施主要考虑组织宗旨、社会需要、自有资源。后者的设计和实施不但要考虑组织宗旨、社会需要、自有资源，还要考虑资助方的意愿和能力。无论是依靠自有资金，还是依靠外部资助，要得到所需资金，都要向上级或资助方申请，申请有可能获得批准，也有可能被拒绝。只有得到了资金支持的项目，才有实施的可能。

如果现有人员的数量及专业素质能够满足项目的要求，那么项目负责人的工作就相对轻松。但是，在现实中，这种情况很少见。通常，现有的团队成员并不完全具备项目所需的专业知识和技能。需要通过培训满足项目要求，或者从外部招聘合格的员工。招聘的好处是一步到位，可以利用短期合同，临时外聘一些专门人才，项目结束就终止雇佣合同。

项目管理者也可以根据项目的需要招募志愿者。志愿者是非营利组织可资利用的重要资源。招募志愿者，既能增加组织的人力资源，又可以减少人力成本。在招募志愿者时，首先要考察应聘者是否具备志愿精神，其次要看他是否具备项目所需的知识和能力，最后还要看他贡献的时间是否符合项目的节奏。

与组织的“欲望”相比，资源和能力永远是有限的，所以组织的领导人常常会感叹“心有余而力不足”。要实现超过自身能力的目标，就要与他人合作。设计巧妙的项目一定是善用合作策略的项目。而要成功地实施这样的项目，就需要多方合作。除了受助者、资助方、志愿者之外，地方政府、媒体、其他非营利组织都是重要的合作者。项目管理者要与其建立有效的合作，充分利用其资源和能力优势，以达成既定的目标。

3.6　过程控制

有了良好的设计、合理的实施计划、完整的执行团队、充沛的资源就能顺利地实施项目了吗？没有这么简单。能否按计划成功地实施项目，还依赖于有效的过程控制。过程控制主要包括进度控制、财务控制、人事控制、风险控制。过程控制的主体包括项目执行团队，特别是项目经理、代表组织管理该项目的项目主管，以及外部的利益相关者。

1. 进度控制

组织要依据项目实施计划确定的各项指标，对项目的实际执行情况进行测量和评估，在此基础上，发现差距，寻找原因，提出解决问题的方案，并按照方案采取行动，以确保计划的实现。

组织还要及时与各方沟通，不能隐瞒问题，要积极正视问题、解决问题。这一切要以“进度报告”的形式表现。进度报告要定期提交。如何编写进度报告、何时提交、由谁负责、向谁汇报等问题，在项目实施计划里都应该予以明确。

2. 财务控制

此处所讲的财务控制与第 5 章“资金管理”中的资助项目财务管理并不矛盾，第 5 章侧重讲非营利组织资助其他组织做项目，是对资助的财务监管；本章的财务控制从宏观上来讲是指项目管理中的财务控制，它既包括对组织自身开展项目的财务控制，也包括对资助其他组织所做项目的财务管理。

健全的财务管理是项目顺利实施的重要保障。财务报告是必需的，项目管理机构需要，组织需要，资助方也需要，甚至它还需要接受独立审计并对外公开。组织应为项目设立独立账户，保证专款专用，最好由专业财务人员管理。严格执行预算，根据预算控制支出。除非有特殊理由，否则不得修改预算。需要修改预算时，必须征得上级主管和资助方的同意。尽早发现财务缺口，并尽快寻找妥善的解决办法。一旦发现财务问题，不能隐瞒，不能无视，要迅速采取措施予以解决。

有的组织利用自有资金做项目，项目团队没有筹资任务。有的组织有专职部门负责筹资，项目团队也不必对筹资负责。在上述情况下，项目团队的任务就是“花好钱”，即按照预算支出。但是，在许多情况下，项目团队也需要承担筹资任务。此时，财务控制不等于“支出控制”，更重要的是“收入控制”——要满足项目所需的资金需求。为此，项目团队要按照筹资计划、方案积极行动，完成筹资目标。

3. 人事控制

组织应及时对项目实施者进行称职性考察，及时更换不称职的人员特别是项目经理。要避免员工之间发生冲突，鼓舞士气，增强团队的凝聚力。控制人员流动性，要对新成员进行培训，保证他们拥有合格的能力。

4. 风险控制

不确定性永远存在，不可能不出现风险，因此关键问题是如何防范风险，以及在风险发生时及时有效地控制风险，从风险应对中学习，并不断提高组织的能力。

在风险控制方面应注意：(1) 制订应急方案。组织应充分考虑各种可能出现的突发情况，提前制订多种风险应对方案，当出现危险情况时可以按预案及时处理，不至于出现手足无措的局面。(2) 定期进行风险分析，并编写报告，报告应包括风险描述、可能性分析、影响、应对措施等。(3) 发现风险并及时处理。

5. 有效的过程控制的前提条件：顺畅的信息沟通

有效的过程控制需要充分的、高效率的信息沟通机制。四通八达的信息网络为信息沟通提供了条件。信息沟通能提高项目执行的效率，能使非营利组织管理者及时得知项目进度及项目实施中遇到的问题，从而实现对项目执行的有效监督和指导。

3.7 项目评估与学习

评估是指非营利组织对已经完成的项目的目标达成、执行过程、效果、项目管理能力所做的系统的分析和评价。

评估的意义在于，了解项目执行的质量；总结项目执行的经验和教训；从实践中学习，赢得组织成长。评估要公正、独立、科学、透明、实用。评估的意义并不局限于评价项目本身，也不仅仅是为了奖励或惩罚团队成员。这是一个积累经验和教训的过程，组织可以从中学习项目管理的知识和技能，提高自身的能力。正是通过“干中学、学中干”，非营利组织才得以一步一步走向成熟和成功，由此构成了一个封闭的循环过程。一个项目的结束预示了下一个更加成功的项目的开始。

1. 项目评估方法与内容

需求评估：需求评估部分主要包括项目的设立是为了回应哪些群体的哪些需求，组织是通过哪些方式发现这些需求的，如何确定项目的实施地点和时间，等等。

理论评估：理论评估主要包括项目所要达到的具体目标是什么；为了实现以上目标，组织如何设计项目方案，有哪些人参与了项目设计以及在项目设计中对项目进程如何控制等；如何保证项目目标与组织能力相匹配。

过程评估：在过程评估阶段主要考察已开展项目活动的具体时间、地点、参加人员以及活动内容，目标群体的参与性，资金和物质的投入情况，执行团队的能力和投入，组织对项目的监管措施以及项目执行中遇到的困难和解决办法。

效果评估：效果评估部分主要包括项目的最终成果有哪些，如何衡量；有哪些群体享受了项目成果；组织感觉目标实现程度如何；本项目对执行机构发展的影响；如何考虑项目的可持续性；等等。

反馈性评估：此部分主要评估项目执行机构在资助项目管理上对资助方的意见和建议。主要包括执行机构是通过什么渠道了解该资助项目的，在项目设计和实施过程中与资助方的沟通情况，对资助方管理人员的工作态度和能力的评价，对资助方在项目管理上的建议，项目实施对整个第三部门产生了什么影响，执行机构通过该项目对资助方的看法有何变化，等等。

对受益群体的评估主要通过问卷调查的方式了解项目受助者在项目实施中的参与度和项目活动的实际开展情况，受助者对该项目实施效果的评价、对执行机构工作人员态度的评价以及对资助方的认识和评价等。

2. 独立评估的重要性

有时非营利组织还需要邀请第三方对项目进行独立评估。有时资助方会要求聘请第三方对其资助的项目进行独立评估。

企业生产的产品或服务，其消费者既是享用者，又是付费者。消费者如果对产品或服务不满意，就不会付钱，企业也就没有收入。但是，非营利组织的项目的直接受助者往往不是付费人，他们所享用的产品或服务的费用是由资助方支付的，而且资助方往往把钱直接支付给非营利组织，而不是先付给项目的直接受助者再由他们付给非营利组织。这样，受助者很难对非营利组织实施监督和问责。而且，大多数情况下，资助方既没有兴趣和精力，也没有必要的专业技能对非营利组织进行监督。所以，独立评估就显得尤为重要了。

本章小结

本章从项目设计、项目申请、制订项目实施计划、建立项目管理模式、筹集项目所需资源、过程控制、项目评估与学习等环节对如何做好项目管理进行了全面详细的阐述。各个环节相互关联，一个优秀的项目管理者需要学习掌握每一步的内容和方法。

关键术语

项目管理	优先性分析	有效性	可行性	退出机制	项目申请
预算	项目实施计划	项目管理模式	过程控制	项目评估	需求评估
理论评估	过程评估	效果评估	反馈性评估	独立评估	

复习思考题

1. 项目审计的主要原则有哪些？
2. 申请报告书的通用模式包含哪些内容？
3. 项目评估的方法和内容包括哪些？
4. 为什么要对项目开展独立评估？

参考文献

1. 克特纲，莫罗尼，马丁．基于效能的项目设计和管理：第 4 版．广州：华南理工大学出版社，2016.
2. 罗宾斯，库尔特，等．管理学：第 13 版．北京：中国人民大学出版社，2017.
3. 沃尔夫．管理 21 世纪的非营利组织．北京：商务印书馆，2016.
4. 沃斯．非营利管理：原理与实务：第 3 版．广州：华南理工大学出版社，2016.

第 4 章

人力资源管理

非营利组织的人力资源是世界许多国家人力资源系统的重要组成部分。萨拉蒙的比较研究发现：即使排除了宗教团体，他所研究的 22 个国家的非营利部门是一个 1.1 万亿美元的产业，该产业雇用了近 1 900 万名全职工作人员，占所有非农就业人数的近 5%，占所有服务行业就业人数的 10%，占所有公共部门就业人数的 27%①。随着社会的发展与进步，人力资源已经成为最重要的社会资源，有效的人力资源管理已经成为非营利组织发展和成功的关键所在。

4.1 概论

项目需要人来实施、完成。人力资源必不可少，人力资源管理不可或缺。

绝大多数非营利组织属于劳动密集型组织。它们没有土地，没有房产，没有大批昂贵的设备，也没有大笔的资金积累。“员工是我们最重要的资产！”这是对现实的准确描述。因此，人力资源是非营利组织竞争优势的重要来源，人力资源管理是非营利组织管理工作的重要组成部分。

非营利组织、第三部门，也被称为“志愿部门”。志愿部门具有超越一己私利、超越强制和利益交换逻辑、把人们聚集起来从事一项事业的巨大潜力。

这种潜力来自两个方面：

一是这个部门自身的特征，即感召力。非营利组织的公益精神、利他主义精神赋予非营利组织感召力，从而具有吸引志愿者的潜力。同时，许多非营利组织的专业性不强，或是有一部分工作不需要太多的专业技能，因而参与门槛较低，各个专业的人经过简单培训就可以参与其中并做出贡献。

---

① 萨拉蒙，等．全球公民社会：非营利部门视界．北京：社会科学文献出版社，2007：8.

二是人性的特质。马斯洛的需求层次理论把人的需求分为五个层次，即生理需求、安全需求、社交需求、自尊需求、自我实现需求。当人类低层次的物质欲望得到满足之后，便开始超越物质享受，追求更高层次的心灵需求，寻求自我意义的实现。志愿服务是追求自我的实现，以及在利他、慈悲精神等使命的感召之下，追求心灵需求的实现。所以，非营利组织有可能，也应该充分利用志愿者资源发展自己的事业，志愿者管理理应成为非营利组织人力资源管理的重要内容。

非营利组织人力资源的构成一般有三类，分别是正式职员、志愿者以及理事和高级顾问。他们各司其职，各尽所能，发挥着不同的作用。

（1）正式职员。正式职员的管理是最重要的内容。这一点，非营利组织与其他组织没有实质差别。但是，即使在正式员工管理方面，非营利组织也应该高度关注志愿主义的影响，充分调动这种资源。在招募、激励等各个环节都要运用、开发志愿主义资源。这是非营利组织相对于政府和公司的根本优势、核心竞争力。

（2）志愿者。志愿者是指出于自由意志而非基于个人义务或法律责任，秉承以知识、体能、能力、经验、技术、时间等贡献社会的宗旨，不以获取报酬为目的，为社会提供各种辅助性服务的人员。志愿者是非营利组织重要的人力资源，非营利组织的许多活动是依靠志愿者来完成的。但是这部分人力资源相对不固定，往往是根据具体的组织或活动而临时招募的。

（3）理事和高级顾问。如果志愿者的标准是无薪酬，或薪酬低于市场标准，那么非营利组织的理事、顾问也属于志愿者，而这些人往往是高级人力资源，如知名专家、律师、名流、政客。如果按市场工资标准聘请，非营利组织没有支付能力，而且也无法提供足够的其他方面的职业激励。

4.2 正式职员

正式职员是非营利组织中的工作人员，包括一般管理人员和基层工作人员，从事专业与行政工作。正式职员的态度、工作能力、专业技能、绩效水平影响着非营利组织的形象、效率、效果，并直接决定着组织目标能否实现。

4.2.1 一般管理概述

人力资源管理过程的主要构成要素如图 4－1 所示。该过程包含的八个要素是组织选配到合格员工并使之保持高绩效水平所不可或缺的。其中，人力资源规划、招聘、甄选这三个要素可确保组织识别和选聘到有能力的员工，上岗引导、培训这两个要素能使员工的技能和知识得到不断更新，绩效管理、薪酬与福利、职业发展这三个要素则能保证组织拥有长期保持高绩效水平的能干和杰出的员工。

4.2.2 人力资源规划

人力资源规划是管理者为确保在适当的时候，为适当的职位配备适当数量和类型的工

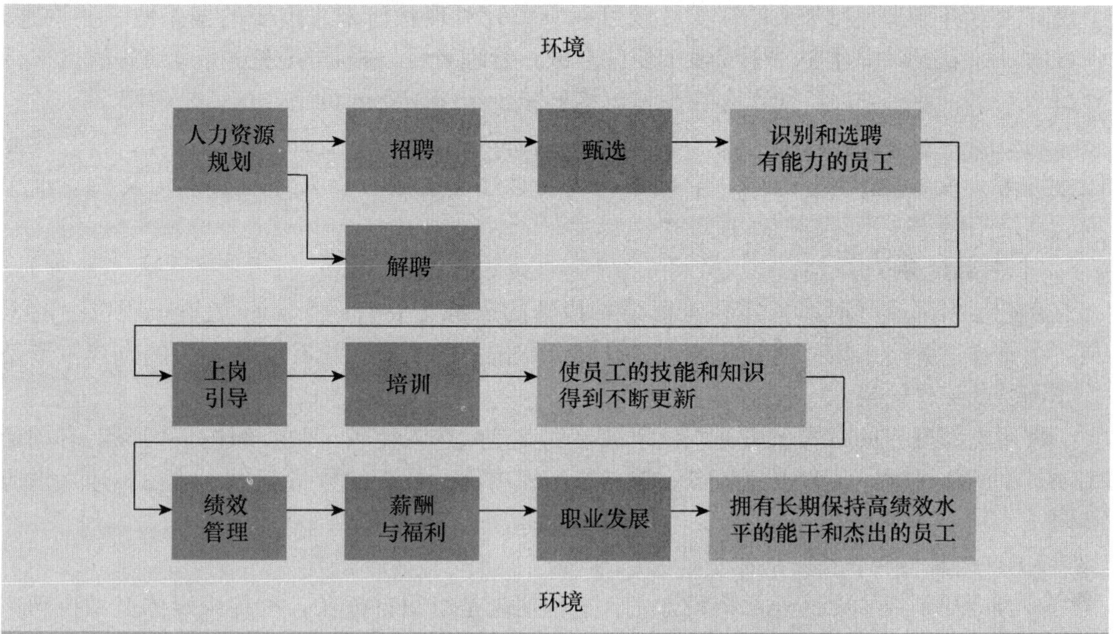

图 4－1　人力资源管理过程的主要构成要素

作人员，并使他们能够有效地完成所分派任务的一个过程。这一过程可以分为两大步骤，一是评价现有人力资源，二是预估将来需要的人力资源，并制订满足未来人力资源需要的行动方案。未来人力资源的需要是由组织的战略所决定的，因为战略确定了目标和项目结构，而目标和项目结构直接决定了对人力资源的具体需要。

人力资源规划的主要内容包括：

（1）晋升规划。晋升规划实质上是组织晋升政策的一种表达方式。从员工个人的角度看，有计划地提升会满足员工自我实现的需要。

（2）补充规划。补充规划是人力资源政策的具体体现，目的是合理填补部门中长期可能产生的职位空缺。

（3）培训开发规划。培训开发规划的目的是为部门中长期需要弥补的职位空缺准备具有所需素质的人员。

（4）调配规划。调配规划是一种部门内部的流动计划。部门内的人员在未来职位的分配是通过有计划的内部人员流动来实现的。

（5）工资规划。为了确保未来的人工成本不超过合理的支付限度，工资规划同样是必要的。未来的工资总额取决于组织内的员工是如何分布的，分布状况不同，工资总额也不同。

4.2.3　招聘①

所谓“招聘”就是安置、确定和吸引有能力的申请者的过程。组织的管理者一旦了解

---

①　罗宾斯，库尔特，等．管理学：第 13 版．北京：中国人民大学出版社，2017：322.

了现有人力资源状况和未来的需要，就可以着手针对现状与未来需要的偏差做一些调整。一方面，如果组织中存在一个或多个职位空缺，管理者可以根据职务分析得到的信息来指导招聘工作。另一方面，如果存在超员，则要减少组织配备的员工，这就是解聘。

组织职务潜在候选人的主要来源渠道包括内部搜寻、广告应征、员工推荐、公共就业服务机构、私人就业服务机构、学校招聘、临时性支援服务、人才租赁机构及独立承包商、网络招聘等。

1. 内部搜寻

在进行内部搜寻时，从实践方面讲，招聘的来源主要有两个：一是下级职位上的人员，主要通过晋升来填补空缺职位；二是同级职位上的人员，填补空缺职位的方式主要是工作调换或工作轮换。

使用内部搜寻的方式来填补职位空缺，优点是候选人比较了解组织内部情况，有利于调动员工的积极性，花费也比较少；缺点是组织内优秀员工的数量有限，潜在候选人供应有限。

2. 广告应征

广告应征是最主要的外部招聘方式。这种招聘是组织自行在各种传统媒体上做招聘广告，以吸引对该职位有兴趣并符合要求的人，使其向组织的人力资源部门提出申请。广告应征是补充各种工作岗位都可以使用的招聘方法，因此应用最为普遍。发布广告可选择的传统媒体很多，如电视、广播、大众化的报纸和杂志、广告传单、邮政广告、专业性很强的期刊等。阅读这些广告的不仅有工作申请人，还有潜在的工作申请人，以及一般大众，所以公司的招聘广告代表着组织的形象，需要认真设计与策划。

使用广告作为吸引工具的优点是工作空缺的信息发布迅速，传播速度快、范围广，受众较多，还可以有目的性地针对某一目标群体发布广告；缺点是不合格的应征者较多。

3. 员工推荐

员工推荐是由本组织员工根据单位和职位的需要，推荐其熟悉的合适人员供用人部门考核和选择。这种方法建立在组织员工对空缺职位及被推荐人均有深入了解的基础上。

它的优点是由于员工对工作需要和职位资格限制有充分的了解，所以推荐的人员实际上已经通过了初步筛选，基于推荐者的认真推荐，可能产生高素质的候选人，从而提高组织的招聘绩效；它的缺点是内部推荐局限于熟人，可能不会增加员工的类别，也不会改善员工结构。

4. 公共就业服务机构

我国的公共就业服务机构比较发达，由于我国存在劳动局和人事局的传统分割，因此现在的公共就业服务机构也分化为劳动力市场和人才市场，在劳动力市场上主要招聘“蓝领”工人，在人才市场上招聘“白领”员工。

公共就业服务机构作为一种专业的中介机构，优点是拥有比单个组织更多的人力资源资料，组织通过这些机构招聘员工费用较低，甚至可以免费；缺点是这些机构的人力资源多为非熟练或未经训练的候选人。

5. 私人就业服务机构

私人就业服务机构也被称为猎头公司，作为主要为组织搜寻高级人才的就业服务机构，它在搜寻高层次管理人才和专门技术人才方面具有很大的利用价值。猎头公司是我国整个人才服务业的一个重要组成部分，它处在人才招聘业“金字塔”的最高端，具有其他招聘方式不具有的特殊功能，符合高级人才特别是成功人士流动的规律。猎头也是市场机制完善、人力资源市场层次化的选择和体现。

私人就业服务机构的优点是有条件广泛接触高层次管理人才和专门技术人才，并且发挥专业水平仔细甄别候选人的真实情况，还可以就人才的使用给予短期的担保；缺点是猎头的收费很高，它不向个人收费，而向用人单位收费，一般为所推荐的人才年薪的 1/4～1/3，普通的组织难以承受。

6. 学校招聘

各大学或职业技术学院（校）即将毕业的学生是一个庞大的就业群体。他们专业性比较突出，通常具有很强的学习能力和创新能力，知识结构体系较为完善。组织中许多有晋升潜力的工作候选人最初就是到大学中直接招聘来的。

学校招聘的优点是大学校园能提供大量、集中的高素质人才，非营利组织能够在校园招聘中找到相当多的素质较高的合格申请者，招聘录用的手续也相对比较简单。而且年轻的毕业生充满活力，富有工作热情，可塑性强；缺点是刚刚进入劳动力市场的毕业生由于缺乏工作经历，容易对组织的工作和职位产生一种不现实的期望，需要大量的培训和与组织文化相融合的过程。因此，学校招聘仅限于初入者级别的职位。

7. 临时性支援服务

临时性支援服务的优点是可以满足临时的需要；缺点是成本较高，通常限于常规或范围狭小的确定技能的工作。

8. 人才租赁机构及独立承包商

随着人力资源开发与管理的发展，很多组织开始采用一种新型的用人方式——人才租赁来解决用人问题。人才租赁机构为租赁人提供代发薪酬、代买社保、代签劳动合同等服务。用人单位只需要请人完成一定的工作但不需要管理这些人员的劳动人事问题，用人不管人是其最显著的特点，用人单位与被租赁人员不存在隶属关系。

人才租赁方式目前有以下几种：(1) 完全租赁，由人才租赁机构承担一系列员工租赁服务，包括人才招聘、选拔。(2) 转移租赁，由组织自行招聘人员，再由租赁机构与员工签订劳动合同，执行租赁合约。(3) 减员租赁，组织对已经聘用的员工将其雇佣关系转移到租赁公司。(4) 短期租赁，用人单位对于试用期内或因为短期项目需要，或者流动性比较大的职位采用短期租赁的方式，以减少用工手续上的麻烦。

9. 网络招聘

网络招聘是通过公司网站或专业招聘网站发布招聘信息进行招聘的一种方式。组织的人力资源部门通过互联网或内部网发布招聘信息，并通过 E-mail 或简历库收集应聘信息，经过信息处理后，初步确定所需岗位人选。随着网络招聘方式的普及，网络招聘正在向主流招聘方式演进。目前，大量组织使用网络招聘选聘人才。

网络招聘在以下几个方面的优势是其他招聘方式难以企及的：(1) 容量大，更新快。互联网具有海量信息，而且更新快捷、方便。一些知名招聘网站每日发布的有效职位信息可达上万条。(2) 没有时空限制。不同地域的求职者和用人单位可以通过这个平台实现信息沟通。（3）成本较低。网上发布招聘信息和投递简历十分方便。（4）机会找上门。求职者浏览到用人单位的招聘信息后，会主动与用人单位联系，相当于用人单位在网上为自己找了一个虚拟的猎头顾问。

网络招聘的缺点是由于缺乏面对面的交流，无法深入考察应聘者的综合能力、内在素质、语言表达能力、思维敏捷程度、外在形象气质等，而且网上简历也存在失实的现象。通常，组织在确定初步人选后还需对应聘者进行面试，以进一步考察应聘者的情况。

研究表明，在以上招聘方式中员工推荐是最有效的招聘渠道。第一，可以节省招聘人才的广告费和付给职业介绍机构的费用，招聘成本比较低廉。第二，员工比较了解候选人的情况，可以得到忠诚而可靠的员工。在使用这种招聘方式时，组织可以建立一些特别的奖励制度，鼓励员工向公司推荐人才。

4.2.4 甄选

招聘吸引来一批申请者后，人力资源管理过程进入甄选阶段。甄选是对申请者进行甄别、筛选，以确保最合适的候选人得到这一职位。甄选也是一种预测行为，它设法预见聘用哪一位申请者会确保工作成功。

与公司相比，非营利组织甄选员工具有特殊性。公司甄选员工，看重的是这个人的能力、经验和业务素质，以便录用后该人员能为组织赚到钱，往往忽视对其道德品质方面的考察。而非营利组织不以获取利润为目的，具有较高的社会使命感，因此对应聘人员有特殊要求，除了强调能力、经验等一般素质外，更强调人员要有较高的政治觉悟和良好的道德品质。

常用的甄选手段包括①：

（1）应聘者申请表分析。几乎所有的组织都要求应聘者写一份申请表。这可能只是一份让应聘者填上姓名、地址和电话号码的简表，也可能是一份综合性个人简历表，要求应聘者仔细地填写个人的活动、技能和成就。通过对应聘者所填写申请表的分析，可以对应聘者进行初步的筛选。

（2）笔试。笔试是用人单位的主考部门事先拟定好试题，根据应试者作答的正确程度评定成绩，以此作为选拔依据的人才甄选方法。笔试的目的是用人单位根据需要测试应聘者的知识和能力。

笔试的优点在于它花费时间少、效率高、成本低，对应聘者的知识、能力、技术的考察信度较高，成绩评价比较客观，因此至今仍然是各类组织频繁使用的人员甄选方法。笔试的缺点在于它不能全面地考察应聘者的工作态度、品德修养以及其他一些隐性能力。因此，笔试往往成为人员甄选方式的补充或是初步筛选方法。

（3）绩效模拟测试。有什么更好的办法能在应聘者实际做一项工作之前就发现他是否具备相应的能力？对这类问题的逻辑思考使绩效模拟测试日益受到重视。毫无疑问，对该项测试的热情归因于这样一个事实，即绩效模拟测试是基于职务分析资料做出的，因此自然应比笔试更能满足工作表现相关性的要求。绩效模拟测试所测验的是人的实际工作行

---

① 罗宾斯，库尔特，等. 管理学：第13版. 北京：中国人民大学出版社，2017：326.

为，而不是其替代物。最常用的绩效模拟测试方法有工作抽样和测评中心两种。前一种方法适用于常规职务，后一种更适用于挑选从事管理工作的人员。

（4）面谈。面谈可以成为既有效度又有信度的甄选工具，如果面谈设计得很好，则面谈可以成为任职绩效的有效预测器。但大多数面谈并没有起到这样的作用。一般的面谈（在非正式的背景下对申请者提出一些主题多变、基本上随机的问题）通常不会提供多少有价值的信息。

为使面谈更有效度和信度，管理者在面试中应该注意以下问题：1）对所有应聘者设计一些固定的问题；2）获取与工作有关的详细信息；3）尽量减少对应聘者履历、经验、兴趣、测试成绩或其他方面的先前认识；4）多提问那些要求应聘者对实际做法给予详尽描述的行为问题；5）采用标准的评价方式；6）面谈中要做笔记；7）避免短时间面谈造成过早决策。

（5）履历调查。履历调查有两种形式：申请资料核实和参考咨询。前一种形式已被证实是获取人员甄选有关信息的有价值的渠道，而后一种形式基本上无任何价值。

（6）某些情况下还包括体检。对于某些具有体力要求的职务，体格检查具有一定的效度。必须注意的是，需要确保对体力方面的要求确实与职务相关，而不存在歧视。

在甄选环节，特别是在选组织领导人的时候，第一原则就是要选"好人"——心地善良的人。实质决策者的品行极为重要。其实，一个机构的文化在很大程度上反映了它的最高领导者的品性。

多年来的实践观察表明：好事，只有由好人，按好的方式来做，才能做好。良知和制度都很重要，在非营利组织中，良知、德性、人品尤为重要。孟子曰："徒善不足以为政，徒法不能以自行。"也就是说，行善政与行法令结合起来才能把事做好。

4.2.5 上岗引导和培训

上岗引导和培训是人力资源管理的重要环节，组织通过上岗引导和培训来提高组织成员的知识、能力及各方面综合素质。

上岗引导是给新员工介绍工作岗位和组织的活动或过程。上岗引导的主要内容包括：

（1）使新员工感受到尊重。以各种形式欢迎新员工，比如专人接待迎接、贴欢迎标语、内部通讯小报登载欢迎致辞等形式所营造的氛围都显示了对新员工的重视。

（2）介绍组织与工作的情况。首先应介绍组织文化，即组织的目标、使命、管理哲学和价值观，不仅因为它们是组织构成因素的核心，而且因为它们的理解与接受程度还是员工组织归属感的基础。其次要介绍组织概况，如组织结构系统、主要的项目、业务范围、专有技术与优势等，还需要介绍工作规范、工作流程、办事习惯等这类不了解就无法着手工作的内容，以及新员工最关心的如薪酬待遇、考勤休假、调动晋升等人事政策内容，此后再由主管或同事传达和介绍工作部门的业务政策、管理规则、部门间关系、专业业务知识与技能。

（3）介绍发展前途与成功的机会。主要由主管上级介绍该组织、部门和个人的未来发展前途，以及可能遇到的挑战和成功的机会，以树立员工的工作信心①。

---

① 靳娟. 人力资源管理概论. 北京：机械工业出版社，2007：244.

上岗引导之后需要对新员工进行职业技能培训。随着环境和组织的变化，老员工也需要培训。非营利组织的培训不同于一般组织的培训，相比于技能、知识培训以及岗位培训，更侧重于使命培训、责任感培训、道德感培训和忠诚感培训。

从培训与工作的关系来看，培训可以分为在职培训和脱产培训。

（1）典型的在职培训方法。

1）职务轮换。职务轮换是通过横向的交换，使员工从事另一岗位的工作。这使员工在逐步学会多种工作技能的同时，增强其对不同岗位间相互依赖关系的认识，并对组织活动产生更广阔的视角。

2）预备实习。预备实习也被称为师傅带徒弟或学徒制，是最古老的教学方法，但至今仍然为许多组织所采用。它有三个优点：一是培训人员易于落实。它通常由经验丰富的员工担任，每一名员工只要具有足够的敬业精神和工作责任感，在一个岗位工作一定的时间后，都会有所收获，从而也就具备了传授技能或知识的能力。二是培训成本较低。学徒在师傅身边学习的过程也是工作的过程，在培养熟练员工的同时能够承担较大的工作量。三是这种传统的学徒制具有很强的因袭作用，师徒之间在有严格身份意识的前提下会产生家庭氛围，易于培养团队精神。

（2）典型的脱产培训方法。

1）课堂讲座。课堂讲座是培训者以语言表达的方式向学员传授知识或技能的培训方法。课堂讲座通常包括讲解、讲述、讲演等形式。课堂讲座的优点在于：一是信息传播量大；二是培训者易于控制培训过程，完成培训教学内容；三是培训者在制订培训方案时更有针对性，能够较好地达到培训目标。其缺点在于：一是信息单向流动，培训效果难以把握；二是对培训者的要求较高。

2）视频。视频是利用视听结合的手段的一种教学法，强调在一定情境中听觉感知和视觉感知相结合。视频培训法的优点在于：一是培训者可以反复播放以及灵活调整培训内容，做到全面与重点相结合，直到使学员弄懂为止；二是通过视听资料学员可以了解难以接触到的信息和技术，弥补现实工作的不足；三是生动、形象。缺点在于：难以制作或采集到与培训完全一致的视频资料，一旦制作完成就已经固化，容易陈旧和老化。

3）模拟训练。通过模拟训练更好地学到人际关系和解决问题方面的技能。模拟训练的形式包括案例分析、实验演习、角色扮演和小组互动会议等。

4）仿真训练。仿真训练是设定一个最接近真实情景的培训环境，让员工在他们将使用的同类设备上学习操作，只是培训是在模拟的工作环境中，而不是在实际的工作场地进行。这种方法不仅提供了对学习过程的严格控制——使受训者学会如何处理各种可能出现的问题，同时也避免了培训对其他员工实际工作的干扰和妨碍。

4.2.6 绩效管理

管理者需要知道员工是否能够有效地完成工作，是否存在改进的必要。评估员工的绩效是绩效管理系统的一部分。所谓“绩效管理系统”，是指建立绩效标准，据以评价员工的绩效，以便形成客观公正的人力资源决策，并提供支持这些决策的文件的评估体系。绩效评估是绩效管理系统的一个重要部分。

绩效评估的八种主要方法如下：

（1）书面描述法。最简单的绩效评估方法就是写一份记叙性材料，描述一个员工的所长、所短以及过去的绩效和潜能等，然后提出改进和提高的建议。书面描述不需要采取某种复杂的格式，也不需要经过培训。但是，一种“好”或“差”的评价，可能不仅与员工的实际绩效水平有关，而且与评估者的写作技能有很大关系。

（2）关键事件法。关键事件法是把员工的积极行为与负面行为以书面形式记录下来，作为评估的依据。在应用此种考核方法时，考核者应将注意力集中在那些能区分工作绩效高低的关键行为上。所记录的事件必须是典型的、较为突出的、与工作绩效相关的，而不是一般的、琐碎的、与绩效无关的，也就是说主管人员要将下属员工在工作中表现出来的非常好或非常不好的行为记录下来。将这些具体的关键事件进行收集、归纳、总结，以此来得出可信的考评结果。

使用关键事件法有三个优点：1）可以帮助确认被考评者的长处和不足，真实可信；2）避免了考核中存在的近期效应，也就是说依据员工在最近一段时间的表现来确定其绩效，因为关键事件总是在很长的一段时间内积累起来的；3）在对员工提供反馈的时候，不但因为有具体的事实使被考评者更容易接受，而且也可以在绩效面谈时有针对性地提出改进意见。

（3）评分表法。评分表法是一种最古老最常用的绩效评估方法。它列出一系列绩效因素，如工作的数量与质量、职务知识、协作与出勤、忠诚度和首创精神等，然后，评估者逐一对表中的每一项给予评分。评分尺度通常采用5分制，如对职务知识这一因素的评分可以是1分（“对职务职责的了解很差”）～5分（“对职务的各方面有充分的了解”）。评分表法虽不像前两种方法那样可以提供详细的信息，但其设计和执行的总时间耗费较少，而且便于做定量分析和比较。

（4）行为定位评分法。行为定位评分法综合了关键事件法和评分表法的主要要素。考评者按某一序数值尺度对各项指标打分，不过，评分项目是某人从事某项职务的具体行为事例，而不是一般的个人特质描述。行为定位评分法侧重于具体而可衡量的工作行为。它将职务的关键要素分解为若干绩效因素，然后为每一绩效因素确定有效果或无效果的一些具体示例。其结果可以形成诸如“预测”、“计划”、“实施”、“解决眼前问题”、“贯彻执行命令”以及“处理紧急情况”等的行为描述。

（5）多人比较法。多人比较法是将一名员工的工作绩效与另一名或多名员工比较。这是一种相对的而不是绝对的衡量方法。该类方法最常用的三种形式是：分组排序法、个体排序法和配对比较法。

（6）目标管理法。此法的评价对象主要集中于结果而非行为。目标管理最早是由美国管理专家彼得·德鲁克提出的。根据德鲁克的观点，管理必须遵循的一个原则是，每一项工作都必须为了达到总目标而展开。目标管理理论强调结果导向，用于绩效评价时，管理者关注和评价的重点应放在员工的工作业绩上。管理者先与每个员工共同确定便于衡量的工作目标，然后定期与员工讨论其工作目标的完成情况。目标管理法适用于组织内实行目标管理的项目。目标管理强调员工的参与及管理者与员工之间的互动性。管理者与员工共同商定工作目标和制订工作计划，可以提高员工的积极性和工作主动性。要成功地实施目标管理，关键在于根据组织和部门的目标，管理者与员工共同制定明确的、可以实现的、可衡量的工作目标，且充分进行绩效沟通和反馈。

目标管理法也有局限性。对近期目标的过度关注容易导致员工的短期化行为，忽视甚至损害组织的长期利益。而且，员工的目标各不相同，难以横向比较。有时候，绩效目标未能实现可能是由员工个人无法控制的因素导致的。如果不考虑这些特殊情况，而只是依目标完成情况来评价员工绩效，就会造成不公平。此外，管理者必须对员工明确实现目标的具体行为有所要求，否则就不可能提供有效指导。

（7）360°反馈法。360°反馈法又可称为“多源考评”或“多评价者考评”，是一种从不同层面的群体中收集考评信息，并最终将考评结果反馈给被考评者本人的考评方法。它不同于以往的自上而下，由上级主管评定下属的传统评估方式。在这一模式中，评价者不仅仅包括被考评者的上级、同事、下属、客户等，还包括被考评者本人。

360°反馈法的主要优点包括：

1）全方位。360°反馈法的评价者来自组织的不同层面，可以对被考评者进行更深入、全面、多测度的评价，从而达到减少个人偏见及评分误差的效果。

2）基于胜任特征。胜任特征是指能将某一工作中表现优秀者与表现一般者区分开来的个体潜在的深层次特征。它是工作行为设计的依据。360°反馈法中的评价要素的设计依据正是各职位的胜任特征模型。

3）客观性。360°反馈法为了保证考评结果的可靠性，减少评价者的顾虑，一般采用匿名的方法。同时，为了使参与评价的人员能够客观地进行评价，还要进行专门的评分方法训练。

（8）平衡计分卡法。平衡计分卡也叫综合平衡计分卡，是一种系统绩效评价技术，它克服了传统绩效评价方法单纯利用财务指标进行绩效评价的局限，从服务对象、内部流程、学习与发展和财务四个角度来反映部门的整体绩效。

平衡计分卡法以平衡计分卡为基础，建立组织的绩效评估体系。该过程一般需要经过四个基本程序：确定愿景、反复沟通、业务规划、反馈与学习。

1）确定愿景。一个组织要存在和发展，首先必须明确部门的共同愿景。一般来说，组织的愿景由组织高层管理者、骨干成员以及外部专家等构成的决策团队采用SWOT分析等方法确定。

2）反复沟通。平衡计分卡不是一个单薄的平面，而是一个分层次的立体网络，不管是设计还是运用，均需要部门上下的反复沟通与磨合。只有减少部门中的摩擦和消耗，才能实现最佳的协调与平衡。

3）业务规划。它使部门能实现业务计划与财务计划的一体化。管理者以平衡计分卡设定的多角度战略目标为依据分配资源和确定工作优先顺序，这样做有利于采取那些推动长期战略目标实现的新措施，并在工作中有目的地加以协调。

4）反馈与学习。以信息反馈为基础，以平衡计分卡为核心，根据结果及时修改、调整战略，将学习融会于工作中。

在以上管理方法中，目标管理法是最流行的绩效评估方法。事实上，它是对管理人员和专业人员进行绩效评估的首选方法。在目标管理体制下，每个员工都被设定若干具体的任务指标，这些任务指标是工作成功开展的关键目标，因此它们的完成情况可以作为评价员工的依据。

4.2.7 薪酬与福利

实际上，薪酬与福利制度是绩效管理系统的组成部分。

薪酬与福利是员工在向单位或雇主提供劳动或劳务后获得的各种形式的酬劳和答谢。薪酬包括工资、奖金、利润等显性收入，福利包括住房、医疗以及社会地位等隐性收入。

尽管非营利组织具有很强的感召力，但是绝大多数员工还不能达到衣食无忧，他们还需要工资养家糊口，因此薪酬与福利是激励员工必不可少的因素。制定一套有效的、合适的薪酬与福利制度是人力资源管理的重要内容。有效的、合适的薪酬制度有助于组织吸引和保有有能力的员工，让他们帮助组织实现使命和目标。

4.2.8 职业发展

职业发展一直是管理学课程的一个重要议题。“职业”（career）一词具有多种含义。在最常用的意义上，它可以指发展（他的职业生涯进展良好）、专业（他选择了医生职业）、终身职业的历程（他的职业历程包括在 6 个组织中承担了 12 种职务）。我们这里使用职业这一概念，是将它定义为一个人在其一生中所承担职务的相继历程。

组织为什么要关心员工的职业生涯？这是因为，第一，着眼于职业发展促使管理者对组织的人力资源采取一种长远眼光。一项有效的职业发展计划可以确保组织拥有必要的人才。第二，能够提高组织吸引和保留高素质人才的能力。职业发展方案是组织为帮助员工在该组织中获得成功的职业生涯而设计的。职业发展方案的核心部分就是提供有关的信息、评估、培训，以帮助员工实现职业目标，因此它也是组织吸引和保留高素质人才的手段。

取得职业成功的一些建议①：

（1）发展关系网。

（2）持续革新自身技能。

（3）考虑横向发展。管理组织的重组和层次精简形成的组织扁平化，使得许多组织中职位提升的阶梯减少了。要在这样的环境中求得发展，考虑横向的职位变换是一个好的选择。职位变换可以给人提供更广泛的工作经历，提高长期的工作流动性。这种变换还有助于激发员工的工作积极性，因为它使工作变得更为有趣，能够提高员工的满足感。因此，如果员工在组织中不能向上层发展，不妨考虑内部横向的职务变换或向其他组织流动。

（4）保持流动性。如果一个管理者乐于转换到组织中的其他地区或部门工作，那么他更可能迅速地得到提升。愿意变换组织的人，其职业发展也可能得到更好的促进。尤其是受雇于成长缓慢、不景气或衰退之中的组织的时候，工作的流动性对于充满进取心的管理人员来说就具有更为重要的意义。

（5）支持上司。员工的眼前未来很大程度上掌握在其上司手中。理智的做法是，努力

---

① 罗宾斯，库尔特，等. 管理学：第 13 版. 北京：中国人民大学出版社，2017：337.

帮助上司取得成功，在上司处于被动时给予支持，并努力达到上司用以评估你的工作绩效的主要标准。

（6）找个指导者。指导者通常是组织中职位较高的某个人，他接纳一个被指导者作为助手。被指导者可以从指导者那里学到工作技能，并得到鼓励和帮助。一些组织会提供正式的指导方案，将组织寄予厚望的年轻员工分派给承担指导者角色的高级管理人员予以指导。但更经常地，员工往往是非正式地被其上司或者组织中其他与其共享某些利益的人选中而成为一个被指导者。假如员工的指导者不是他的上司，这时员工要务必注意做事的方法。

（7）不要在最初的工作上停留太久。经验表明，我们往往会面临这样一种选择：要么在第一个岗位上一直干到“真正做出点成绩”，要么不久就接受一个新的职务。很快转换到不同的工作岗位上，会给人一种你在“快车”上的信号。这又经常成为自我成就的语言。这一信息对管理者的启示是，尽可能在第一个岗位上开始寻找早期的职务轮换或者晋升。

（8）保持可见度。由于管理绩效评估具有相当的主观性，因此，让上司和组织中有权力的人意识到你的贡献是非常重要的。如果你恰好有一份能让你的才能为他人所注意的工作，那么你可能不必采取直接的措施增加自身的可见度。但你的工作也许是处理一些可见度低的活动，或者因为你是行动小组的一分子，因而难以区分出你的特定贡献。在这些情况下，需要采取一些办法引人注意。

（9）获得对组织资源的控制。对组织中稀缺而又重要的资源加以控制，这是权力的一个主要来源。知识和技术就是一类特别有效的可控制资源。它们会使员工对组织更有价值，因而掌握相关知识和技术的员工更可能得到职业保障和晋升。

（10）了解权力结构。组织正式结构所确定的职权关系只反映了组织中影响类型的一种。同样重要或更为重要的是，熟悉并理解组织的权力结构。有效的管理者需要知道谁真正控制局面、谁对谁拥有资源、谁又对谁有所依赖……所有这些均不会在组织图上的齐整方框中表现出来。更好地了解这些信息，可以更熟练、自如地在组织中工作。

（11）展现正确的形象。假定一批员工都是绩效良好者，那么，使自己的形象与组织寻找的形象保持吻合的能力就自然与职业成功有正相关关系。员工应当对组织的文化做出评价，以便明确组织对自己的要求和期望。这样，员工就可以对自己在各个方面如何展现合适的形象做到心中有数，如应当如何着装，应与谁和不与谁联络感情，应表现出一种敢冒风险还是规避风险的立场，以及组织喜欢何种领导风格，对冲突是避免、忍受还是鼓励，与他人良好相处如何重要，等等。

（12）做好工作。良好的工作绩效是职业生涯成功的一个必要但不充分条件。尽管良好的工作绩效不是成功的担保，但缺少了这一条，职业生涯成功的可能性就会降低。

（13）审慎选择第一项工作。并不是任何第一项工作都对个人的职业生涯有相似的结果。一名员工在组织中的起点对于之后的职业发展具有重要的影响。一般应当挑选一个有权力的部门作为职业生涯的起点。一开始就在组织中权力影响大的部门中工作，这样的员工更有可能在职业生涯中得到迅速的提升。

4.2.9 绩效管理的困境

在进行绩效考核时遇到的难题，主要体现在以下两个方面：

（1）从工作产出上看，一方面，非营利组织的产出在技术上难以度量，而且产出与最终社会效果之间存在时间上的滞后，这种滞后也造成了对其产出进行测度评价的困难；另一方面，非营利组织的产出一般是集体性的产品，个人在其中的贡献大小难以确定，因此加大了对非营利组织人力资源进行绩效管理的复杂性和难度。

（2）从工作形式上看，大多数非营利组织是小组织，每个员工都身兼数职，工作内容庞杂。例如，负责财务的会计也同时承担着一部分行政工作，在有公益项目时还要充当项目人员，而且在有些情况下，他的大部分工作时间不是用于做财会工作，而是用于行政或项目工作。因此，从何种角度对员工的工作绩效进行考核就变得十分困难。

"绩效管理"很容易让人联想到"控制"——控制人们做什么，以及怎样做。这个术语让人产生被操纵感。这的确是绩效管理要面对的挑战。

坦率地说，在很大程度上，管理本身就是一种控制。疏于管理的组织就意味着"失控"或"混乱"。管理的问题是如何能够在鼓励、信任、愿景，以及对于目标充满热情的氛围下达到管理的目的（也就是控制）。换句话说，就是怎样才能让员工既达到组织设定的目标，而又感到很舒服呢？

仅有高薪酬和好的福利制度是不够的。非营利组织的魅力就在于理想主义、利他精神的感召力。

4.2.10　管理者要了解人

1. X 理论和 Y 理论[①]

道格拉斯·麦格雷戈提出的 X 理论和 Y 理论指出了关于员工和管理本质的两种观点。麦格雷戈把传统的管理观点叫作 X 理论，X 理论模式的特点是：（1）典型的员工本能地不喜欢工作，而且会尽可能逃避工作。懒惰是人的天性。（2）一般而言，多数人对自身需求比较感兴趣，而不是对组织的需求感兴趣。（3）因为员工本能地倾向于逃避困难的工作，因此管理的责任就是施压员工、激发员工、处罚员工、奖励员工、控制员工、劝导员工、指导员工。（4）管理是通过利用人性及其他资源，监督工作的完成。

基于上述的人性假设，应采取的管理措施可以归纳为以下三点：（1）管理工作的重点是提高生产率、完成工作任务，而对于人的感情和道义上应负的责任，则是次要的。按这种观点，管理就是进行计划、组织、经营、指导和监督。这种管理方式叫作任务管理。（2）管理工作只是少数人的事，与广大员工无关。员工的主要任务是听从管理者的指挥，但由于其必须在强迫和控制下才肯工作，所以在管理上要由分权化管理回复到集权化管理。（3）在奖励制度方面，主要用物质奖励刺激员工的生产积极性，同时对消极怠工者采取严厉的惩罚措施。

实践证明，以 X 理论为前提的管理模式造成人才创造性和风险精神的不断下降、员工对绩效毫不关心等不良后果，日益使人怀疑 X 理论是建立在错误因果概念基础上的。与 X 理论消极的人性观点相对，麦格雷戈又提出了 Y 理论。Y 理论把马斯洛的研究和其他有关

① 盖特拉. 非营利组织管理. 北京：中国人民大学出版社，2012：117-118.

动机的研究纳入进来，承认个人的需求是有层次的，由最基本的需求（如食物、安全）发展到自我实现的需求。

就这一点而言，员工和管理者的角色是高度重合的：(1) 多数人并不逃避工作，相反，工作是生活中自然的、令人向往的一部分。(2) 如果能赋予他们机会，多数人欢迎挑战和责任。(3) 控制和处罚不是达成组织目标的唯一方法，如果被交付工作的人对工作有信心，他就不需要外在的控制。(4) 为了创造一个组织目标与个人目标调和的环境，了解如何真正激励员工是管理的任务。

X 理论和 Y 理论代表两个极端。其实，并非所有员工都怠惰懒散，也并非所有员工都追求自我实现的较高层次目标。如同学校制度一样，某些学生毕业后并没有功成名就，不能因此就归咎于学校制度失败；相同的道理，当员工表现不佳时，也无须因此批评管理失败。

2. 双因素理论

美国心理学家弗雷德里克·赫茨伯格 1959 年提出了“双因素理论”。赫茨伯格认为，正确的观点应该是：“满意”的对立面是“没有满意”而不是“不满意”；同样，“不满意”的对立面是“没有不满意”而不是“满意”。

赫茨伯格进一步阐述说，导致员工满意与不满意的因素有本质差别。管理者消除了工作中令员工不满意的因素只能维持没有不满意的“保健”状态，而不会对员工产生积极的激励作用，换句话说，这些因素只能安抚而不能激励员工。赫茨伯格认为，那些与人们的不满情绪有关的因素，如规章制度、工资水平、工作环境、劳动保护等，处理得不好会引发人们对工作的不满情绪，但处理得好也只不过预防或消除了这种不满，而起不到真正的激励作用。因此，赫茨伯格将这类只能保持人的积极性和维持工作现状的因素称为“保健因素”。

与“保健因素”相区别的是“激励因素”。赫茨伯格认为，只有真正的“激励因素”才能真正起到对员工的激励作用，这些“激励因素”包括：(1) 工作上的成就感；(2) 由于良好的工作成绩而得到奖励；(3) 工作表现机会和工作带来的愉悦；(4) 职务上的责任感；(5) 个人成长与进步的机会。

赫茨伯格发现，激励员工的不二法门是改变工作的内容，让工作变得更具挑战性。相应的措施为：(1) 减少对员工的控制；(2) 增加对员工的信任；(3) 重新分配工作，让工作更有意义；(4) 扩大员工的控制范围，让他们自己决定如何完成工作；(5) 在增加任务的过程中，不断地将工作升级；(6) 设计工作内容，让每个人成为自己所负责部分的专家。

总之，想激励员工，必须仔细审视工作本身，不只是检验工作的品质和数量，而且要检查工作的本质。

激励理论隐含的假设是：正面的强化策略是最有效的。利用恐惧或处罚，或任何形式的威胁、强迫，也许能让人不犯规，或许也能建立一个有纪律的工作环境，但它只能带来负面的心理影响，其效果通常也是短暂的。把恐惧策略运用在犯错误的员工身上，根本无法教会他们有效地完成任务。更何况恐惧也不能为员工带来任何内在动力。

在可能的情况下，大部分人都宁愿选择创造成就或卓越。

4.2.11　具有激励作用的工作设计[①]

观察和研究表明，工作本身的特性会影响员工的绩效，所以应该考虑如何设计工作使之具有激励作用。

组织的运作由成千上万个任务组成。这些任务可以组合成各个岗位上的工作。在组织中，各个岗位的工作不是随意确定的，管理者应该仔细设计工作，反映出环境的变化、组织的技术和资源状态、员工偏好的要求。在工作设计时能够牢记这些因素，可以激励员工发挥潜能。

工作特征模型（job characteristics model）提供了工作设计的分析框架（见表 4-1）。它可以为管理者设计具有激励作用的工作提供指导。该模型提出了五种主要的工作特征，并分析了这些特征之间的关系，以及它们对员工生产率、积极性和满意度的影响。

该模型认为，任何工作都可以用五种核心维度进行描述：（1）技能多样性，指一项工作要求员工使用各种技能和才干以完成不同类型活动的程度。（2）任务完整性，指一项工作要求完成一件完整的和可辨识的任务的程度。（3）任务重要性，指一项工作对员工生活或其他人工作的实际影响程度。（4）工作自主性，指一项工作给任职者在安排工作内容、确定工作程序方面实际上提供了多大的自由度、独立性及自主权。（5）工作反馈，指员工在完成任务的过程中，可以直接而明确地获得有关自己工作绩效的程度。

表 4-1　工作特征模型

<table>
<tr><th>核心工作维度</th><th>关键心理状态</th><th>个人与工作结果</th></tr>
<tr><td>技能多样性
任务完整性
任务重要性</td><td>体验到工作的意义</td><td rowspan="3">高内部工作动机
高质量的工作绩效
对工作的高满意度
低缺勤率和流动率</td></tr>
<tr><td>工作自主性</td><td>体验到对工作结果的责任</td></tr>
<tr><td>工作反馈</td><td>对于工作活动实际结果的了解</td></tr>
</table>

资料来源：罗宾斯，库尔特，等．管理学：第 13 版．北京：中国人民大学出版社，2017：462.

前三个维度组合在一起，可以使工作富有意义，即让员工感到他的工作是重要的、有价值的、有意义的。如果员工拥有自主权，他会感到自己对结果承担着责任。向员工提供反馈可以使他了解到自己工作的效率。

从激励角度看，工作特征模型表明，当员工认识到（通过反馈了解结果），他所看重的工作（通过技能多样性、任务完整性、任务重要性而体会到工作的意义）自己能干得很好（通过工作自主性体验到责任感），就会获得一种内在奖赏。一项工作具备这三个方面越多，则员工的积极性越高，工作成绩越好，满意感越强，缺勤率及离职可能性越低。

相对于低需求个体来说，这一模型对高需求个体更加有效。这是马斯洛需求层次理论的运用案例。

根据这一理论，可以提出改善工作核心维度的具体办法：（1）合并任务，以增加技能

---

① 罗宾斯，库尔特，等．管理学：第 13 版．北京：中国人民大学出版社，2017：460-463.

多样性和任务完整性。（2）形成自然工作单元，使工作成为完整的、有意义的整体，增加员工对工作的"拥有感"。（3）建立客户关系，以提高技能多样性、获得反馈信息。（4）纵向拓展工作，把过去管理者拥有的控制权交给员工，缩小"做"与"控制"的差距，增强员工的自主性。（5）开通反馈渠道，使员工了解到工作进展情况，了解自己是进步了、退步了，还是止步不前，进而提出应对策略，完善自己。

实际上，工作特征模型与麦格雷戈、赫茨伯格的理论是一致的。

4.2.12 管理者还要了解组织行为

了解组织行为的困难之一在于，要面对那些并不明显可见的东西。就像一座冰山，组织行为中只有很少一部分是清楚可见的，而相当大的部分是隐藏着的。诸如战略、目标、政策、程序、结构、技术、正式职权关系、命令渠道等，是可见的。但是在这些信息之下，还有大量信息需要管理者去认识和了解，如态度、知觉、群体规范、非正式互动、个体之间与群体之间的冲突等，而这些同样影响员工的工作绩效①。

相对于企业而言，非营利组织的工作人员大都为理想而聚集在一起，相互之间的关系要简单、纯洁得多。但是如何处理好上级与下级、部门之间、员工之间的关系依然是一门值得研究的艺术。

4.2.13 从理论到实践：激励员工的一些建议②

以下建议对激励员工具有实质性的帮助。

（1）认清个体差异。组织中的每个员工都是独特的不同于他人的个体，他们的需要、态度、个性及其他重要的个体变量各不相同。因此，在激励机制的设计上要考虑员工的偏好、需求及每个员工的差异，根据他们的差异化需求，合理地设计激励机制，从而使激励效用最大化。

（2）使人与工作相互匹配。个体与工作合理匹配能起到激励员工的作用。高成就需要者应该从事小规模组织的独立管理工作，或在较大规模组织中负责相对独立的部门运作。要在大型组织中从事管理工作，候选人必须是高权力需要和低归属需要的个体。同样的道理，不要让高成就需要者从事与其需要不一致的工作，当他们面对中度挑战水平的目标，并且具有自主性、可以获得反馈时，能够做得最好。但并非每一名员工都会因工作的自主性、变化性和责任感受到激励。这类工作只对高成就需要者具有很强的吸引力和激励作用。

（3）运用目标。目标设定理论告诉我们，组织的管理者应确保员工具有一定难度的具体目标，并对他们工作完成的程度提供反馈。对于高成就需要者来说，外部目标的重要性比较小，他们靠内部动机激励，但高成就需要者在任何组织中显然都是少数。

（4）确保个体认为目标是可以达到的。无论目标是否真正可以达到，如果员工认为目标无法达到，他们的努力程度就会降低。因而组织的管理者必须保证员工充满自信心，让

---

① 罗宾斯，库尔特，等. 管理学：第13版. 北京：中国人民大学出版社，2017：404-405.

② 同①450-461.

他们感到只要努力，就可以实现绩效目标。对于管理者而言，这意味着员工必须能胜任他的工作，而且感到绩效评估系统是可靠而有效的。

（5）个别化奖励。由于每位员工的需要不同，因此对某人有效的强化措施可能并不适合于其他人。组织的管理者应当根据员工的差异对他们进行个别化的奖励，管理者能够支配的奖励措施包括加薪、晋升、授权、参与目标设定和决策的机会。

（6）奖励与绩效挂钩。组织的管理者必须使奖励与绩效相统一。主要的奖励如加薪、晋升应授予那些达到了特定目标的员工。组织的管理者应当想办法增加激励的透明度，如消除发薪的保密性，代之以公开员工的工资、奖金及加薪数额，这些措施将使奖励更加透明，更能激励员工。

（7）检查体制是否公平。员工应感到付出与所得是对等的。具体而言，员工的经验、能力、努力等明显的付出项目应当在员工的收入、职责和其他所得方面体现出不同。在公平性问题上，存在着众多付出与所得项目，而且员工对其重要性的认识也存在差异，因而这一问题十分复杂。

（8）不要忽视物质报酬的作用。当我们专心考虑目标设定、创造工作的趣味性、提供参与机会等因素时，很容易忘记物质报酬是大多数人从事工作的主要原因。虽然非营利组织十分注重以组织的使命感和社会目标对员工进行激励，但薪酬方面的激励也很重要。因此，以绩效为基础的加薪、奖励及其他物质刺激在决定员工工作积极性上起着重要的作用。

4.3 志愿者

志愿者不仅仅具有极高的精神价值，也为国家创造了巨大的经济价值。例如，2008年北京奥运会期间，奥运志愿者人数是170万，志愿者工作时间合计超过2亿小时，共为国家节约了超过42亿人民币①。

4.3.1 志愿主义和志愿者

志愿主义的核心是自愿奉献或自愿参与。这里有两个要点：一是自愿，即不是出于外部的强迫；二是利他，即志愿主义是一种无私的活动，是为了社会或他人的利益，而不是、至少主要不是为了获取钱财。志愿主义有助于保持非营利组织的低支出，同时为高尚的人实现其理想和奉献自己的时间提供机会。

参与志愿活动的动机包括：（1）改变社会；（2）完善自己；（3）满足自己的特殊关怀，如保护环境；（4）获得社会承认、赞扬；（5）有利于找到理想的“正规”的工作。

志愿者是指不以获取物质报酬为目的，自愿贡献时间、能力和财富，为社会和他人提供公益服务的人。他们可以是全职工作人员，也可以是兼职工作人员，或者仅仅是偶然

---

① 魏娜．经验·价值·影响：2008北京奥运会、残奥会志愿者工作成果转化研究．北京：中国人民大学出版社，2010.

参与一次或几次活动的人员。艾丽丝和诺伊认为，志愿者是为了尽一份社会责任，其工作不是因为物质利益的吸引，而是自愿选择可以满足社会需求的行动，所展现的责任远远超过了个人的基本义务。

志愿主义是指个人或团体依其自由意愿、兴趣，本着协助他人改善社会的意旨，而不求私人财力与报酬的一种社会理念与行动。美国全国社工协会指出，人们为追求公共利益，本着自我意愿与选择相结合的宗旨而形成的团体，称为志愿团体，而参与此类团体的工作者称为志愿者①。

志愿者可以分为以下几类②：（1）非营利组织的领导。他们在非营利组织中扮演领导者角色，如理事、高级顾问，他们是非营利组织的计划者、CEO 的顾问、机构的监督人。这类志愿者与其他志愿者处于不同的社会阶层和工作领域。（2）直接服务者。他们直接接触目标群体，并从帮助对方并使其受益中获得成就感。如每天去给行动不便的老人打扫卫生的人，小学生放学之后的辅导员，在路口维持秩序的人，等等。（3）一般支持者。他们提供既不是领导，也不是直接服务的辅助性工作。他们可能在某些项目中协助电话沟通、文字处理、跑腿、打扫卫生、维护安全等等。（4）赞助会员。他们愿意从外围提供方便性的服务，随机行事，但是不愿意从事持续的经常性服务。

志愿者还有其他的分类方式，比如，从时间上分（有全日制的、有兼职的）、按工作领域分等。

4.3.2 影响志愿行为格局的因素

文化传统、福利制度强烈地影响着一国的志愿活动格局。

托克维尔指出，美国人具有志愿传统。在美国、英国、澳大利亚等“福利资本主义”国家，慈善活动主要由私人发起。美国雪城大学公共行政系教授阿瑟·布鲁克斯在新书《谁真的在乎：美国慈善工作划分》中指出，美国人当慈善义工的热情超过了许多国家。

瑞典、丹麦等斯堪的纳维亚国家属于“社会民主主义”国家，许多慈善活动由国家发起。在这里几乎不需要志愿活动。在经济转型国家，国家很少有意愿和能力提供社会服务，例如俄罗斯和匈牙利，它们主要以私人志愿精神和非营利部门来提供所需的社会服务和社会安全网。

4.3.3 志愿者管理的基本任务③

目前国际流行的志愿者管理的典型模式（ISOTURE）包括以下七个环节或步骤：（1）确认志愿者的角色（identification）；（2）选择/征募志愿者（selection/recruitment）；（3）对新志愿者进行职前培训（orientation）；（4）培训或训练（training）；（5）有效地运用志愿者的才能（utilization）；（6）表彰志愿者的成就（recognition）；（7）考评志愿者培育计划（evaluation）。

---

① 江明修．第三部门经营策略与社会参与．台北：智胜文化事业有限公司，2001：125.

② 盖特拉．非营利组织管理．北京：中国人民大学出版社，2012：160-161.

③ 同①124.

4.3.4　志愿者招募

志愿者招募包括三个主要步骤：首先，要清楚组织的宗旨、战略、项目组合，知道组织需要什么样的志愿者；其次，要了解外部环境，即社会的价值取向、潜在的目标群体、竞争对手；最后，根据内外部条件，制定合理的招募策略并有效地实施。

要找到合适的志愿者，首先要回答如下问题：(1) 谁是志愿者？(2) 他们为什么参与志愿活动？(3) 他们如何选择所服务的组织？(4) 如何与他们对话？

一般情况下，可以通过如下途径获得上述问题的答案：(1) 了解本地区志愿者的情况。(2) 了解竞争对手的志愿者。(3) 了解曾经在本组织工作过的志愿者。(4) 了解仍然在本组织中工作的志愿者。(5) 开展问卷调查，召开焦点小组会议。其实，要了解志愿者，最经济的办法是了解组织当前的志愿者；要寻找志愿者，最便捷的办法是找到那些与他们相似的人。

大量研究表明，具有志愿动机还不足以转化为志愿行动。人们还需要具体的机会、渠道把愿望和行动联系起来。有的人是被招募去的，有的人是受别人影响去的，有的人是通过中介组织参与志愿活动的。这与社会运动中的资源动员理论所揭示的东西是一致的。

1992 年，盖洛普的调查数据显示，人们参与志愿活动的主要途径包括①：(1) 别人恳请（占 35.9%）；(2) 参加组织（占 36.1%）；(3) 家庭成员或朋友引导（占 25.1%）；(4) 自己寻找（占 18.1%）；(5) 看广告（占 3.8%）。

流行的志愿者招募方式有：(1) 广告；(2) 本组织员工推荐；(3) 老志愿者引荐；(4) 就业辅导单位搜索；(5) 校园征集；(6) 向专业组织求助；(7) 大众传媒；(8) 猎头公司；(9) 电话或信函邀请；(10) 志愿服务银行。

4.3.5　留住志愿者

留住现有的志愿者比招募新的志愿者更加重要。这是营销的一般规律。

要了解志愿者为什么离开，一个办法是调查“中途退出者”，最好是安排“离职谈话”，另一个办法是定期测试现有志愿者的满意度，并发现导致不满的原因。

研究指出，志愿者不满的来源如下：(1) 实际的志愿活动和所期待的活动不一致；(2) 服务机构和职员没有给志愿者回馈；(3) 缺乏适当的培训与管理；(4) 相对全职工作来说，有低一等的感觉；(5) 要求奉献的时间过多；(6) 缺乏个人成就感。

相应的解决之道是：(1) 帮助志愿者了解组织的使命；(2) 让有经验的志愿者为新手提供培训；(3) 在分配任务或组织培训时，考虑志愿者的专业技能和经验；(4) 提供多角色活动；(5) 任务个性化；(6) 鼓励相互了解，建立团队精神；(7) 帮助志愿者理解自己工作的意义；(8) 帮助志愿者确信自己的选择。

4.3.6　风险防范

志愿者管理是一项专业的工作，如果无法有效管理，反而会给组织带来如内部冲突、

---

① 科特勒，安德里亚森．非营利组织战略营销：第五版．北京：中国人民大学出版社，2003：296-297.

效率降低、声誉败坏这样的风险。

把志愿者和全职人员混合在一起管理会产生不稳定的因素。两方面都可能出问题。

在志愿者一方，由于他们是为非营利组织奉献服务，并不从组织那里获取等额的报酬，因此可能产生以下情况：（1）不能给他们分派工作，相反，他们会对他们要做什么事提出要求；（2）对于委派的任务，他们可能会就内容和时间提出过分的要求；（3）需要组织对他们的慷慨和承担义务不断地表示感激；（4）更有甚者，一些志愿者不是出于自愿，而是被上级强迫参加志愿活动的。

因此，有经验的非营利组织都知道“三分规则”，即 1/3 的志愿者仅需要极少的指导和鼓励就可以热心地工作；1/3 的志愿者只有在不断动员下才会工作，只有在认真督导下才会出效率；1/3 的志愿者无论在什么情况下都不工作。

在全职员工方面，如果他们把志愿者当作低层次的合作者，就会出现摩擦。有些全职员工认为：（1）志愿者是业余的；（2）他们不会待很长时间；（3）志愿者没有真正在意培训和训练；（4）志愿者通常从事指挥别人的工作，他们不能也不愿意被指导；（5）志愿者通常是富人、闲暇人群，他们会认为自己比机构的全职员工更优秀，往往不愿意做一些简单的工作，如糊信封、接电话、刷厕所。

根据经验，解决上述问题的办法是尽可能把志愿者和专业、全职有薪员工同等对待。肯·内申斯建议使用以下标准和管理原则解决上述问题：（1）评估志愿者的技能，尽可能使组织分配的任务与他们的能力相匹配；（2）清楚地说明工作职责；（3）设定详细的行动目标和标准；（4）清楚地将目标告诉志愿者，并告知组织期望他们达成目标；（5）告知志愿者如果在工作中感到不是很愉快，可以离开或是改换其他工作；（6）根据责任的标准，惩罚并解雇志愿者，形成严格的管理制度。

据说，志愿者和全职员工都欢迎这种管理模式。这是因为，大多数志愿者喜欢被认真对待并接受挑战。志愿者很重视接受良好的培训和被指导的机会。全职员工也希望实行严格管理，在必要时可以命令或指挥志愿者。这样，所有人的效率都会提高，组织效率也会提高，士气也会明显提升。

德鲁克指出：“志愿者从好心的业余人士向受过训练的、专业的不受薪成员的转变过程对非营利组织来说是最重要的。”他认为，要吸引那些将来可能成为志愿运动骨干的人，非营利组织必须像对待全职员工一样对待志愿者，给他们增长工作能力和知识的机会，肯定他们的成功。德鲁克指出，新型职业志愿者需要三个条件：清晰的组织宗旨、培训和个人责任。德鲁克认为，这种向职业志愿主义转变的运动可能是美国当今社会最重要的发展。

4.4 理事和顾问

理事和顾问是非营利组织的领导。这类志愿者与其他志愿者处于不同的社会阶层和工作领域。他们在非营利组织中扮演着不同于其他志愿者的角色，他们是非营利组织的计划者、CEO 的顾问、机构的监督人。

理事个人应该承担的责任：(1) 出席理事会和委员会所有会议和典礼，比如筹款宣传活动；(2) 了解组织的使命、服务内容、政策和项目；(3) 在理事会和委员会会议前阅读会议议程及其他材料；(4) 为委员会服务，并主动承担特别任务；(5) 个人向组织捐款；(6) 向他人宣传该组织；(7) 向理事会推荐能够为理事会和组织的工作做出很大贡献的合适人选；(8) 了解组织所在领域或行业的最新动态；(9) 规避利益冲突和遵守保密政策；(10) 不越权向员工提特别要求；(11) 帮助理事会行使受托责任，比如审阅年度财务报表。

理事是非营利组织不可或缺的志愿者。理事的志愿性是法律规定的。比如《基金会管理条例》规定，受薪理事不能超过理事总人数的 1/3。这一规定的目的是，从治理结构上保证组织的非营利性。当然，最重要的保证是在非营利组织中没有人拥有公司股东那样的权利。

一个理事会的理事要积极地履行自己的任务和职责，就必须对非营利组织的使命做出承诺，为达到非营利组织的目标做出贡献，并具备一定的时间和资源来落实。那些关心非营利组织，但因为工作太繁忙而无法积极地为理事会服务的各级领导、政府官员、有影响的企业家以及社会名流，最好在相关的顾问委员会中代表非营利组织开展工作，为组织服务。

理事肩负重大责任，在非营利组织决策中起决定作用，具有多种功能，其招聘和管理非常重要。对于声誉卓著的非营利组织来说，请人来做理事并不难，难的是找到合格的理事。

4.4.1　选择理事的标准

一般来说，理事会是上述各种类型的人的组合，而不是单一类型的人的集合。

选择理事的标准如下：(1) 品德优秀，因为他们肩负监督职能，把守组织行为的底线、风险控制的最后一道闸门。(2) 关系网发达，理事要帮助组织动员资源。理事往往是捐款者，有的理事甚至是最主要的捐赠者，而且他们还要帮助组织向其他人募捐。理事相当于最重要的营销人员。(3) 专业权威，一部分理事是非营利组织管理、法律、金融投资、公关等方面的专家，为组织提供免费咨询。这也为组织的合理决策提供了保障。(4) 社会名流，拥有号召力、声誉高的理事，可以提升组织的公信力。

4.4.2　理事招募、甄选

理事一般由核心理事、CEO、机构发起者提名、邀请、定夺。

招募理事的工作应当分两步：第一步，要了解候选人是否有兴趣在理事会工作。候选人对哪些使命有兴趣，理事会工作是否符合候选人的个人需求，他/她是否有足够的时间投入理事会的工作。第二步，邀请候选人加入理事会。通常由理事长与候选人讨论理事会的工作，在讨论中需要了解候选人是否充分了解理事会对他/她的期望。考虑加入某个理事会的人需要了解为什么自己成为考虑对象：是因为自己在技术行业的工作经验，还是因为自己有管理非营利组织的经验，或是因为自己的某种个人品质。让候选人了解在理事会和委员会工作需要投入多少时间。最好给他/她一份理事会和委员会会议的时间安排表。

4.4.3 对理事的培训

新理事需要经过上岗培训。这一点经常被忽视。管理非营利组织是一种“专业活动”，不是随便什么人都可以胜任的。但是，人们往往轻视这一角色，认为做非营利组织的理事没什么“技术含量”，自己完全可以“无师自通”。特别是那些受邀请担任理事的人在各自的领域中都是出类拔萃的人物，他们往往更加自信，也更加傲慢。他们中的绝大多数并不懂如何管理非营利组织，但是自我感觉良好，不认为自己需要学习，相反，却认为自己有资格指导非营利组织如何工作。有鉴于此，对理事的培训不可或缺，而且这种培训也需要更高的技巧。同时，要根据他们的特点组织培训，设计和安排培训时间，要充分考虑他们的地位、专业背景等。反过来，新理事自己也要花时间了解组织的方方面面，要与理事长、CEO、其他关键理事沟通交流。

为了给理事们提供指导和服务，成熟的机构都有自己的理事手册。理事手册包含如下内容：理事会的权利与义务，理事长、理事、秘书长的工作职责描述，与理事会直接相关的各个委员会的事务，组织的任务和策略，组织章程，最近的年度工作报告和财务报告，近年来理事会会议记录，主要计划的纲要和员工职责的描述，组织结构图，募捐和公关文献资料等。

4.4.4 对理事的激励

对理事的激励主要不是物质报酬，而是提升他们的名誉、社会地位，并获得友谊。

坎达丝·威德默提出了理事参与的动机/障碍模型（incentive-barrier model）。她提出了人们参与非营利组织理事会的四种动机：（1）物质动机，谋求个人或群体的物品、服务、钱财；（2）社会动机，谋求友谊、地位、荣誉等；（3）发展动机，谋求新技能学习或公民责任等；（4）意识形态动机，谋求超越自我等。

在一项实证研究中，威德默发现仓促加入理事会的理事可能是受到朋友的邀请。43%的人事先同现任理事有过讨论。17%的人是接受组织成员或 CEO 的邀请。大多数理事通过人际关系网络加入组织。

威德默调查的 98 位理事加入理事会的原因包括：（1）想帮助社会（几乎一半的人说出了这条利他主义理由）；（2）相信机构的宗旨；（3）想完成某些事情；（4）管理者的要求；（5）想得到个人的发展；（6）想要报答组织，有些人加入组织是他们或他们的亲朋好友曾经得到过组织的帮助。当问及参与理事会工作获得的直接好处时，其中 15%的人提到就业收益，6%的人提到社会意义，50%的人提到学习，10%的人提到与意识形态相关。威德默提供的这些信息、结论，为招募和激励理事会成员提供了依据①。

4.4.5 委员、顾问

非营利组织不但有理事会，通常还设有各种委员会。

委员和顾问基本就是专家、权威，主任委员一般由理事担任。一些委员会，如财务管

---

① 科特勒，安德里亚森. 非营利组织战略营销. 北京：中国人民大学出版社，2003：305-306.

理委员会、项目委员会等，其工作必须向理事会报告。

1. 顾问委员会

顾问委员会是由一些不收报酬的志愿者组成，他们的任务是给组织的正式成员如理事或员工等补充专业知识和技术。由这些人组成的顾问委员会有时也被称为“指导委员会”或“督导委员会”。

顾问委员会或顾问小组的作用相当于理事会的一个委员会，对员工来说是个咨询小组。它可以因一个专门的目的而设置，用来协助理事会和员工的某项工作。例如，顾问委员会可以专门负责筹款、提供技术帮助、评估服务或项目的效果，或作为组织的发言人或公关代表。顾问委员会成员对组织不负法律责任。同样，顾问委员会的职责仅限制在提供建议和为理事会及员工的决策提供相关信息的范围内。

2. 常务委员会或执行委员会

理事会可能下设一个常委会或执委会，在不可能或没有必要召开全体理事会时代表理事会行使职权。设立常委会可以提高工作效率，但常委会绝不可以取代理事会。在下列情况下需要设立常委会：(1) 理事会庞大。在某些情况下，授权一个小组代表理事会，可以提高决策效率。(2) 理事分散在全国或全世界各地。在紧急情况下，聚集在一起的一个核心小组行事要更容易些。(3) 理事会需要定期采取某些行动或经常做出某些决定。一些财务或法律问题不需要全体理事开会讨论。必要时常委会就可以有效地兼顾理事会的工作。

本章小结

非营利组织人力资源的构成一般由三类人员构成，分别是理事和顾问、正式职员以及志愿者。他们各司其职，各尽所能，发挥着不同的作用。正式职员是非营利组织中的工作人员，包括一般管理人员和基层工作人员，从事专业与行政工作。正式职员的人力资源管理活动包括人力资源规划、招聘、甄选、上岗引导和培训、绩效管理、薪酬与福利、职业发展。志愿者是非营利组织的重要资源。理事和顾问既是志愿者，也是非营利组织的领导，这类志愿者与其他志愿者处于不同的社会阶层和工作领域。志愿者、理事、顾问同样需要通过甄选、培训、激励等人力资源手段进行管理。

关键术语

人力资源管理	人力资源规划	招聘	上岗引导	培训	绩效管理
薪酬与福利	职业发展	理事	志愿者	理事会	委员会
激励	X 理论	Y 理论	双因素理论	工作特征模型	

复习思考题

1. 非营利组织的人力资源管理过程包括哪些主要环节？
2. 非营利组织招聘员工的常用方式有哪些？

3. 绩效评估有哪八种主要方法？
4. 如何选拔和吸引志愿者？
5. 如何对理事进行激励？

参考文献

1. 科特勒，安德里亚森. 非营利组织战略营销：第五版. 北京：中国人民大学出版社，2003.
2. 盖特拉. 非营利组织管理. 北京：中国人民大学出版社，2012.
3. 萨拉蒙，等. 全球公民社会：非营利部门视界. 北京：社会科学文献出版社，2007.
4. 罗宾斯，库尔特，等. 管理学：第13版. 北京：中国人民大学出版社，2017.
5. 靳娟. 人力资源管理概论. 北京：机械工业出版社，2007.
6. 江明修. 第三部门经营策略与社会参与. 台北：智胜文化事业有限公司，2001.

第5章 资金管理

对绝大多数组织和个人来说，没有钱将一事无成。如何得到钱？如何管好钱？如何用好钱？这是一个成功的组织必须回答的基本问题，也是事关组织生死的重大问题。在中国大陆，随着第三部门的发展，潜在资源越来越多，同时对这些资源的竞争也越来越激烈。那些募捐能力差而又不善于学习的非营利组织，终将遭到无情的淘汰。

本章在结构上将采用系统论的分析框架：输入、处理、输出，与此相对应的是：募捐、内部财务管理、资助管理。本章共分为三节：第一节介绍募捐的本质、募捐模式的分类、募捐方法分析、中国大陆募捐的特色以及募捐计划等；第二节介绍非营利组织财务管理的程序及工作步骤、目标及功能，以及财务预算的编制和使用、财务危机的预防、非营利组织增值投资管理等；第三节主要介绍资助管理，主要是指非营利组织资助项目的财务管理。

5.1 募捐

何为非营利组织的收入？中华人民共和国财政部2004年8月18日发布的《民间非营利组织会计制度》规定：收入是指民间非营利组织开展业务活动取得的、导致本期净资产增加的经济利益或者服务潜力的流入。收入应当按照其来源分为捐赠收入、会费收入、提供服务收入、政府补助收入、投资收益、商品销售收入等主要业务活动收入和其他收入等。捐赠收入是中国大陆非营利组织收入的重要来源之一，几乎所有的非营利组织都有获得捐款的可能或潜力，尤其是那些最典型的非营利组织几乎都高度依赖捐赠资源。

本章主要讲述如何获得无偿捐赠，即募捐。经营性收入和会费收入等其他收入方式在此不予讲解。

5.1.1 募捐的本质

募捐是绝大多数非营利组织获得资金的主要渠道，对于某些非营利组织甚至是最主要的渠道。募捐已经成为一门系统的科学和技术，而且这门科学和技术还在不断发展。非营利组织不仅需要学习这门科学和技术，还需要在实践中不断创造新的技术。研究者则需要不断总结新的发展，开发新的内容。

美国学者盖拉特提出了一个严峻的问题："募捐究竟是艺术、科学，还是骗局？"他的回答是："三者皆是。"为什么说募捐具有这三种特征呢？

因为这项工作需要对募捐有良好的直觉，需要能够为潜在的捐款者清晰地勾画出一幅美景，所以是一门艺术。

因为整个募捐工作已经系统化、逻辑化，并有相当的可预见性，而且在专业知识和职业道德上都有成文法则可以遵循，所以它也是一门科学。

因为佯称募捐却没有完全兑现募捐时的承诺的组织并不少见，更有一些骗子，以募捐为名中饱私囊，所以它也可能是骗局。

鉴于募捐具有以上三种特征，那么需要具备哪些条件才能做好募捐工作呢？由于募捐是一门艺术，所以需要想象力和激情；由于募捐是一门科学，所以需要进行研究和学习；由于募捐可能成为骗局，所以需要立法、完善职业道德、建立行业自律以及问责机制来规范和管理。

本书认为，募捐活动的本质是受赠方将需求信息传递给捐赠方、捐赠方将资源传递给受赠方的双向过程（见图5-1）。该过程涉及捐赠方、受赠方、信息传递机制、资源传递机制等要素。随着技术手段的革新与社会环境的变化，募捐方法日益复杂多样。多元化募捐方法之间的差异，则是由上述某个要素或者某几个要素的变化引起的。同时，在更为复杂发达的募捐方式（如网络募捐）出现之后，既有的相对简单原始的募捐方式（如通信募捐）并没有消亡。相反，恰恰是因为传统募捐方式的功能不断被吸收进新型募捐方式之中，新型募捐方式不断复杂化、精细化、成熟化。

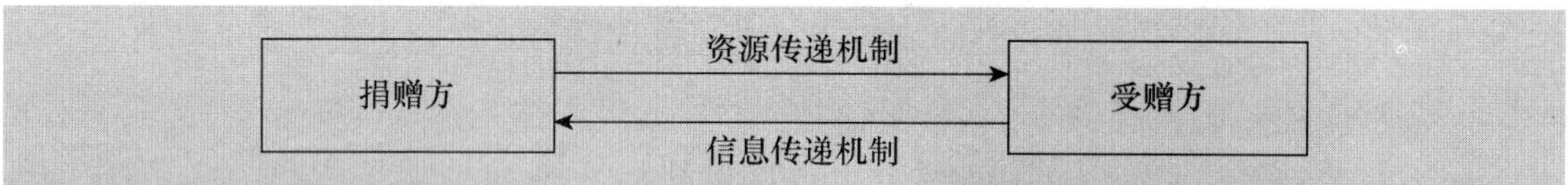

图5-1 募捐活动的基本模型

5.1.2 募捐模式的分类

从营销学的角度分析，募捐模式可分为四类：产品导向模式、推销模式、消费者导向模式和战略伙伴关系模式。下面分别对这四种模式进行介绍。

（1）产品导向模式。这一模式的理念是"只要有一个好项目，人们就会支持我们"。这类组织不去积极从事推销活动，也没有专职的募捐人员。大部分款项由理事和高级管理人员通过"关系网"筹得。志愿者也能提供一部分款项。采取此类募捐模式的组织在募捐方面比较"消极"。它们往往依靠少量忠诚的支持者提供所需的大部分资金。

（2）推销模式。这一模式的理念是“有许多对我们的项目有捐款意向的人，我们必须走出去发现他们，并说服他们提供捐赠”。采取这类募捐模式的机构很重视积极主动的募捐活动，设立专职部门，聘请专职人员从事募捐工作。它们通过所有可能的途径募集资金，经常采用“强行推销”的方式。但是，筹款人对组织本身的政策和项目的影响不大，因为他们的工作仅仅是筹资。捐款人对组织及其项目的影响也很小，他们仅仅是资助方，对涉及项目、战略的前期决策没有影响。捐款人并不参与项目设计和实施，更不可能参与战略制定。

（3）消费者导向模式。这一模式的理念是“我们必须分析我们在市场中的位置，关注那些和我们兴趣一致的捐款人，设计使捐款人满意的募捐计划”。这种方式包括仔细细分捐款人市场，测量潜在的捐款人市场，为市场的开发分配任务，为潜在的市场制订计划和预算。在这种模式中，非营利组织会充分考虑捐款人的偏好，并将其体现在组织的项目甚至战略之中。但是，捐款人的偏好是非营利组织发现的，而不是他们自己表达的。捐款人仍然处于项目设计和实施的过程之外。既是艺术又是科学的募捐与市场导向息息相关，从业人员针对目标对象的期望和需求来设计项目和筹款战略，并且经过谨慎的市场分析与细分，锁定可能的对象，才能以最低的成本取得最高的成效。在这里，工具理性的地位似乎超越了价值理性。

（4）战略伙伴关系模式。这一模式的理念是“我们要与捐款人一起设计和实施项目，并将这种合作长期保持下去”。捐款人更深地融入了组织之中，他们的偏好不仅受到组织的关注，而且他们还有机会直接表达自己的偏好，甚至参与决策过程和项目实施过程。如果合作愉快，这种合作将长期持续下去。中国青少年发展基金会与摩托罗拉的关系就属于此类。

非营利组织对不同的捐款者应采取不同的募捐模式。比如“小捐款者”影响力小、自主性小，对他们一般可以用“产品导向模式”或“推销模式”募捐；“大捐款者”财力雄厚，具有很强的自主性，他们往往会迫使非营利组织自觉或不自觉地采取“消费者导向模式”或“战略伙伴关系模式”进行募捐。在非营利组织募捐的主动程度和捐款者参与程度的共同作用下形成的四种募捐模式的分布表如表 5 - 1 所示：

表 5 - 1　非营利组织募捐模式分布表

		捐款者参与程度			
		仅仅捐款	捐款 ＋偏好被考虑	捐款 ＋参与设计	捐款 ＋参与设计 ＋参与实施
非营利组织募捐的主动程度	被动	产品导向模式			
	主动	推销模式	消费者导向模式	战略伙伴关系模式	战略伙伴关系模式

从简单捐款到全方位参与或全过程参与，反映了捐款人的角色和功能的变化，反映了捐款人在获取全方位、多样化的回报，这是企业的策略性捐赠的特征。

从“产品导向模式”到“推销模式”再到“消费者导向模式”最后到“战略伙伴关系

模式”体现了捐款人逐渐深入的过程。但是，这种序列并不是按照募捐方式从低级到高级发展（或提高）的次序排列的。实际上，这四种模式各有所长，如何运用需要视具体情况而定。但是，一些教科书却把上述序列认定是募捐方式从低到高的“发展”或“进化”过程。

现在面临的严峻问题是：谁是非营利组织的消费者？非营利组织为谁而存在？是无钱的受助者，还是有钱的捐赠者？显然，无钱的受助者是第一位的消费者，而有钱的捐赠者是第二位的消费者，非营利组织的正当性就在于同时服务于二者的利益。在确定非营利组织行动的优先顺序时，捐赠者想先帮助谁非常重要。在现实中，在受助者的需要和捐赠者的需要之间，只能寻求一种折中的解决方案，偏向任何一方都是不明智的，而且两者也不是绝对对立的，还存在一致之处，可以追求双赢。

非营利组织与企业合作的后果，是金钱控制第三部门，还是第三部门改造第二部门？这种忧虑，与学术界对非营利组织承接政府外包活动的担心是一致的。在平等的、自愿的交易活动中，拿钱的一方往往会受到出钱一方的控制。什么叫交换？在这种意义上，拿钱一方用“服从”与出钱一方的“捐款”进行交换。如何避免或超越这种可悲的逻辑？

5.1.3 募捐方法分析

一般教科书在讨论募捐方法时，把信函募捐、活动募捐、项目募捐、向企业募捐、向基金会募捐并列在一起，存在分类维度的混乱。本书认为，募捐方法存在三个分类维度：

一是募捐对象。比如个人、基金会、企业、政府（中国政府和外国政府驻华使馆），在中国还要加上国际性非营利组织，如香港乐施会、欧盟等。

二是捐款用途。以机构的名义募捐，意味着捐赠者认同机构的宗旨，如乐施会。以项目的名义募捐，意味着捐赠者认同项目的具体内容，如希望工程。前者为非限定性捐款，机构可以自行决定如何使用捐款，只要符合机构宗旨就行；后者必须按照合约规定的方式使用捐款。在大陆最流行的方式是以项目的名义募捐。此外，还有捐赠者自己设立的用途、信托基金。

三是动员潜在捐赠者实现捐赠的具体方法。如信函、特定主题活动。方法维度独立于对象和用途。同一种方法可以运用于所有对象和用途（如面谈），或是仅适用于某几种对象或用途。本节主要介绍纯粹的募捐方法。

1. 直接信函募捐

直接信函募捐就是以信件方式向目标对象表达诉求，寄出诸如信函、简介手册或其他相关资料。直接信函募捐能辨识潜在的市场，可以掌握最恰当的募捐方法和时效。这种方式适用于老的捐赠者和潜在的捐赠者。募捐信必须能充分反映捐赠者所关心的主题，投其所好才能获得积极的反馈。

采用直接信函募捐的方法首先应收集名单，进行市场细分。然后进行名单测试，找出潜在的募捐对象。这样可以有效地提高效率，即提高募捐活动的收益-成本比。名单测试能以最低成本识别潜在的募捐对象，然后可以集中资源投入最有效的目标群体。针对不同类别的潜在捐赠者，应采取不同的募捐方法，如表 5-2 所示：

表 5-2　对象与募捐方法

潜在捐赠者类型	备选募捐方法
主要捐赠者	一对一会晤
次要捐赠者	一对多会晤，邀请参加相关活动
一般捐赠者	寄发年报，随寄个人信函
小额捐赠者	寄发个人信函

资料来源：盖拉特．21 世纪非营利组织管理．北京：中国人民大学出版社，2003：95.

2. 活动募捐

活动募捐有两方面的特点：一方面，特定活动可以使机构成为万众瞩目的焦点，活动的开展还可以结识潜在的捐赠者，为今后募集资金奠定基础。另一方面，这种募捐方式也存在一定的风险。比如活动募捐可能入不敷出，办一场义演要花费大量人力物力，但是净收益也许只有几十万元甚至几万元。活动募捐容易提高机构可见度，但由于所办活动万众瞩目，稍有闪失就会损害组织的公众形象。

活动募捐的常见类型有义演、义赛、义卖、慈善晚宴、展览会、登山、步行马拉松和发行彩券等。活动募捐中的信息传递渠道是活动本身以及伴随着活动的宣传，活动的参加者都是潜在的捐赠者。

3. 志愿者募捐

志愿者募捐是指利用志愿者进行募捐。理事们对募捐活动当然责无旁贷，同时其他志愿者也可以承担募捐的职责。

一般情况下，要先招募、培训志愿者，接着召开动员誓师大会（大多以为参加筹资的志愿者准备晚宴的形式）。这种宴会可以提高大家的热情，并把志愿者团结起来。大家群情激昂，一起把活动引向成功。在募捐活动结束时，组织者要向志愿者表示感谢，给予志愿者和捐赠者各种鼓励和表彰。

在志愿者募捐中，需求表达与信息传递环节主要经由志愿者个人的介绍、表述与说服来完成。

4. 一对一募捐

这种方式是捐赠者与某一个人、家庭、机构、社区，甚至项目建立明确资助关系的捐赠方式或募捐方式。与其他方式相比，这种方式能够满足捐赠者多方面的需求。

这种方式的优点之一是捐赠者能够获得较大的成就感。例如，捐赠者可以资助一个孩子直到大学毕业，把一个穷孩子培养成才，使他过上幸福的生活，从而彻底改变了一个人的命运。捐赠者可以得到受助者的反馈，如信件、照片，甚至可以见面、互访、一起活动，这些直接联系加深了双方的感情，提高了捐赠者对资助的关注度，可以激发捐赠者持续捐赠的热情。

这种方式的另一优点是“自动的刚性的监督机制”。双方的联系是一种透明的监督机制，使得发挥中介作用的非营利组织无法从中舞弊。这一特点也有利于募捐。

当然，公益捐赠的特色是“受助者属于不确定的多数”。一对一募捐必须满足这一点。显然，资助自己的亲属和朋友不能算慈善、公益。

中国青少年发展基金会充分使用了这种募捐方式。它在资助失学儿童、建设希望小学时都采取了一对一募捐的方式。

在一对一募捐中，信息传递与资源传递机制都可以是多种多样的，不受限于特定的渠道。

5. 重量级募捐

募捐活动中存在着以下规律：第一，个人捐款所占份额远远超过基金会和企业的份额；第二，“募捐二八定律”，即80%的捐款是由20%的人捐赠的。由此可见，对于依赖募捐的非营利组织来说，那些提供大额捐款的捐赠者非常重要。针对这类人的募捐活动就是“重量级募捐”。对那些位于金字塔顶端的重量级捐赠者，组织应该针对他们制订个性化的募捐计划，给他们最佳的礼遇。

重量级募捐的方式与程序：确定目标或前景、锁定潜在的目标群体、尽可能了解他们的需求、确定可能的劝募方法、指派专门人员负责、制订行动计划、精心实施、给予回报、巩固关系。

重量级募捐存在的弊端：第一，天下没有免费的午餐。重量级捐赠者的要求也多，如以自己的名字命名，在理事会中占一席之地，甚至对项目设计和机构管理进行干预等。第二，重量级募捐有时也要付出大量成本，如举行募捐晚宴、通过各种关系与捐赠者取得联系等，所以在争取重量级募捐之前要先进行成本预估。第三，有些机构只追求重量级募捐带来的巨额捐助，却忽视了对延续性长期资源的开发，一旦重量级捐赠者发生变化或出现空缺，将为组织带来巨大危害。

6. 战略伙伴募捐

战略伙伴往往是大合作者，财力雄厚，管理能力也很强，它们不仅提供大额资金支持，还参与项目的设计甚至实施，要求的回报所涉及的领域也非常全面。这种合作、资助往往是长期的。

重量级募捐与战略伙伴募捐方式的特殊体现在捐赠者方面，即捐助者从普遍的、无差异的群体转变成了特定的、具有重大潜在收益的对象。

7. 联合劝募

美国得克萨斯州湾区联合劝募协会（The United Way of the Texas Gulf Coast），是美国第四大地区性联合劝募总会，统辖美国南部休斯敦市及周边县市的慈善捐款、基金分配，承担着对慈善事业单位的指导、管理等。该协会每年深入到当地所有企业、政府、学校等机构进行慈善募捐，年度募捐近7 000万美元，其中捐款额的85%以上分配给下属的70多个社会公益事业机构。这些机构向社会提供200多个服务项目，包括服务老年人、儿童、青少年残疾人、受虐待的妇女儿童、紧急救灾等。协会聘请当地大企业的领导、高等教育和科研究机构的学者，以及热心社会公益事业的人士，参加理事会和各类工作委员会，参与决策和管理，同时发动许多社会上的志愿者参与服务。美国联合劝募协会的产生已有一百多年的历史，经过不断的发展逐渐走向完善，目前在美国慈善资源的劝募方面发挥着重要作用。

美国的联合劝募总会起源于一百多年前美国工业化社会初期。当大大小小的慈善机构蜂拥而至时，统筹协调便成为一件需解决的大事。于是，一些城市的工商协会便力促地方慈善公益机构联合起来募捐。1887年，美国丹佛市几家最有影响力的社会公益服务机构（如红十字会、救世军等）联合成立了联合劝募总会的雏形组织，进行联合慈善劝募，再把募到的捐款分配到会员服务机构中去。这个做法很受企业的欢迎，很快就在全美国普及开来。

经过一百多年的发展，美国联合劝募总会的系统不断完善，1 400多个地方性联合慈善协会遍布美国城乡，成为美国最有影响力的非营利性社会慈善事业系统。地方性的联合劝募协会都是各自独立的实体，拥有独立的理事会和专职工作人员，有严格的财务审核监察制度。各地慈善协会以会员形式加入全国性的美国联合劝募总会（The United Way of America），每年上交一定比例的会员费，以享受全国性的电视宣传广告、业务培训、人员交流和统计研究等服务。美国联合劝募总会还代表地方协会与联邦政府沟通，对国会制定有关法律提供咨询，参与国际联合劝募总会的工作等。国际联合劝募总会的会员来自42个国家和地区，每两年召开一次经验交流和研讨大会，为各国会员协会提供咨询服务。中国慈善总会也是其会员。

美国法律允许联合劝募总会每年到公司企业和政府机构举行劝募。各地的年度募捐活动声势浩大，企业、政府、媒体都配合支持。例如，大休斯敦地区每年秋季有2 000多家企事业单位、6 000多个工作场所同时开展募捐。联合劝募总会募捐部聘请在当地有影响的企业负责人担任领导委员会成员。协会除了雇用专职募捐工作人员外，还从大企业短期借调人员。企业中也有各自的募捐领导委员会，它们利用午休或倒班间隙在企业内部组织丰富多彩的慈善捐款教育活动。捐款可以由人事部门配合，从员工的工资中提留，按季度支付给当地的联合协会。许多大公司都对员工捐款贴加企业捐赠。有些企业的贴赠捐款是员工捐款的一到两倍①。

联合劝募的独特性与优势之处主要体现在募捐主体的数量与协作方面，即从原有的单家组织、单个项目的单打独斗，走向了多家组织、多个项目的集体行动。这有助于促进募捐活动的专业化，同时也更易于取得规模效应，从而降低非营利组织的募捐成本。

8. 承诺性捐赠

向分散的个人募集小额款项往往是成本高昂的活动，甚至得不偿失，因此，许多机构望而却步。甚至一些初期的成功者，如中国青少年发展基金会也放弃了这种努力。但是，如果能够把偶然的、一次性捐赠者转变为长期的稳定的捐赠者，局面就将大为改观。承诺性捐赠就是这样一种关于捐赠的“长期订单”。

承诺性捐赠是指从一个捐赠者那里获得持续性捐赠，如持续几年甚至十几年的“一日捐”。为了支持低成本的承诺性捐赠，非营利组织需要建立接受捐款的自动机制，以便捐赠者从银行账号中定期（如每年、每个季度，甚至每个月）向组织划拨款项，确保捐赠承诺得以实现，直至捐赠者取消捐助协议。

---

① 李允晨．借鉴美国联合劝募总会的经验，促进中国慈善公益事业的发展．非营利组织信息咨询中心网站，2006-07-12.

这种自动机制有两方面的优点：一方面，方便捐赠者捐款，他们无须每次都开支票或去银行排队汇款，也不必再重复办理慈善捐赠证明手续；另一方面，可以有效地降低非营利组织的募捐成本。捐款会在一定日期自动转到非营利组织的账上，工作人员不必再不断地提醒对方，节省了人工、电话、邮寄费用。

可以采用许多方法建立这类自动机制，包括：长期订单、从账户中直接划拨、自动转账、事先授权付款、借助电子资金转账系统等①。近年来，随着手机的普及，募捐者发明了短信捐款方式，如中国儿童福利基金会、李连杰“壹基金”都采用了这种普适又方便的小额捐款方式。最终采用哪种机制，取决于非营利组织所在国家提供了哪些资金受理方式及其使用成本。

9. 会员制捐赠

很多非营利组织采用会员制，以鼓励支持者捐赠并参与组织的其他活动。会员制有多种形式，包括②：

（1）以组织章程形式对捐赠者的权益做出规定的会员制，如赋予捐赠者在年会上的参与权和投票权，以及赋予他们获得年报的权利。

（2）提供更多明确利益的会员制，如免费或以优惠价格参观博物馆或动物园。

（3）为捐赠者提供归属感的会员制，如使其成为某组织的朋友，并以朋友身份致力于该组织的筹款工作。

（4）邮寄名单式会员制，如剧院、文化中心为自己的捐赠者提供即将上演的有关节目的信息，并为他们提供优先订票或门票打折优惠服务。

（5）旨在鼓励捐赠者承诺的会员制，它能增加捐赠者对慈善组织的归属感。

非营利组织可以从会员制筹款中获得以下好处：第一，承诺。会员制给组织提供了一个很好的机会，可以借机让捐赠者做出为组织提供长期支持的承诺。第二，参与。通过赋予会员年会投票权，会员制为慈善组织开辟并提供了一种民主参与机制，会员也因此能够对组织的发展方向产生一定的影响。第三，资金。会员所缴纳的年度会费为慈善组织提供了一个收入来源，而会员名单又是获取进一步捐助的理想基础。第四，其他间接优势。在组织举办的各类活动中，会员往往是第一批招募对象。会员数量的多少本身就显示组织的实力和社会对组织的认可程度。

会员制要求组织具有较高的管理水平。会员制管理中有两个关键问题：会员资格管理和捐助信息管理。拥有承诺性捐赠人和会员就等于拥有了一个定期提供捐助并有可能以多种方式为组织提供支持的群体。组织有必要保存他们的信息，以便在需要的时候能够通过这些记录找到可能会给组织提供各类帮助的人，或者邀请他们参加一些诸如慈善宴会之类的活动。

承诺性捐赠与会员制捐赠的独特之处在于，将一次性的募捐过程重复化、常态化、固定化，这有利于降低信息传递与资源传递过程中的交易成本，同时也有助于非营利组织获得更为稳定、固定的捐赠收入。

---

① 诺顿．全球筹款手册．北京：中国人民大学出版社，2005：239.

② 同①243-244.

10. 计划捐赠

目前中国还没有发现此类捐赠。这是国外比较流行的一种捐赠方式。计划捐赠是一种委婉的说法，因为这是指捐赠人死亡时的捐赠。这种捐赠一般数额较大，一般捐赠给捐赠人感兴趣的、喜欢的、有重大需求的非营利组织。只有经过长期的培养、投入，才有可能得到计划捐赠。

有两种最简单的计划捐赠方式：一是通过一份普通遗嘱，捐赠人立下遗愿把一定数目或比例的财产捐赠出去；二是在受助者栏内填上慈善机构的名称。除此之外还有许多其他复杂的方式。

计划捐赠的主要创新是在资源传递机制方面，它打破了上述其他类型募捐方式的即时性特征，这与承诺性捐赠、会员制捐赠类似，募捐活动由此变成了一种远期而非短期行为。

11. 建立持续捐赠的手段

承诺性捐赠、会员制捐赠、计划捐赠，都需要慈善组织与捐赠者建立持久的联系，当然这种联系的回报也是极为丰厚的。下面是一系列使捐赠者成为持久捐赠者甚至终身捐赠者的建议①：

（1）尽快地、持续地对捐赠者表示感谢。千万不要忘记，任何人对于感谢和赞扬都有良好的反应。如果善行得不到应有的肯定，大多数人不会再次捐赠。

（2）让捐赠者看到他们支持的积极效果。

（3）与捐赠超过一定限度（如 100 美元）的捐赠者保持紧密联系。

（4）激励捐赠者保持对组织所从事事业的关注和热情。

（5）主动给优秀捐赠者送去关于其高尚行为的新闻报道。

（6）对新的捐赠者表示欢迎。

（7）发动老捐赠者发展新的捐赠者。

（8）开通捐赠信息热线。

（9）建立简便的支付方式，方便捐助行为定期进行。

（10）主动提议捐赠者选择什么类型的捐赠，如承诺性捐赠、会员制捐赠、计划捐赠。

（11）帮助捐赠者享受政府规定的税收优惠。

12. 网络募捐

网络募捐是指依托于互联网平台所展开的募捐活动。随着互联网技术的普及，网络募捐日益成为公益募捐的重要渠道，且呈现不断发展的良好势头。仅以 2018 年腾讯“99 公益日”为例，数据显示，9 月 7 日到 9 日期间，共有超 2 800 万人次通过腾讯公益平台捐出善款 8.3 亿元，超过 2 000 家企业共捐出 1.85 亿元，为 5 498 个公益项目贡献力量。加上腾讯公益慈善基金会提供的近 3 亿元配捐金额以及 1 亿元慈善组织成长基金，善款总计超过 14 亿元②。

---

① 科特勒，安德里亚森. 非营利组织战略营销. 北京：中国人民大学出版社，2003：274.

② 迈入“理性公益”时代 99 公益日捐款人次超 2800 万 创新高.（2018-09-11）. https://gongyi.qq.com/a/20180911/065924.htm.

根据《慈善法》的规定："慈善组织通过互联网开展公开募捐的，应当在国务院民政部门统一或者指定的慈善信息平台发布募捐信息，并可以同时在其网站发布募捐信息。"目前，获得民政部官方认证的互联网募捐信息平台共有22家，这些平台可分为门户平台、众筹平台、商业平台、视频平台几种类型①。

相比于上述传统募捐方式，网络募捐的主要不同表现在信息传递渠道的创新，但是其带来的冲击是革命性的：互联网导致了公益领域的权力与权利革命。在传统大众媒体占据主导地位的时代，只有大型公益机构方能通过报纸、杂志、广播、电视大规模投放广告，公益募捐本身是中心化的，大型慈善组织牢牢占据优势地位。而在互联网时代，小机构甚至受助者本人都可以发布募捐信息，募捐活动变得去中心化、扁平化。互联网重塑了公益领域的权力格局，真正赋予了每个人获得公益的权利。

此外，网络募捐还拥有发起主体更为多元、募捐对象更为广泛、募捐过程更为高效便捷等优势。但与此同时，由于网络募捐的虚拟性、各主体之间信息不对称等原因，网络募捐也存在虚假信息、骗捐诈捐等问题，有待于进一步的规范。为此，中国政府出台了《慈善组织公开募捐管理办法》《公开募捐平台服务管理办法》对其予以监管。

5.1.4 中国大陆募捐的特色

中国大陆的第三部门发展由于起步晚，法律法规不完善，并处于行政主导的政治体制下，因而其募捐活动具有鲜明的中国特色：

（1）在中国大陆，非营利组织的活动受到政府的限制且起步晚。有些国际通行的募捐方式在中国行不通。

（2）政府向社会募捐。政府经常通过行政组织体系，通过直接控制的媒体向公众、企业、事业单位募捐。当然，政府的募捐与征税不同，前者是自愿的，后者是强制的。另一种政府募捐形式是政府让自己管控的非营利组织发起募捐活动，而政府则给予公开的支持并提供一切便利条件。比如中华慈善总会的某些募捐活动。

（3）非营利组织借助政府组织体系募捐。例如，中国青少年发展基金会利用共青团组织系统发起募捐活动。在该组织发展的初期，这种募捐方式为它赢得了大笔的捐款。中国青少年发展基金会最初的资金规模、声誉、影响力都与这种募捐方式的成功使用有关。

5.1.5 募捐计划

非营利组织在开展募捐活动之前应制订详细的募捐计划，只有具备了科学、合法、合理和可操作的募捐计划才能提高募捐成功的概率，增强募捐的效果。募捐计划应包括以下内容：

（1）根据计划确定组织的筹款目标。目标应该包括募捐经费的总额、时限、募捐体系的主要成员以及募捐方案的可行性研究等。

（2）进行SWOT分析。了解组织在募捐方面的优势、劣势、机会和威胁，从而做到知己知彼。

---

① 褚蓥．社会组织募捐管理．北京：中国社会出版社，2016：4.

（3）设计项目。项目设计中应确定受益群体、受益内容和受益方式。

（4）确定募捐目标群体，确定回报方式。根据各捐赠对象的捐赠潜力和兴趣潜力对捐赠对象进行分类。根据图5-2中的矩阵，应优先选择靠近图中左上方那些捐赠潜力和兴趣潜力都比较高的对象进行劝募，图中数字从小到大代表着选择募捐对象的先后顺序。同时，还要确定如何回报捐赠者，比如可采用打电话、写信、邮寄纪念品等方式致谢，具体方式应根据捐赠对象的不同特点灵活选择。

兴趣潜力 \ 捐赠潜力	高	中	低
高	1	2	3
中	2	3	4
低	3	4	5

图5-2　募捐目标群体的分类

（5）选择募捐方式。前面已经提到直接信函募捐、活动募捐、志愿者募捐、一对一募捐等具体的募捐方式，可根据捐赠对象的不同特点选择最适合的方式，方式的选择将直接影响募捐的结果。

（6）组建队伍。募捐队伍的素质和能力对募捐效果具有重要影响，组建募捐队伍时要审慎考虑所任用人员的素质与条件，争取招到真正的募捐高手。募捐高手一般具有以下特质：正式的特质包括专业的教育背景、后续在职教育的经验、相关社团资格、专业机构的认证，非正式的特质包括博览群书、目标导向与激励、重视细节、申请赞助的大无畏精神、对组织宗旨具有高度的认同、擅长倾听、勇于任用强者、对组织的发展具有前瞻眼光且能充分与人沟通组织的愿景①。

（7）制定预算。募捐前要对募捐活动的成本进行估计，对各项支出有详细计划，具体开展活动时应根据预算规模决定募捐方案的选择、活动的内容和开展活动的方式。预算应具有一定的灵活性，支出计划中应包含部分预留资金，以应对突发情况导致的额外支出。

（8）建立绩效管理体制。应对募捐成员的工作绩效进行定期评估检查。除了检测募捐目标是否实现之外，还要进一步分析此类募捐方案中哪些行为是有效的，哪些是低效甚至无效的。以对募捐人员绩效考核的结果为依据，对当前的募捐方式进行调整，以提高募捐的效率。

（9）选择募捐时机。募捐时机的选择对募捐结果具有直接的影响，因此要“因势利导，因时制宜”。如何才能确定最佳的募捐时机呢？首先，要进行募捐前的调查研究，了解募捐目标是否明确，募捐成员是否具备必备的条件，负责主管是否对达成募捐目标具有充足的信心，等等。其次，还要对组织能否实现募捐目标的外部环境进行评估。比如捐赠

① 盖特拉．21世纪非营利组织管理．北京：中国人民大学出版社，2003：104-105.

对象是否充分了解组织的使命和募捐活动的相关信息，本次募捐活动可能得到哪些人的资助，成功的概率有多大，等等。

（10）注意情、理、法所确立的各种规范。要注意我国对募捐行为的各种规定，应避免违反法律法规的行为。

（11）风险防范。募捐过程中要注意对各种风险进行防范，比如确保募捐人员的安全，募捐时间、地点的选择要适当；注意沟通表达技巧，应以捐赠者易于接受的方式寻求资助，尽量避免与捐赠者发生冲突；还要防止募捐活动失控，活动应按计划开展，开支尽量控制在预算金额以内；事先制订应对各种风险的预案，准备预留资金和人员，万一遇到突发事件，可及时进行处理。

5.2 内部财务管理

财务活动是指以现金收支为主的组织资金收支活动的总称。财务活动主要包括筹资活动、投资活动、资金运营活动、盈余分配活动。财务管理是指按照一定的原则，运用特定的量化分析方法，从价值量角度出发，组织财务活动，处理财务关系的一项管理工作①。

随着第三部门的日益成熟，非营利组织的运营环境日趋复杂多变，竞争也越来越激烈，要赢得生存与发展，非营利组织必须提升财务管理水平，将财务管理置于管理系统的核心位置，充分发挥财务的预测、决策、计划、控制、考核作用。

5.2.1 财务管理的程序及工作步骤

财务管理的程序包括财务预测、财务决策、财务预算、财务控制和财务分析。

1. 财务预测

财务预测是指根据组织的财务活动的历史资料，参考组织财务管理的现实要求和理财环境，对组织未来财务活动、财务成果做出科学的预计和测算。

财务预测的程序包括明确预测目标、搜集相关资料、建立预测模型、得出财务预测结果。

财务预测的功能有：通过财务预测，测算各项活动或项目的效益，为决策提供可靠的依据；通过预计财务收支的变化，确定财务目标；通过测定各项定额标准，为编制计划、分解计划指标提供依据。

2. 财务决策

财务决策是指财务人员按照财务目标的总体要求，利用专门的方法和程序，对各种备选方案进行比较分析，并从中选出最能实现理财目标的方案的过程。

财务决策是财务管理的核心环节，财务预测为财务决策服务，财务决策的质量直接影响组织运营的成败。

财务决策的程序包括确定目标、提出备选方案、选择最佳方案。

---

① 龙云飞. 财务管理学. 北京：中国人民大学出版社，2004：2.

3. 财务预算

财务预算是指运用专业技术手段和量化分析方法，对未来的财务活动内容、目标进行具体规划。财务预算是财务预测、财务决策的具体化，是以财务预测提供的数据信息及财务决策中确定的方案为基础编制的，是进一步监督、控制财务活动的依据。

编制财务预算的程序包括：分析财务环境，确定预算指标；协调财务能力，组织综合平衡；选择预算方法，编制财务预算。

4. 财务控制

财务控制是指在财务管理过程中利用相关信息和特定方法，对组织的具体财务活动施加影响或进行调节的具体行为。

财务控制的程序包括：制定控制标准，分解落实责任；实施跟踪控制，及时调整误差；分析执行情况，并据此考核奖惩。

5. 财务分析

财务分析是指根据会计核算资料，运用特定的财务分析方法，对组织的财务活动过程及其结果进行分析和评价，以掌握各项财务计划的完成情况，评价组织财务状况，分析财务活动规律，完善财务预测、决策、预算和控制，提高组织的管理水平的活动。

财务分析程序包括：收集资料；指标对比，查找问题；分析原因，明确责任；提出改进措施，改进工作。

5.2.2 财务管理的目标及功能

1. 财务管理的目标

企业的目标是追求利润，而非营利组织的目标是实现其宗旨，二者有着本质的区别。表 5-3 反映了二者目标的差异。

表 5-3　两种组织财务管理目标的比较

营利组织	非营利组织
1. 持有最多的股份	1. 稳定
2. 利益最大化	2. 宗旨和责任
3. 最大的边际效益	3. 行为目标
4. 行为目标	4. 社会责任
5. 社会责任	

资料来源：王名. 非营利组织管理概论. 北京：中国人民大学出版社，2002：103.

2. 财务管理的功能

财务管理对于非营利组织的运作和发展具有重要意义，而且有助于组织的宗旨、任务和目标的实现。财务管理的功能具体包括以下七个方面：

（1）体现组织的宗旨，特别是保证组织的非营利性，禁止“挂羊头卖狗肉”的现象。通过对非营利组织收入和支出的审计，可以判断出该组织是否真正具有非营利性质，从而决定其是否应该享受国家免税待遇，以及判断其活动是否为实现其宗旨服务。

（2）支持组织计划。非营利组织的计划和财务管理有着密切关系。通过制定合理的产品价格、计算产品和服务的成本、计算募捐的成本和收入等财务管理活动，能促进组织计划目标的实现。

（3）监督组织运作。财务管理记录了组织日常的收支，通过监督组织的财务状况，可以从侧面监督整个组织的运作。社会公众通过非营利组织财务报告间接地监督其资金的使用情况。非营利组织理事会成员可以通过定期检查财务情况对组织的运行进行监督，发现问题及时采取措施解决。

（4）提高效率。与企业一样，非营利组织的运作也要追求效率。一个好的财务管理系统不仅能为项目开展提供充足的资金，而且能通过成本分析、财务预算等提高项目资金的使用效率，促进项目目标的实现。

（5）防止腐败。非营利组织和其他营利性组织一样，也存在着各种腐败问题。组织财务管理上的混乱常常会掩盖贪污公款、乱用慈善资源、假公济私等腐败现象。由于非营利组织的资源来自整个社会，公益腐败将引起人们更大的愤慨，会严重影响公众对慈善事业的信心和热情，因此亟须建立一套健全的财务管理制度。公开透明的财务管理制度将使组织活动的每个环节都处于公众的监督之下，加上严格的惩罚制度，能从制度上有效遏制腐败的发生。

（6）提高公信力。财务报告不仅是对捐赠者的交代，而且能增加组织的公信力，帮助组织树立良好的社会形象。只有高效透明的财务管理才能获得公众的信任，使捐赠者更加信任组织，愿意为组织提供更多的捐赠。同时，组织良好的公信力和社会形象还能为组织吸引到更多的志愿者。目前我国非营利组织的管理者对公开财务信息的积极作用认识不足，很多非营利组织的财务透明度不高，因此在社会中的公信力不高。

（7）预防危机。非营利组织可能会遇到项目资金短缺、组织运转困难、受助者需要紧急救助等困难，组织在财务管理上要具备风险意识和预留一定的预备资金。通过财务监管及时发现组织危机的前兆，协助组织其他部门制定应对措施，帮助组织渡过难关。

3. 财务主管的职责

非营利组织的财务管理十分重要，财务主管在组织中承担着十分重要的职责。财务主管的主要职责体现在以下八个方面：（1）参与制定战略；（2）制定预算；（3）筹款，支持组织战略实施；（4）降低成本；（5）控制风险；（6）日常财务管理；（7）管理投资；（8）保持固定资产增值。

5.2.3 会计

1. 会计的定义及目标

会计是财务管理的基础，是一套用来组织和保持一个组织财务记录的系统。会计记录组织曾经发生的财务收支，其中包括财务记录和财务报告。会计主要以货币的形式记录组织过去所发生的财务收支，并对这些收支数据进行分类、汇总，以财务报告的方式传递和报告组织的财务信息。

会计活动最终要达到的目的，就是会计核算要提供真实、完整的会计资料，以满足各方面对会计信息的需要。

2. 财务记录

在财务记录的过程中，组织要根据有关规定和自己的需要，确定自己的会计格式、会计科目和会计程序。会计工作的通用流程包括原始单据、日记账、科目、分类账、总账、财务报表。设立会计控制流程的目的是加强管理，以防止资产被滥用及其他不法行为。会计记账管理非常重视单据化，每笔账必须有单据为证。

3. 财务报告

财务报告即关于一个组织财务状况的报告。一般包括三个部分：财务状况变动报告、资产负债报告和组织活动报告。财务状况变动报告用来反映组织资金、资源使用变动情况；资产负债报告用来反映一个组织在某一特定时间的财务状况；组织活动报告是关于一个组织在特定时期的财务状况记录，通常包括组织收入、支出、资金余额变动情况等。

4. 关键术语①

与会计有关的关键术语主要包括：

资产，即一个组织所拥有的可转换成现金的有价对象，如股票、房屋、汽车、家具等。资产可分为流动性资产和固定性资产。

负债，即组织必须支付的债务，组织未交税款、各种抵押贷款等。负债亦可分为流动性负债和长期性负债。

净资产，即组织的资产减去负债。净资产也被称为“净值”或“资金余额”。

收入，即流入组织的财富，如捐款、提供服务取得的收入、利息收入和项目赞助等。

费用，即组织的财务支出，如为维持组织运营所支付的服务账款和货款等。

5. 会计的分类

会计通常分为“财务会计”和“管理会计”。

财务会计又称“对外报告会计”，其首要目的是为组织的外部利益相关者提供财务信息。财务会计要求组织定期对外公布财务报告。各国都制定了通用会计准则，以规范会计信息披露。诚实、简短、快捷是对“对外财务报告”的基本要求。

管理会计又称“对内报告会计”，其主要目的是为组织内部管理者的决策提供信息支持，包括预算、资金安排、成本控制等。管理会计的内容一般不对外公开。

6. 会计信息的使用者②

（1）捐赠者。非营利组织对所接受的捐赠资产负有重要的受托责任。非营利组织必须向捐赠者提供有关捐赠资产使用情况的会计信息，才能解脱其受托责任。

（2）会员。对很多非营利组织来说，其资金主要来源于会员缴纳的会费。非营利组织对所收到的会费收入也负有重要的受托责任，因此必须向会员报告有关会费使用情况的会计信息。

（3）服务对象。非营利组织在获取有关资金的同时，还需要向社会公众或资金提供者等提供服务。因此，许多服务对象也需要了解非营利组织的财务状况、经营绩效以及所收取的服务价格是否合理等。

（4）债权人。非营利组织在法律法规允许的范围内也可以向银行贷款，用于本单位的

---

① 盖特拉．21世纪非营利组织管理．北京：中国人民大学出版社，2003：117-118.

② 孙玉栋，张斌，樊勇．民间非营利组织会计实务．北京：清华大学出版社，2006：7-9.

日常运作和业务活动。所以，债权人也是非营利组织的资金提供者之一，是非营利组织重要的会计信息使用者之一。

（5）政府监管部门。由于非营利组织资金来源的多样性和所从事活动与公众利益密切相关，所以我国法律法规都规定，政府有关部门需要加强对非营利组织会计信息的监督。

（6）本组织的管理层。非营利组织管理层也很关注财务会计报告披露的信息，希望能从中了解非营利组织的财务状况和现金流量，评价运营绩效，加强资产负债管理和成本控制。

（7）社会公众和其他使用者。财务会计报告披露的相关信息对社会公众和其他会计信息使用者也有所帮助。尤其是为社会公众加强对非营利组织的监督提供了条件。

7. 会计信息的基本内容

一般来说，非营利组织的捐赠者、会员、服务对象、债权人、政府监管部门、本组织管理层、社会公众，出于不同的目的，可能对会计信息有不同的需求，而且各自的关注度也不同。但是，这些信息使用者一般都对组织的财务状况、经营绩效、现金流量感兴趣，因此，非营利组织至少需要提供资产负债表、业务活动表、现金流量表这三张报表。

5.2.4 财务预算的编制和使用

1. 预算的功能①

对非营利组织来说，预算具有以下四种基本功能：

（1）为组织将有限的资源合理分配打下基础。

（2）指明了未来筹资的需求规模和时限。

（3）为管理者决策提供依据。

（4）预算是绩效评估的基础。

2. 注意事项

财务预算对每个非营利组织都非常重要，只有好的预算才能保证组织的正常运转。非营利组织在制定预算的过程中应注意以下事项：预算必须纳入计划和决策过程之中；预算必须具有权威性、可行性、可操作性；预算必须服从战略，必须根据战略的需要编制预算。

3. 编制预算常用的方法

编制财务预算的方法有很多，非营利组织可以根据自身的特点进行选择。常见的编制预算的方法有以下四种：

（1）递增法。在上一年度实际支出的基础上，考虑下一年度需要增加支出的因素，如通货膨胀、增加员工福利等，结合新计划所需要的支出，计算出下一年度预算总额。这种方法只能用来预测下一年度的支出，没有考虑项目成果和实际需求的变化，是一种粗略的预算方法，往往与实际情况出入较大。

（2）项目预算法。将组织拥有的资源按比例分配给不同的项目，并将预算执行与项目

---

① 王名．非营利组织管理概论．北京：中国人民大学出版社，2002：111.

评估结合起来，同时考核项目运作的效率和组织目标的实现程度。

（3）零基预算法。零基预算的基本问题包括：组织需要什么才能有效率地运行？下一年度组织想达到什么样的目标？要达到这些目标需要投入什么？零基预算的制定方式不是根据目前的限制束缚思维，而是先在第二年拟执行的项目上达成共识，依照项目需要决定需要编制多少预算，即每期的预算先归零，从零开始考虑预算增减。

（4）弹性预算法。将未来的收支预算值看成一个概率分布，准备多种不同的方案。这种预算方法主要适用处于不稳定状态的组织，可根据情况的变化随时调整预算。

4. 编制和实施预算①

编制和实施预算分为四个步骤：准备、核定、实施和监测。具体内容如下：

（1）准备。首先要明白谁来做预算。预算应该由对组织最有影响的人和专业人员一起完成。一般情况下，预算编制的细节工作交给专业人员来做，而由具有影响力的人做出裁决。

（2）核定。与预算相关的人都应该有机会参与预算制定，但是最后的核定权属于理事会。

（3）实施。一旦预算被批准，要组织内部预算说明会，让员工清楚了解预算涵盖的项目、组织的未来目标、各部门的执行目标等。

（4）监测。检验一套预算是否对组织运作有影响，一种有效的方法是建立期中报表制度。期中报表应参照原预算来制作，对原先的规划与实际发生的状况进行对比，以发现两者的异同。核心成员在审核期中报表时应清楚以下几个问题：原预算是否符合现实？估计值是否需要调整？计划中任何部分是否出现亏损？有何措施补救？是否可由其他计划剩余部分来补偿？是否发生未列入预算的支出项目？有的话，如何处理？是否有其他方法可以筹到款项？如果延迟处理会有何影响？期中审核不是为了追究责任，不必在细节上浪费时间，而应该发现问题，找出问题的根源，拿出解决问题的办法，以便更好地执行预算，或者完善预算。

5.2.5　理事会与财务管理

非营利组织的理事会与组织财务管理具有重要关系，理事会可以通过对组织财务状况的监督来实现对整个组织运行状况的监管。

首先，理事会应该重点关注以下与组织财务管理密切相关的问题。

财务表现：理事会可以通过组织财务表现了解一个组织财务管理的状况，包括具体的财务审计制度是否健全、收入来源及费用的确切数额、组织对流动债务的偿还能力如何等。

财务状况：理事会对组织财务状况的关注应该主要体现在资产和债务两个方面。比如组织的资产是否增加？组织短期和长期债务分别是多少？债务的偿还对组织的正常营业预算有何影响？

资金增值管理：理事会应关注捐赠资金的投资问题以及所产生收入的使用问题。比如

---

① 盖特拉．21世纪非营利组织管理．北京：中国人民大学出版社，2003：123-126．

捐赠资金的投资回报率是多少？现有捐赠资金对组织的规模及未来成长是否足够？为了满足组织未来发展的需要，是否应该考虑将捐赠资金转向其他投资领域？

其次，要防范内部交易（又称“关联交易”）。例如，大多数国家规定，禁止基金会“内部交易”。基金会的内部交易指基金会与“圈内人”发生的各种交易行为，包括买卖、租赁、借贷、资产及收益的转移等。“圈内人”包括主要捐赠者或企业、基金会理事、高层管理人员，以及他们的亲属和朋友。内部交易违反公益事业的“诚信原则”，会带来利益冲突。但是，现实中，这种问题时有发生，甚至还很普遍。因此，理事会应重视对此问题的防范，减少其对公益事业的危害。

5.2.6 外部审计

接受外部审计对非营利组织的发展具有重要意义，主要包括以下三个方面：

首先，注册会计师提供的审计意见书能有力地向外界展示组织的财务状况，是向捐赠者说明捐款得到良好管理的有力证据，对于提高组织公信力十分重要。

其次，外部审计也有助于组织内部财务制度的完善。经验丰富的审计师贡献给组织的不只是简单的财务审查，还可以提供改进财务管理的宝贵建议，对组织的进一步完善具有重要意义。

最后，我国民政部门每年都要对非营利组织进行年检，其中就包括财务审计。可见，进行审计是非营利组织继续存在的必要条件。做好外部审计工作可以提前适应政府对非营利组织的管理要求。

目前，我国非营利组织选择审计机构进行外部审计存在以下两种情况：

一种是非营利组织往往倾向于选择声誉卓著的审计机构进行独立审计。审计是它们提高声誉、打造品牌的好机会。但是，好的审计机构往往收费很高，一般的非营利组织无力支付。解决这一问题的办法是非营利组织向那些好的审计机构寻求资助，请它们减免审计的费用。一般情况下，审计机构会给予帮助。

另一种是非营利组织会找那些不遵守行业准则的审计机构进行外部审计。这些审计机构收取审计费用后按照被审计组织的要求造假或篡改相关数据。目前这类审计机构的数量越来越少了，审计行业的风气变得越来越好了，这是一个可喜的变化。

5.2.7 向捐赠者提交财务报告

非营利组织向捐赠者提交财务报告具有重要意义。一方面，捐赠者作为非营利组织的重要利益相关方之一，有权利知晓自己捐赠资金的使用状况。非营利组织要向捐赠者提交财务报告，接受捐赠者的监督。另一方面，如果非营利组织的资金使用效率较高，得到了捐赠者的认可，可能会帮助组织赢得更多的捐赠。非营利组织在向捐赠者提交财务报告时应坚持以下原则：

（1）诚实。诚实既是道德问题，也是法律问题。不诚实既不道德又违法，一旦被揭露会使捐赠者失去对组织的信任，从而大大降低组织的公信力。

（2）简短。捐赠者没时间读枯燥漫长的报告，因此财务报告应该简洁明了，重点突出。

（3）争取主动。当有问题的时候，主动告知理事会和重要合作者，积极寻求他们的理解，共同解决问题，千万不要拖延、隐瞒。

5.2.8　财务危机的预防——防患于未然，做最坏的打算①

经济情况会经常发生变化，即使深谋远虑的组织也需要有临时应变的计划，应“居安思危”“未雨绸缪”。掌管财务和预算的人更应时刻保持警惕，以防范财务危机的出现。为了预防财务危机，组织应对以下几个方面进行思考：

（1）现金流量。在出现事先未预见的资金短缺时怎么办？是否有足够的现金可供缓冲？是否能够承受捐赠者、合作者的延期付款？组织是否有长期资金缺口？如果有，如何解决？

（2）预备金。除了运营资金之外，是否准备了充足的预备金来补偿由贷款无法及时收回、筹款计划落空、通货膨胀带来的额外费用等原因导致的资金缺口？

（3）筹款、项目收入。想想波士顿咨询公司开发的项目矩阵，组织有可靠的金牛项目吗？有明星项目吗？正在培育新的明星吗？如果只有瘦狗项目，那就危险了，必须尽快想办法，否则就会面临财务危机。

（4）成本缩减。有浪费吗？费用可以压缩吗？有多余的人吗？解决此类问题可以降低成本。

（5）志愿者潜力。现有志愿者的募捐潜力都得到发挥了吗？还有其他职位可由志愿者填补吗？前者可以增加收入，后者可以节省费用。

（6）其他选择。此外还要想一想，是否还有其他增加收入、减少支出的办法。

5.2.9　增值投资管理

非营利组织增值投资管理包括两部分内容：一是非营利组织筹资管理，二是非营利组织投资管理。本节只对这两方面内容做简单介绍，由于增值投资管理专业性较强，非营利组织一般会聘请专业机构来运作和管理。

1. 筹资管理

非营利组织资金有以下几种来源：募捐、申请政府资助或承包政府项目、收取会费、出售服务、出售产品、出售资产等。

（1）募捐。目前，中国非营利组织最重要的收入来自募捐，该部分已在前面讲过，此处不再赘述。

（2）申请政府资助或承包政府项目。政府掌握着大量的资源，如资金、物资、人力、信息等都集中在政府部门。无论在我国还是在海外，政府仍然是社会资源的主要占有者和社会产品再分配的实施者，在西方发达国家和我国香港的非营利组织，政府资金投入仍占非营利组织收入的大部分，没有政府的资金支持，社团空间就是狭窄的②。非营利组织要获得发展所需的资源应寻求与政府合作，可积极申请政府外包的公共服务项目。政府应积

---

① 盖特拉. 21 世纪非营利组织管理. 北京：中国人民大学出版社，2003：133-135.

② 张洪武. 非营利组织经费来源：发达国家的经验与我国的现实选择. 重庆社会科学，2007（8）.

极推进政府职能的转变，在公共物品和服务的提供上发挥非营利组织的优势，对社区服务、带动劳动就业、环保、教育等类型的非营利组织进行重点扶持，加大资金扶持的力度。政府和非营利组织之间可通过签订合同、招投标、直接提供经费补贴等方式建立合作关系，优势互补，为民众提供更加优质的公共物品和服务。承包政府项目会对非营利组织产生重要影响。政府通过合同的方式购买公共服务成为主要的公共服务提供机制，它使非营利组织得以进入公共服务领域拓展其功能与范围，并且开辟新的、更加稳定可靠的资金来源，同时也使其自身的组织结构、组织特性、管理方式、价值理念、社会形象等产生显著变化①。

（3）收取会费。会员制的非营利组织主要目标是维护会员利益，满足会员需求，因此可以采取收取会费的方式获得收入。此类组织多为互益性组织，有相对固定的受益对象，服务的享受具有排他性和竞争性，所以收取会费成为提供服务所需资金的主要来源。对于互益性非营利组织，成员的入会费或年度会费收入能支持组织日常运作的开支，这通常也是最难承担的成本。最常用的方法是通过直邮来征召会员或续交会费，现在大部分组织都有网站，组织成员可以在网上通过信用卡加入组织或缴纳会费②。

（4）出售服务。目前，由于各种原因中国政府资助非营利组织发展的机制尚不成熟，提供公共服务类的非营利组织可通过服务收费的方式缓解组织发展中资金短缺的难题。同时非营利组织提供的主要是准公共物品，由于准公共物品具有不完全排他性或不完全竞争性，因此具有一定的可销售性，可以按照受益原则，向受助者收取一定的费用，补偿部分产品成本。“非营利组织实行对其公益服务的收费，既可以减少公众在享受公益服务过程中极易发生的‘搭便车’行为，降低公共资源的过度浪费，提高公益资源的配置效率，又可以扩大经费来源。”③ 一些非营利医院、大学等可以通过提供特定的服务，并向服务对象收费来弥补成本的一部分甚至是全部。

同时，提供多种服务的非营利组织对其服务收费应进行严格规定，如明确收费的项目和价格，对服务类别进行明确区分，对公益性服务应收取较低的价格或免费提供，对满足部分群体较高层次需求的项目可按照市场价收费，这样既能保证非营利组织的公益性，又能为组织发展积累资金。

（5）出售产品。非营利组织可以通过出售产品来增加收入。首先应分析非营利组织能提供哪些产品和服务。非营利组织的使命始终是其存在的理由，在任何时候都不能舍弃，因此必须先考察组织目标适合提供的产品和服务。非营利组织在为某一项目筹资时，往往可以借助组织拥有的资源提供某些产品或服务，如某些吉祥物、纪念品、资格认证等。有些非营利组织利用自身的品牌和公信力，制作一些工艺品、环保宣传品等在市场进行销售或向支持公益的人士推销，以增加组织的收入。

（6）出售资产。我国《基金会管理条例》规定：基金会应当根据章程规定的宗旨和公益活动的业务范围使用其财产；捐赠协议明确了具体使用方式的捐赠根据捐赠协议的约定使用；接受捐赠的物资无法用于符合其宗旨的用途时，基金会可以依法拍卖或者变

---

① 张玉磊．困境与治理：非营利组织的市场化运作研究．中国农业大学学报（社会科学版），2008（4）．

② 史密斯-巴克林协会．非营利管理：第2版．北京：中信出版社，2004：87．

③ 同①．

卖，所得收入用于捐赠目的。该条例还规定：基金会注销后的剩余财产应当按照章程的规定用于公益目的；无法按照章程规定处理的，由登记管理机关组织捐赠给与该基金会性质、宗旨相同的社会非营利组织，并向社会公告。非营利组织依法拍卖接收的捐赠物资以及接受其他注销非营利组织的财产都是其获得收入的途径。

2. 投资管理

目前中国非营利组织所需资金主要来自社会捐赠、政府扶持和海外资助，但非营利组织为了稳定和可持续发展，需要开展投资活动。“投资”是指民间非营利组织为了通过分配来增加财富，或为谋求其他利益而将资产让渡给其他单位所获得的另一项资产①。按照不同的标准，投资有不同的分类。按照投资的流动性和投资目的，可分为短期投资和长期投资；按照投资性质，可分为债权投资和股权投资；按照投资形式，可分为债券投资、股票投资、基金投资和其他投资；按照投资人接受投资的方式，可分为直接投资、委托贷款和委托投资②。

所谓“投资管理”是指用运营资金、固定资产、年度结余资金进行投资，以达到资产增值的目的。

非营利组织的投资行为必须非常谨慎，须在相关法律法规的许可范围内进行。2019 年 1 月 1 日开始施行的《慈善组织保值增值投资活动管理暂行办法》便对慈善组织的保值增值行为进行了细致规定，划定范围、明确红线，如“被投资方的经营范围应当与慈善组织的宗旨和业务范围相关”，同时提出了不得“直接买卖股票”，不得“以投资名义向个人、企业提供借款”，不得“直接购买商品及金融衍生品类产品”，不能“投资人身保险产品”以及不能参与“可能使本组织承担无限责任的投资”“违背本组织宗旨、可能损害信誉的投资”“国家法律法规禁止的其他活动”等八项硬性规定。

（1）非营利组织投资管理的基本原则。

非营利组织投资管理有三个基本原则③：一是安全或低风险，二是有一定的回报率，三是保证基金增值。根据这三个基本原则，在确定投资策略时需考虑以下参数：投资目标、投资期、风险极限、要求的回报率、要求的流动性、支出的原则、须签订的契约、法规的限制等。

世界上许多国家为体现非营利组织投资管理的上述三原则，一般通过立法对非营利组织的投资活动进行特别规定。例如，美国允许基金会投资股票和债券，但必须遵循《统一谨慎投资者法案》（Uniform Prudent Investor Act）。按照该法案，基金会的投资不是为了营利目的“投机”，而是在确保操作稳健、风险合理的基础上“投资”，为此要求基金会的理事承担投资的责任。为减少风险，美国许多大基金会通常将其资金的 60%投资于股市，30%投资于债券，10%作为存款。

（2）投资决策程序。

非营利组织选择投资项目之前，要经过详细准确的决策分析。对于各种投资机会，决

---

① 袁志，等．民间非营利组织会计实务．北京：经济科学出版社，2004：107.

② 同①108-110.

③ 王名．非营利组织管理概论．北京：中国人民大学出版社，2002：109.

策程序具有一定共通性，一般包括以下几个基本步骤①：

1）提出各种投资方案。新的投资项目方案可能来自组织内的不同部门。

2）估计方案的相关现金流量。只有和项目相关的增量现金流量才是和项目相关的现金流量。

3）计算投资方案的价值指标，如净现值、内部投资收益率等。

4）将价值指标与可接受标准进行比较。

5）对已经接受的方案进行再评价。这项工作非常重要，但只有少数机构对投资项目进行跟踪审计。通过项目的事后评价可以发现事先预测的偏差，找出预算脱离实际的地方，从而改善财务控制状况，也可为未来的决策提供参考。

（3）投资结构。

非营利组织与企业有着不同的投资目标，企业是为了追求利润的最大化同时兼顾投资风险，而非营利组织是在确保安全或低风险的基础上追求一定的回报率，所以二者的投资结构有所不同。非营利组织在投资时可分为商业化经营和资本市场投资两部分。

1）商业化经营。面对成本增加、捐助和资助减少，越来越多的营利性公司进入社会服务领域成为竞争对手的严峻形势，非营利组织正在转向商业领域寻求拓展，发现新的资金来源。有意于商业化融资的组织领导者都认为，以市场为基础的收入增长较慈善性集资更容易，而且更具适应性。在进行商业化经营之前，非营利组织必须鉴别出哪些是潜在的收入来源，然后明确一个现实的财务目标。有些商业化项目虽然利润不高，但可以减少组织对捐款的依赖，提供更可靠和多元化的资金来源，或者可以通过引入市场机制提高项目的经营质量，从而改善组织的效率和效益②。

2）资本市场投资。非营利组织也可以利用结余资金在资本市场进行投资，由于非营利组织的投资要求遵循低风险、有一定回报率的原则，所以非营利组织投资时应首先考虑那些风险较低的投资组合，比如可以选择收入比较稳定、流动性好的政府债券，或大型企业的债权进行投资。

商业化经营和资本市场投资都属于带营利性的活动，都不是非营利组织的根本目标，非营利组织应时刻牢记自己的公益使命，不能陷入纯粹追求利润的误区。非营利组织投资决策者应保持清醒的头脑，时刻以组织的社会使命为根本出发点，以实现组织的宗旨和社会使命为最高目标。

（4）投资项目效益评价。

企业投资项目评价的基本原理是：投资项目的收益为正时，企业的价值将增加；投资项目的收益为负时，企业的价值将减少。企业的目标是追求利润最大化，即产出和投入的差额最大，只需核算货币投入和利润产出，而非营利组织很难找到一套量化评价指标来评价组织的投资效益。因为，非营利组织提供的产品或服务大部分是公益性的，大部分是低利润的，有些只能收回成本甚至是无偿提供，所以对非营利组织投资项目效益较难进行定量分析。

---

① 张纯．非营利组织理财．上海：上海财经大学出版社，2007：135.

② 迪斯．非营利组织管理．北京：中国人民大学出版社，2004：124-125.

目前大多采用社会福利提高程度等定性指标来衡量，但这类指标比较模糊，无法准确衡量非营利组织投资项目的实际效益有多大。所以，亟须制定出一套可行的量化指标，这种量化体系既要体现投资的公益性，又要反映出投资项目的盈利水平。

（5）投资风险防范。

从宏观上来讲，非营利组织投资方面的风险主要存在于两个方面：一是投资决策失误会造成公益资产的流失。目前中国大部分非营利组织缺乏科学、民主的决策机制，很多机构存在着官僚制和家长制作风。官方非营利组织的领导主要来自党政官员，民间非营利组织的负责人大多属于魅力型、权威型人物，这些人实际上掌握着组织的经济命脉，对如何使用资源有很大发言权。一些决策的做出仅凭领导者个人的意志，这使其投资缺乏监督制约，投资决策失误的风险要远大于企业投资。二是投资取得的收益被挪用到非公益用途领域。企业投资的目的就是获取投资收益，并且其获得的投资收益通常可用于投资回报或者对管理者的激励。而非营利组织投资主要的目的是弥补其运营成本，投资所获得的收益也不能向出资人或管理者分配，通常用作非营利组织实现其公益目标的资金积累。由于非营利组织缺乏完善的投资决策机制和有效的财务监督制度，收益被使用在非公益项目或活动的可能性也很大，而且一旦出现投资风险也难以追究责任和及时补救。

为了减少投资失败，非营利组织需要建立科学的投资管理制度，以尽可能低的风险、占用尽可能少的资金获取尽可能多的投资收益。投资管理制度应包括以下几项内容：确定投资结构；研究投资环境，选择投资机会；评估投资方案的风险与收益；评估组织承担投资风险的能力；选择最佳的投资方案。为了防止非营利组织将投资利润用于非公益领域，应建立非营利项目的利润处置模式。非营利组织投资项目的利润处置模式完全不同于营利组织，非营利项目的利润处置要考虑政府、资本提供者及社会公众的利益。非营利组织投资的利润首先要还金融机构的贷款，其次是以资本成本的方式向资本提供者提供回报，这里向资本提供者提供的回报仅仅是资本成本，然后将投资利润主要用于对非营利项目的维修保养和功能升级，以保证其能适应人们日益增长的需求。最后，如果利润还有剩余，一般是用于投资新的项目。

从微观角度来看，投资风险是指债券、股票、基金等投资遭受损失的可能性。这种可能性表现为预期投资收益未能实现或未能全部实现，以及投资本金遭受损失等情况。投资风险的种类主要包括以下几种①：

1）市场风险，是指由政策发生变动、供求关系发生较大变化等原因引起证券市场波动而导致投资损失的风险。

2）利率风险，是指市场利率变化给证券投资收益带来的不利影响。

3）购买力风险，即通货膨胀风险，是指因通货膨胀、货币贬值而使投资者本金收益名义价值没有发生变化，而实际购买力因物价上涨而降低。

4）公司风险，也称质量风险，是指发行债券的公司经营质量低劣而导致赢利能力下降，造成投资收益减少甚至本金损失。

5）财务风险，是指公司采用的融资方式带来的风险，如果公司资本结构中债务集资

---

① 苗丽静. 非营利组织管理学. 大连：东北财经大学出版社，2006：112-113.

的比重较大，其财务风险也较大。

针对以上非营利组织在投资中可能遇到的风险，可采用种类分散化、到期日分散化、部门或行业分散化、公司分散化、国别分散化和时间分散化等方法来防范。

1）种类分散化。这是最普遍的分散方式，是指在债券、股票、基金等各类证券之间进行适当的比例分配。

2）到期日分散化。这种方法是在到期日不同的债券之间进行分散。

3）部门或行业分散化。国民经济各部门或行业的发展常因科学技术、生活习惯等方面的原因而受到正负不同的影响，因而在不同的行业或部门之间投资有利于分散风险。

4）公司分散化。这种方法是分别投资不同公司发行的证券以降低风险。

5）国别分散化。这种方法是在不同国家进行投资以分散风险。

6）时间分散化。非营利组织在投资时间上进行分散也能有效降低投资风险。

5.3 资助管理

非营利组织对资助的管理主要体现在对外资助项目的财务管理上，因此只有对其他机构有资助活动的非营利组织才具有资助管理的问题。令人困惑的是，几乎所有的教科书都详细讲述了募捐和组织内部财务管理，而不讲资助或资金支出管理，似乎非营利组织只应该关心如何募捐到钱，而花钱是件非常容易的事，人人都会，无师自通，不值得专门研究、学习、讲解。把钱花掉，确实不难，但是把钱花好，却不是件易事，相反，是一件很难的事。

值得警惕的是，非营利组织的风险、危机绝大部分发生在花钱环节，欺诈、腐败、低效都是在花钱过程中暴露出来的。

更为重要的是，要钱不是目的，而是手段，花钱做事才是目的。目的丧失了，手段再高明也没有用，甚至越高明结果越糟。资助项目财务管理主要包括五项内容：建立资助管理制度、立项报告审查、预算审查、终了审计和奖惩制度。

5.3.1 建立资助管理制度

资助型非营利组织在资助其他组织前应建立一套完善的资助管理制度，以实现对项目的监督和管理，尤其是实现对资金的严格管理。非营利组织领导者更换比较频繁，组织人员流动性强，因此建立规范的资助管理制度对提高管理成效具有重要意义。管理制度应包括以下内容①：

（1）对资助项目的管理要规范化。项目管理的规范化对于提高非营利组织项目管理的成效具有重要意义，一套简单而高效的规范化项目管理流程有利于项目管理的可持续性。有了流程，管理资助项目时就知道该如何做，根据流程应监督哪些关键环节。为了提高项

① 金罗兰．我国非营利组织与项目管理．北京工商大学学报（社会科学版），2005（6）．

目管理人员的工作效率，还需要建立一套符合资助项目特点、可操作性强的项目管理模板。

(2) 有条件的资助型非营利组织可以开发一套项目管理软件。项目管理软件的开发应充分考虑组织资助项目的特点和管理环境。除了基本的管理功能外，还应包含日志系统、项目经验共享库和邮件系统。

(3) 制定项目成功的标准，注重项目运作效率。非营利组织虽然不以营利为目的开展项目，但这并不表示项目管理不用顾及效率。非营利组织项目管理也需要控制成本，优化资源，提高效率。项目成功标准的制定有助于提高项目管理的效率，激励项目团队的士气。虽然对非营利组织的"项目成功"与否有不同的判别标准，但项目本身的实现是一个重要的方面。比如，在预定的时间期限内，在预算的成本范围内，在适当的性能规格下，实现项目。此外，项目的社会影响也是评价项目成功与否的重要指标。

(4) 建立与各获得资助组织之间的交流、经验分享机制，加强和同行业组织，包括外国同行业组织之间的交流，在合作中认真学习研究其他组织的先进项目管理经验，提高项目管理的水平。

中国人民大学非营利组织研究所对南都公益基金会进行了"5·12灾后重建资助项目"管理培训，在培训中提出资助方对资助项目的管理应包括以下内容：确定资助范围、发布资助信息、建立评审规则并进行评审、建立项目管理规范、监控项目实施、验收项目、评估及反馈、扩大影响及做出社会交代。其中建立项目管理规范的内容包括：

(1) 项目实施前，资助方与受助者签订《资金管理协议》，对资助项目进行科学管理。《资金管理协议》应包括的关键内容有：接受资助协议、预算及其组成条款、管理规划、汇报要求、期限、续展投入、对资助的公益项目进行专项审计①。

1) 接受资助协议。关于此问题，各资助型基金会有不同的要求。不管生效的政策如何，第一步就是要确保受助者理解并接受许可书的条款。

2) 预算及其组成条款。在项目实施过程中，受助者常常极想对协议书做一些调整，所以协议必须强调受助者在调整之前一定要得到项目管理者的允许。根据基金会的政策，还会涉及其他一些预算问题。如果受助者在许可的第一年没有花完资金，基金会是否允许受助者把这些资金延续到下一个许可年，还是要求归还没有花完的资金？从开始就解决这些问题能够避免将来的混乱。

3) 管理规划。必须向受助者说明管理规则。应该与受助者就以下事项达成协议：项目可以从受助者那里得到多少技术帮助、在许可期限内是否要进行实地考察。资助方也必须让受助者明确一点：任何管理方面的变化都应通知资助方，并获得资助方的批准。

4) 汇报要求。受助者理应知道他们应该汇报项目的进展情况。确切地说，采用何种汇报形式——叙述性的、财政性的或是其他方式？最后期限是什么时候？哪些基本信息必须包括在汇报中？迟延汇报将会有什么制裁和惩罚？没有汇报是否会导致迟延支付，或者是取消以后的支付？怎样能有个稳定的价值反馈系统，以使每个人都从教训中受益？

5) 期限。应该给受助者一个明确的期限指导，根据这个期限，资助方可以预计项目

---

① 中国人民大学非营利组织研究所对南都公益基金会"5·12灾后重建资助项目"管理培训资料，2009年2月。

的开展。如果一个项目比计划慢了，受助者是否可以在汇报前请求延期？如果误期了，是否会引起支付的迟延和取消？有没有可能重新就项目和计划评估进行谈判？

6）续展投入。从资助一开始就提出这个烦人的事项是明智之举。因为许多受助者坚信取得资助就像取得律师资格一样，认为只要越过了这个障碍，通过了考试，就拥有了终身执业的资格。其实不然，受助者能否继续得到资助需按合同约定情况执行。

7）对资助的公益项目进行专项审计。资助机构有权监督和检查资助的使用情况，任何单位和个人都不得挪用或通过其他非法手段侵占、不当使用项目资助。

（2）限制支付和终止资助。不正当的预算行为、汇报的不规范和不令人满意的进步和成果等违反规定的行为都会引发限制支付。很有必要在后期会议上把这些违规行为将会带来的危害说清楚。假如申请机构违反了协议，需要迅速做出反应。因为如果受助者违反这些规定却没有造成任何不良后果，那么受助者还会做出违反规定的行为。当限制支付时，要向受助者解释清楚为什么要这么做，也要直接明了地告诉受助者，如果想要重新获得拨款，对方必须在什么期限内做到什么。没有什么比体验拨款被搁置更能促使受助者做改变的了。终止拨款就像是基金会的热核武器，具有巨大的威慑力，也是一般不会使用的方法。如果决定终止拨款，那么未用的资金必须退还给基金会。

（3）退出策略。基金会永远也不要在不知道如何退出的情况下贸然着手做项目。更严格地说，基金会需要针对它做的不同的资助项目设定退出策略。退出策略通常由一些同等重要的子策略构成。其中包括促进项目财政、向重要利益相关方通知其成就、帮助受助者发展领导能力、发展支持性公共政策等子策略。整个退出策略应该在咨询受助者的过程中发展起来，并随其进程不断地做修改。

（4）技术帮助。无论资助与否，资助方都要对申请人和受助者发出的求助信号迅速做出回应，而且要把握主动提供帮助的机会，而不是单纯地等受助者来找自己。受助者需要的技术援助包括：人员管理、筹款、制订计划、协调公共关系、危机管理、政策倡导等。

（5）项目管理的可能性和可行性。项目管理应该建立在基金会与受助者的沟通与合作的基础之上。双方要有充分接触。这种交流不限于书面文字，也包括偶尔的电话讨论和至少一次对该项目的实地考察。在考察中，资助机构派遣的项目官员不仅要访问项目的直接负责人，也要与该项目所属机构的高层领导人接触。项目官员要努力提升自己，在与受助者接触中要力戒专横、专制。项目官员很少能达到这种管理项目的水平。有些受助者更喜欢在没有基金会的严密监控下操作项目，他们觉得这样正合他们的心意，虽然这样做会缺少项目官员本应提供的指导、技术帮助和综合把握。没有必要指责这一点，因为绝大多数受助者愿意有一定的自由操作空间。

（6）管理陷阱。资助方在对受助者的管理中经常会出现以下问题：

1）疏于管理。有些项目官员收到拨款之后，就忘了对资助项目的管理。要管好项目，需要勤奋。会见申请者、阅读意向书、及时地回答对方提出的各种问题、实地考察项目进展情况等，这些都需要时间、精力和责任感。

2）过度干预。“疏于管理，放任自流”不好，“过分热心，过度干预”同样也是问题。项目官员要成为一个“旁观的指导者”，而不是去做一个“实际的执行者”。

3）忽视“好孩子”。少数“问题孩子”占据了父母绝大多数的精力和注意力，而那些好孩子却缺少关心。同样，“问题项目”总是要花费大量的时间，结果没有足够的时间来管理好的项目。

4）忽视普通项目。普通项目是最容易被忽视的。这是错误的。首先，任何得到资助的项目都值得投入管理资源。其次，普通项目往往与好项目的差距并不大，也许一点及时的帮助就可能使之成为优秀的项目。

资金管理方面还要提前确定资助总额和单个项目的额度，确定资金拨付制度。资助机构在资助前应根据项目具体情况，确定每个分项目资助金额的浮动空间，鼓励确有成效和有推广价值的项目继续申请。资助可以分两次拨付款项，第一次拨付项目总金额的90%，在收到执行机构提交的项目总结报告后支付剩余的10%。也可按照6∶3∶1的比例分三期拨付。

5.3.2 立项报告审查

资助机构应对申请者提交的立项报告进行严格审查，立项报告包含的信息是资助机构判断是否批准该申请的重要依据。审查立项报告时应注意审查以下内容①：

（1）申请组织信息：包括组织名称、组织类别、灾后重建参与领域、联系信息、专业经验等，投标机构应附上法人执照电子扫描件。

（2）项目基本信息：包括项目名称、实施地点、项目设计方向、项目团队介绍、项目周期、项目合作机构、项目概述（简要说明待解决问题或需求、解决方式、组织机构及专长、项目的重要性和必要性）。

（3）项目详细信息：关于项目怎样实施和评估的具体细节，包括以下五个部分：

1）目标和方式：简述项目投标机构认为存在并准备解决的问题或需求，以及准备采取的方式和途径。

2）活动计划：说明为了实现目标，将要开展哪些具体活动，如何、何时实施以及为此进行的人员配备和管理计划。

3）困难：预计实施过程中可能遇到的困难和风险，并说明如何克服困难和规避风险。

4）结果和成效：说明项目预期结果和成效，采用哪些评估指标，如何收集评估信息、进行数据分析，以不断改进项目实施的效果。

5）可持续性：说明项目结束以后，是否能对当地社区产生长期的影响，或者是否可以探索出一套有效的模式，强调长期效应。

（4）经费预算：对项目经费进行说明和注释，预算包括费用明细、项目申请资金和其他经费来源等。

5.3.3 预算审查

有些机构为了骗取资助，向资助机构提供虚假信息。资助方对申请者提供的预算进行审查时应注意以下问题：

（1）提供的预算是否符合项目实施的实际需求。有些组织在预算中列出的支出项目并

---

① 南都公益基金会“5·12灾后重建资助项目”立项报告的内容。

不是为该项目服务的，或者该项支出明细中只有部分与本项目有关，要防止有些机构其他项目经费来源不足而挪用本项目经费进行填补的问题。同时，由于我国一些草根组织存在着办公经费不足的状况，所以这些组织为了弥补办公经费的缺额会在预算中增加部分支出类别的预算，而将多出的部分用于机构的办公经费。这种方法会带来两个问题：一方面，将开展项目活动的经费与办公经费混在一起，如果被资助机构在具体操作过程中缺乏有效的控制，会导致办公经费的比例不断增加，而实际用于开展活动的经费逐渐减少，从而无法保证项目的预期效果；另一方面，资助机构一旦发现被资助机构将经费用于机构的日常开支而没有用于开展项目，就会失去对被资助机构的信任，从而减少甚至停止资助。这些问题，资助机构在预算审查阶段都要仔细辨别，认真判断。

（2）预算中的支出与市场实际价格存在偏差。有些机构在申请预算时列出的人员费、通信费、场地租赁费、差旅费等支出明显高于当地市场实际价格，或者与实施该活动的平均支出有明显出入，在审核项目预算时要仔细辨别，对与实际市场价格不符的支出要进行削减。

资助机构应对立项报告中的项目预算进行审查，发现问题及时予以纠正。如果项目预算中存在问题可要求申请组织整改，对问题严重又不按要求改正的应及时取消其申请资格。

5.3.4 终了审计

资助项目结束后，资助机构应对项目财务状况进行审计，对被资助机构提交的财务报表进行核查，检查各项财务支出是否真实，发票和收据是否符合要求。资助机构可以聘请第三方评估机构对资助项目进行评估，如南都公益基金会“5·12 灾后重建资助项目”结束后聘请中国人民大学非营利组织研究所进行项目实施效果评估，也可以请专业审计机构对项目实施机构进行审计。终了审计是衡量项目资金使用情况和项目实施效果的重要环节，通过审计能发现资金使用上存在的问题，对资金使用的不规范情况进行正确引导，对挪用、贪污项目资金的情况进行严惩，对财务管理规范、资金管理透明的组织进行奖励和表彰，激励被资助机构不断提高财务管理水平。

5.3.5 奖惩制度

针对项目实施过程中的检查和项目结束后的审计，对存在问题的组织及时进行制裁，对财务规范、资金使用效率较高的组织进行奖励。

对未按照资助方要求且违规使用资金的组织，应采取以下惩罚措施：

（1）对财务管理混乱，未能按照要求使用项目资金者，停止对其余款的支付，在网站上公布该组织名称及审计发现的问题。以后也不再对该组织进行资助。

（2）对挪用甚至贪污项目资助经费等情节严重者，移交公安机关和司法机关处理。对该组织及其负责人进行通报，并尽可能追回部分资助。

对财务管理规范、资金使用效率较高、活动效果明显的组织，应给予一定的表彰和鼓励。可采取以下奖励措施：

（1）可给表现较好的组织以一定的资金奖励，鼓励其不断提高财务管理水平，提高慈善资金的使用效率。

（2）对这些优秀的组织授予荣誉称号，颁发荣誉证书，使其获得精神奖励。

（3）在以后的项目申请审查时，可给过去在项目执行中表现出色的组织以更多机会，重点考虑其申请请求。

本章小结

财务管理对非营利组织的生存和发展具有重要影响，本章以资源的输入、处理和输出为主线，讲述了非营利组织募捐、财务管理、资助管理的相关知识。通过本章的学习，我们应对非营利组织的资金来源和使用有整体的认识。非营利组织管理者要对政府、企业、基金会和个人等捐赠主体的捐助动力有清晰的认识，灵活运用各种募捐方法扩大组织的公益资源；要准确把握财务预测、财务决策、财务预算、财务控制和财务分析等财务管理的各个环节，增强财务管理的效果；要注意对组织捐赠资金的投资管理，对投资风险和预期收益进行准确分析，以保证组织公益资源保值增值；要加强对组织资助的管理，提高资源的使用效率，增强公益项目的效果。除此之外，非营利组织的资源来自整个社会，组织还应确保财务信息的公开、透明，主动接受外部审计机构和公众的监督，以获得社会各界的认可，提高组织的公信力。

关键术语

资金管理	财务管理	财务报告	财务决策	财务预算
财务控制	财务分析	资产	负债	财务会计报告
零基预算	弹性预算	外部审计	投资管理	目标群体
活动募捐	一对一募捐	联合劝募	承诺性捐赠	计划捐赠
网络募捐				

复习思考题

1. 非营利组织如何才能获得持续、稳定的公益捐赠？
2. 非营利组织为何要进行财务管理？其价值和意义是什么？
3. 从营销学的角度来看，募捐的模式可以分为几类？
4. 请列举一下可能存在的募捐方法。
5. 非营利组织如何才能实现募捐资金的保值和增值？
6. 你认为非营利组织资金管理和企业的资金管理在目标、方式和内容上有何异同？原因是什么？

参考文献

1. 科特勒，安德里亚森. 非营利组织战略营销. 北京：中国人民大学出版社，2003.

2. 迪斯. 非营利组织管理. 北京：中国人民大学出版社，2004.

3. 盖特拉. 21 世纪非营利组织管理. 北京：中国人民大学出版社，2003.

4. 诺顿. 全球筹款手册. 北京：中国人民大学出版社，2005.

5. 史密斯-巴克林协会. 非营利管理：第 2 版. 北京：中信出版社，2004.

6. 金罗兰. 我国非营利组织与项目管理. 北京工商大学学报（社会科学版），2005（6）.

7. 龙云飞. 财务管理学. 北京：中国人民大学出版社，2004.

8. 苗丽静. 非营利组织管理学. 大连：东北财经大学出版社，2006.

9. 孙玉栋，张斌，樊勇. 民间非营利组织会计实务. 北京：清华大学出版社，2006.

10. 王名. 非营利组织管理概论. 北京：中国人民大学出版社，2002.

11. 袁志，等. 民间非营利组织会计实务. 北京：经济科学出版社，2004.

12. 张纯. 非营利组织理财. 上海：上海财经大学出版社，2007.

13. 张洪武. 非营利组织经费来源：发达国家的经验与我国的现实选择. 重庆社会科学，2007（8）.

14. 张玉磊. 困境与治理：非营利组织的市场化运作研究. 中国农业大学学报（社会科学版），2008（4）.

第 6 章

无形资产管理

许多非营利组织属于典型的知识密集型和劳动密集型组织。没有大楼，也没有多少值钱的设备，办公室也是租来的。自有资金不多，且大多数资金属于受助者。员工是雇来的，随时可以走人。它们拥有的最主要的资产就是广义的知识。但是这些无形资产往往存在于员工的头脑中，因此在管理上存在着风险。下班之后，组织就成了空壳，因为无形资产都被员工带回家了。如果主要员工辞职了呢？是不是机构就要关门了？可见，对非营利组织而言，无形资产管理是至关重要的。

存在于员工头脑中的无形资产是员工带得走的资产，存在于组织中的无形资产是员工带不走的资产。要把员工头脑里的数据、知识、技能都留下来，使之成为组织的资产，而不是个人的资产，这是无形资产管理的重要职能之一。

本章内容共分为三节：第一节介绍无形资产的定义及分类；第二节介绍知识的定义及分类，知识管理的定义、任务和方法，知识的分类管理；第三节讲外部无形资产的管理。本章内容的重点是介绍非营利组织内部无形资产的管理即知识管理，同时还介绍了组织外部无形资产管理的相关内容。

6.1　无形资产的定义及分类

6.1.1　无形资产的定义

无形资产是会计领域中的概念，综合比较现有关于无形资产的诸多定义①，本书将无形资产界定为：组织出于产品和服务供应或管理目的而持有的无实物形态的、非货币性的且具有收益价值的长期资产。无形资产包括内部无形资产与外部无形资产。

---

① 蔡吉祥. 无形资产学. 修订本. 北京：人民出版社，2007：15；于玉林. 无形资产概论. 上海：复旦大学出版社，2005：22.

6.1.2 无形资产的分类

最近十多年来，无形资产管理理论获得了较快发展。关于无形资产，研究者一般使用三个维度进行分类：一是按照无形资产的属性，可分为基础资产、智力财产资产；二是按照无形资产的分布，可分为组织内的资产（如基础资产）和组织外的资产（如市场资产或顾客资本）；三是按照无形资产的稳定性，可分为个人性资产（如以人为核心的资产）、员工带得走的资产、机构性资产、智力财产资产和员工带不走的资产。

其中较有代表性的分类是安妮·布鲁金提出的，她把企业的无形资产分为四项：市场资产、智力财产资产、基础资产、以人为核心的资产①。这种分类方法对非营利组织的无形资产同样适用，只是各项的具体内容有所差别。

市场资产是指那些属于公司并能在市场竞争中提供力量的资产。它们包括商标、公司的市场定位、顾客基础、公司名誉、销售渠道、合作关系、特许协议、许可证书、有利的合同等。对非营利组织来说，市场资产包括组织的信誉和形象、组织公信力、捐方基础、合作关系等。

智力财产资产是思想资产，属于公司，它们受法律保护。这些资产包括专利、商标、版权、商业秘密等。非营利组织的智力财产资产包括组织的商标、版权和专利等。

基础资产的范围广泛，包括能使机构运转的管理哲学、公司文化、管理和经营流程、财务结构、方法论（评估风险的方法、管理销售人员的方法）、市场或顾客信息数据库、通信系统（电子邮件和电话会议系统）等。从根本上说，基础资产是形成机构运行方式的要素，这些资产属于公司。非营利组织的基础资产主要包括组织文化、管理方法、组织结构、捐方信息、通信系统等。

以人为核心的资产包括由机构雇员具体表现出的集体专门技术、创造和解决问题的能力、领导能力、企业家和经理的管理技能。它还包括心理测试数据和个人在特定条件下的表现。以人为核心的资产对非营利组织来说更加重要，因为非营利组织最重要的资产就是人，包括组织的理事、管理人员、志愿者等。

与市场资产、智力财产资产、基础资产不同，以人为核心的资产不能归公司所有，它属于员工。奴隶制时代过去了，员工有权离开公司并带走他们头脑里的知识，而不管公司的感觉如何，这就是公司的风险。失去不可或缺的知识，这也是公司丧失关键人员的代价所在。同样，以人为核心的资产也不属于非营利组织，而是属于个人。如果工作人员或志愿者离开了非营利组织，一些关键知识和技能就可能丧失，这也是非营利组织无形资产管理的风险所在。

本书将非营利组织的无形资产分为内部无形资产和外部无形资产，其中内部无形资产包括数据、专业知识或技能、财产型无形资产，外部无形资产包括外部社会关系、公信力或品牌（见表 6-1）。

---

① 布鲁金．企业记忆：知识管理战略．沈阳：辽宁教育出版社，1999：15-22.

表 6-1　无形资产分类体系

内外分布	属性	定义或内容
内部	数据	是事实、图片和数字，没有特定的环境
	专业知识或技能	包括存在员工大脑里的技能、存在组织结构内的技能和组织文化
	财产型无形资产	主要包括三种形式：注册登记、商标权、签订合同
外部	外部社会关系	主要包括与普通志愿者、资助方、受助者、政府、公关公司、审计机构、研究机构等的关系
	公信力或品牌	公信力是外界对组织的看法、评价

6.2　知识及知识管理

6.2.1　知识及知识管理的重要性

知识与技能是人力资源品质的核心要素。知识可以建构组织的竞争力，因此组织的管理者纷纷采取各种方法将组织的内隐知识与经验转换成具体化的知识。而组织的绩效则有赖于组织的成员将个人的知识转换成价值创造行动。

组织的知识创新与发展可提升组织的人力资源价值，强化组织的竞争力，创造组织永续经营的基础。

对组织知识进行管理具有重要意义，因为知识可能存在于机构的各个方面，它常常被分割成碎片，从而使机构受到损失，因为没有哪个人有机会看到知识的全貌。例如，知识可能存在于财务执行官和推销员的头脑里，在他们写的销售报告里；也可能在顾客服务的报告里和掌管服务热线的服务人员的头脑里；也会在市场营销人员的头脑里，因为他们在准备市场营销计划时要进行市场营销分析并找顾客谈话。潜在的有用的知识贯穿在整个组织之中。只有加强对组织知识的管理，才能有效利用组织成员具备的各种知识，提升组织综合能力①。

6.2.2　知识及知识管理的定义

1. 知识的定义

“数据”“信息”概念对于我们理解“知识”非常有价值。“数据”是事实、图片和数字，没有特定的环境。例如，一个人名、地名、电话号码、捐款数额。“信息”是编制好的数据，具有内部结构和特定的环境。例如，一所大学的名册、街区地图、电话黄页、捐款记录。“知识”是有一定结构、环境的信息，加上如何运用它的理解。例如，关于募捐的知识是运用一套专门的方法对捐款记录进行分析处理之后获得的。

达文波特和布鲁萨克将知识定义为：“一种流动性质的综合体，其中包含结构化的经验、价值与经过文字化的资讯，也包含专家的独特意见、经验、整合能力，以及提供资讯

---

①　布鲁金．企业记忆：知识管理战略．沈阳：辽宁教育出版社，1999：11.

的架构等。”

江明修、蔡胜男指出：“知识存在于个人的头脑中，而人类经由了解、认同、诠释及内化，以增强组织的竞争力，且知识通常经由员工的脑力激荡创造出来，再透过组织文化、组织产品规范、作业系统等过程，对组织知识进行有效的掌握。综言之，知识是一种流通的行动能力，包含资讯、资料、价值观、经验、技能、意见、洞识，藉以提供吾人一个分析与整合的架构。”

安妮·布鲁金在《企业记忆：知识管理战略》一书中提出了几个关于知识的有用概念，即明确的知识、模糊的知识、系统的知识、常识、自动的知识、理想资产和关键性资产①。

“明确的知识”，是一个人能够传递给另一个人并且得到检验的知识。这是指它可以用语言说明，更常用的方式是文字表达。明确的知识类型包括写在业务操作手册和其他文件中的知识。以任何文件形式表示的知识都已经被明确化，明确的知识包括使用说明书、业务操作手册、培训教材等。当然，形成文字并不意味着其他人能够理解，即使理解了也并不意味着能够得到有效的使用。

“模糊的知识”，是没有被明确化的知识。或者是因为掌握这种知识的人不知道怎样恰当地传递它，或者是因为根本不可能传递，属于那种“只可意会，不可言传”的东西。所以，有时候有必要找到一种使模糊知识形象化的方法，这样才能把它解释清楚。由于编撰过的知识比未编撰的知识更容易交流，所以当一种知识（如操作技术）被编撰之后，就能以文字的形式方便地传递给其他员工。这样一来，它就成为一种明确的、稳定的操作方法和管理程序。与此同时，个人知识也就转变成了组织知识。所以说，明确化的知识创造组织资产。

“系统的知识”，是怎样完成事情的知识。它包括解决问题的策略、方法论等。这类知识对于任何组织的运作都是必不可少的。这类知识最初是模糊的，其方法也许只是一个想法，当人们具有了开发系统和制定方法等方面的能力后，就可以把这类知识编成资料并提供给其他人使用。

“常识”，是真实的而且被广泛运用的知识，以至于人们已经无须把它们编撰成文件。只有违背常识时人们才能察觉到它们的存在。

“自动的知识”，是常规的工作知识，并且大部分是模糊的知识。这是我们不用思考就能应用的知识。其要点是使用这类知识的人只是“做事”，根本没有必要仔细地考虑他们为什么或怎么做一项特定的工作。如果自动的知识在机构内很重要，那么就应该进一步考虑它是否是关键性的或是宝贵的。假如知识既是关键性的也是宝贵的，那么下一步是确定它是否可以被编撰。如果它不能被编撰，那么一定要采取各种措施对它进行复制。

“理想资产”，是一组为击中组织目标而必须到位的资产。

“关键性资产”，是完成目标必不可少的资产。关键性资产是理想资产的组成要素。

2. 知识管理的定义

知识管理是指组织获得资料、资讯与经验，并将其整合、创造成为有利于组织发展的无形资产。知识管理涉及组织记忆、组织学习、组织对知识的运用。它体现了组织成长的

---

① 布鲁金. 企业记忆：知识管理战略. 沈阳：辽宁教育出版社，1999：28，30，48-60.

阶段和成就。

邹慧玲认为，知识管理是指对个人或组织内的经验与知识进行有效的记录、分类、储存、扩散，以及更新的过程，其主要的意义是管理知识的流动，让需要的人可以在正确的时间获得正确的资讯，并付诸必要的行动，也就是将组织内分散的知识透过管理途径纳入所建构的系统中，以便后续进行分析与分享。换言之，知识管理的重点在于知识的分享，同时建构一个分享的组织形态，让知识分享的气氛形成正循环，再加上资讯科技的辅助，使知识的搜寻、获取与分享变得更为容易①。

厄尔认为，要建立以知识为战略性能力的组织，其知识管理模式至少要有四个要素，分别为知识系统、网络、知识工作者、学习型组织②。

知识系统，即组织必须有一个分散式的程序控制系统来吸收经验，诸如储存全公司档案的资料库系统，或是决策支持系统，以及容易获取知识与经验的系统。

网络在知识的获取、建立、传播上扮演重要的角色。

知识工作者，即创造和运用知识的人。

学习型组织，即整个组织只有不断地学习，知识才能发挥最大的功效与价值。

综合而言，知识管理的过程包括四个环节：创造、储存、分享、扩散。创造知识，是指内部创造，当然还有外部引进，如购买图书、招聘员工等。储存知识，是指知识储存于个人头脑中。但是更重要的是，把个人化的知识，通过知识萃取文字化，建立档案或知识库，使之转变为机构化知识。分享，即人际传播，是知识传播的个人化策略。扩散，即通过非人格的媒介传播，是知识传播的系统化策略。

6.2.3　知识管理的方法

1. 各种方法与各种知识之间的关系

江明修等人从三个维度考察知识管理：一是无形资产类型维度，如人力资本、结构资本、顾客资本；二是过程维度，如知识创造、知识分享、知识积蓄、知识扩散；三是方法维度，如头脑风暴法、师徒制、培训等。他据此构造了一个系统性的表格（见表 6－2）。本节所讲述的知识管理主要涉及表格中的人力资本和结构资本部分，该部分属于非营利组织内部无形资产管理的范畴。

表 6－2　非营利组织知识管理方法

智慧资本	知识管理的过程	采用的方法
人力资本	创造	头脑风暴法（创意问题解决、德尔菲法、组织决策研讨会）
	分享	工作坊、师徒制、工作经验分享、读书会、大型会议、实务社区、知识展览会
	积蓄	文件管理、档案管理、建立知识库
	扩散	使用电子邮件、设置知识看板、常见问题集、信息管理系统

① 江明修．非营利管理．台北：智胜文化事业有限公司，2002：176.

② 同①178.

续前表

智慧资本	知识管理的过程	采用的方法
结构资本	创造	组织成员彼此沟通、发布新闻简讯、召开大型会议
	分享	组织成员经验传承、在做中学
	积蓄	组织成员在职训练学习新知、外聘讲座进行专题演讲
	扩散	认知思维的改变、建立团队工作、营造卓越中心
顾客资本	创造	谨慎处理顾客意见、引进顾客知识
	分享	与顾客进行沟通、分享顾客观念
	积蓄	维持顾客忠诚度与策略伙伴关系、建立顾客知识库
	扩散	向顾客学习、建构网络与顾客联结

资料来源：江明修. 非营利管理. 台北：智胜文化事业有限公司，2002：154.

2. 知识管理的主要方法①

知识管理的任务就是要了解：谁知道什么？他的知识有什么价值？如何把他的个人知识转化为机构的资产？如何让其他人分享他的知识？最后，如何让他为组织创造更多的更有价值的知识？那么，组织实施知识管理的方法有哪些呢？下面将介绍一些最常用的、主要的知识管理方法。

（1）购买图书。

购买图书是引进外部知识的方法之一。读书和思考可以吸收外部有用的知识，根据组织自身的实际状况，对外部的知识加以利用。这种方法可以节约自身试验、总结知识的时间和经济成本，可以高效利用已有资源。随着电子计算机的发明以及互联网的普及，人们可以通过互联网获得更多有用的信息，电子图书被越来越多的人使用。非营利组织工作者可以通过购买各种图书和电子书籍，学习开展各种活动、组织管理等方面的知识，提高组织工作人员的能力和素质。

（2）参加会议。

参加会议也可以引进外部知识。各种经验交流会，如先进工作者表彰会、行业发展论坛、沙龙等都是交流经验、学习知识的好机会。首先，通过会上交流，对别人的先进经验和模式进行借鉴，对别人失败的教训进行总结，防止类似错误在自己身上重演。其次，通过交流，还能发现本行业的最新动态和发展趋势，了解行业热点和大家普遍关心的问题，为确定本组织今后的工作重点提供参考。最后，通过会议交流，能找到本组织与同类其他组织之间的差距，摸清自己在本领域所处的位置，从而为自己准确定位和制定发展战略提供重要依据。

（3）招聘。

招聘是引进外部知识的另一种有效方法。

有时候，非营利组织没有时间以培养、训练等手段增加已在组织中工作人员的知识。这时候“聘请高手”“引进人才”是组织进行知识创新的最经济的方法。知识存在于人的

---

① 江明修. 非营利管理. 台北：智胜文化事业有限公司，2002：134-147.

大脑中，新员工的到来也意味着新知识的到来。招聘工作人员时要注意应聘者的知识背景、能力素质，要综合考虑组织整体知识结构的科学性，要使成员之间的知识优势互补，尤其要重视对组织短缺人才的招聘。把人才引进组织也存在着一定的风险，他们有可能不能融入组织的文化之中。如果有宝贵知识和新技能的人能马上被同化，并且能与同事交流他的知识，那么结果是有益的；如果引进的人才由于某种原因感觉很难融入集体，那么不管他有多大价值，同事们会忽视他的知识。

（4）社会调查。

社会调查是通过实践方式获得知识的方法。通过实地考察，了解事情发展的真实状态，对调查获得的信息资料进行统计分析，从而得到有价值的结论。社会调查的主要方式包括问卷调查和深入访谈。问卷调查要注意样本的选取是否具有代表性、问卷问题的设计能否反映所需的关键信息、问卷信息的处理是否科学等，访谈要注意访谈对象的选择、访谈提纲的拟定是否科学、访谈方法和技巧是否合理等。与购买图书相比，通过社会调查获得知识的优点是能获得第一手的资料，所得信息数据更具有说服力；缺点是需要耗费更多的时间、精力和资金，如果调查方法和实施过程控制不好，还可能得不到最有价值的信息，最终分析得到的知识价值也不大。

（5）头脑风暴法。

大多数组织的创意是通过集体讨论的方式产生的，其中最著名的方法就是头脑风暴法（又称“脑力激荡法”）。头脑风暴法可以汇集众人的智慧，创造性地解决问题。这一方法不仅效果显著，而且容易进行，也容易学习。

头脑风暴法应该遵循以下四项原则：1）严禁压制，对任何人提出的任何意见都不许批评打压；2）自由奔放，解放思想、畅所欲言，即使离奇古怪的想法也欢迎；3）多多益善，从大量试探中产生最好的结果；4）搭便车，结合并改善已提出的想法，做更进一步的发展。

头脑风暴法有许多具体实施方式，如创意问题解决、德尔菲法、组织决策研讨会。

（6）工作坊（work shop）。

工作坊常用在临床心理学上，也被广泛地用在戏剧、舞蹈等创造性的活动中，现已成为不同族群、不同立场的人以参与和创新的方法去思考与探讨问题，并找出解决之道的对策。参与工作坊的人要秉持参与、沟通、动手做以及学习精神，来解决所有必须面对的问题。而工作坊的重点不在于方法，而是以人为主，如果缺少对人的关怀，再好的方法也不过是技术而已。

斯图尔特曾提出未来愿景规划工作坊的概念，意即经由工作坊的方式来发展组织未来的愿景。其步骤为：领导者召开组织未来愿景规划的两重工作坊。第一重工作坊的重点在于组织未来愿景规划，第二重工作坊的重点在于确定组织目标的价值及执行目标的方法。

（7）读书会。

读书会是指一群读者在一起交流、讨论读书心得。其前提预设是，人们要以阅读来吸收知识与激发思考，并通过与其他阅读者的相互交流、激荡，跳出思考的盲点，挣脱知识的陷阱。

读书会是一种自主、自动、自由、自愿的非营利组织，通过成员阅读书籍、分享心得、讨论各种不同观点，不但可以吸收新知、激发思考，使人们走出封闭的心灵，还可促进个人对组织的向心力，具有凝聚人心的力量。

读书会这种集体学习方式具有知识分享、知识积累、知识创造的功能，同时还可满足个人的归属与认同需求，是人类的互助之道。

（8）实务社区。

实务社区是一种学习型组织。实务社区是指为了共享知识、利用经验、将个人能力转变为组织能力而聚集起来的组织，属于“知识工作者的非正式网络”。

实务社区透过组织学习的理念，使组织成员能够进行知识分享，以解决他们工作上的问题。

实务社区进行知识创造与分享的方式有组织成员对话式的讨论、举办大型会议、举办技术研讨会、聘请讲师演讲等。对硅谷的研究表明，这种实务社区（非正式网络以及支撑它的文化）对硅谷的技术创新、企业形态、区域整体竞争力具有决定性的影响①。

（9）师徒制。

知识分享的方式很多，如说故事、分享经验、讨论、对话、沟通、举办研讨会等，但长期而有效的方式之一是实行师徒制。一般常见的师徒制方式为“老鸟带雏鸟”。

师徒制可以是“一对一模式”“一对多模式”“多对多模式”，以上模式各有千秋。同时，学徒之间应采取能力互补的方式，直至完成老师规定的任务。

（10）培训。

参加培训是非营利组织工作者获得新知识的重要途径之一，也是每个工作者的基本义务之一。原因有两个方面：一方面，有些人进入非营利组织之前只有一腔热情，但缺乏具体的工作技能和专业知识，这些人进入组织后应积极利用各种机会参加专业知识培训，不断提高自身提供公益服务的能力。另一方面，当今社会是知识经济时代，各种知识更新很快，社会日新月异，每个人都要不断学习才能跟上时代进步的步伐，当初进入组织时每个人掌握的知识已不能适应社会发展的要求，应不断参加各种新知识、新技能的培训，不断提高工作能力。

（11）知识展览会。

知识展览会是运用结构化知识交流场合的设计观念，邀请研究单位、民间非营利组织摆设摊位展示资讯，提供员工及志愿者非正式的交流地点与场合，让平时不易见面的员工及志愿者有机会进行交流，让员工及志愿者自发地交流，即不规定员工及志愿者要与何人交谈，而是任其自由地、自然地聚集交流。在知识展览会上，参加者可以自由地走来走去，寻找新朋友，索取自认为有用的资料，以自由交谈建立新关系，发掘新的合作方式。

这种方式可以跨越组织或部门之间的障碍，进行组织的知识分享。

（12）知识库。

做笔记、写工作日志是学生、职员成功的必要方法之一，也是他们积蓄知识的方式之一。组织知识的积蓄也是组织的必要工作，影响组织的成败。

在做知识积蓄工作之前，组织要先把成员个人的知识外化，也就是使用组织共同的语

---

① 萨克森宁．地区优势：硅谷和128号公路地区的文化与竞争．上海：上海远东出版社，1999．

言，将个人知识以“成文化”的方式呈现出来，即把员工头脑中的知识转变为以文字表达的知识（说明书、手册、文件），并且在萃取成员的知识之后，将其储存在组织的知识库中，以便组织在其成员之间分享、传播、扩散。

如要真正积累组织的知识，并将员工及志愿者头脑中的知识和组织系统的知识转换成有价值的知识资产，组织就必须建立一套有效积累组织知识的系统，即建立知识库。

具体而言，知识库是指运用电脑技术和管理理念，建立涵盖组织所有知识的信息管理系统。当然，电脑外的档案柜、卷宗柜也是知识库的一种，文件、手册、说明书、录音带等都可以存放于其中。

可见，尽管知识是无形的，但是通过“成文化”，我们能够把它们表达、记录、储存下来，并且借助现代科技手段对其进行有条不紊的管理。

如果没有知识库，组织就无法储存知识、积累知识、传播知识、共享知识，知识管理也无从谈起。知识库必须得到使用，还要不断增加、更新。这一切需要全体员工的共同努力。

建立知识库实际上包含了两个关键步骤，即“知识萃取”和“结构化”。“知识萃取”是指将知识系统予以分类，通过书面资料或公文档案及经验，将专业人员的认知地图转化为诀窍或准则，例如规范或指导方针的建立。“结构化”是指将知识储存在组织结构之中，借由组织结构及作业任务的正式化，将知识储存于组织之中，以减少对个人的依赖。通过建立知识库，组织把个人知识转变为结构知识。

有些组织采取的知识管理策略是以电脑为中心的，知识经过仔细分类编码之后，会储存在资料库中，组织内的任何人都可以很方便地使用资料库。这种方法被称为“系统化策略”。有些组织将知识储存在创造者的身上，主要通过人际接触与沟通来分享知识，电脑在这类组织中最主要的功能是协助员工沟通知识，而不是储存知识。这种方法被称为“个人化策略”。

显然，系统化策略倾向于把知识结构化，而个人化策略则是保持知识的个人化。两种方法各有千秋，在运用时需要因时制宜、因地制宜。

（13）设立专业知识管理职位。

由于知识管理已经成为一项重要的管理工作，因此有必要设立相应的职位，聘请专门人员负责组织的知识管理。

以上各种方法并不是平行的、并列的关系，而是存在作业逻辑上的先后关系或组织结构上的垂直关系。有的偏重创造，如头脑风暴法；有的偏重分享与扩散，如师徒制、培训；有的偏重储存，如知识库；有的则是提供知识管理的制度基础，如设立专门岗位。组织应根据自己的需要排列、组合上述方法，培育出一种与知识管理相协调的组织文化。

6.2.4 知识的分类管理

1. 数据

可以将数据定义为一个已知的事实，它能够被记录并具有固定的含义。数据是原始的、孤立的事实，从中我们可以得到需要的信息。数据是独特的信息片段，通常需要按某种特定的方法将其转换为某种格式。数据用二进制表示，是存储在计算机中的逻辑实体。一个数据就是我们所关心的周围环境中有关某情况的一个事实。比如，对一个研究开发机构来说，数据或许是新产品的最大数量 100；对一个培训机构来说，数据或许是数据库管理课程的最大报名人数。数据可以在用户的环境中以各种形式存在，具有某种含义，如某篇论文中的数据或文本，或存在某人头脑中的事实。数据也可以是物体，如文档、图片甚至是视频片段①。

与数据相关的知识主要包括三类：信息、数据库（结构化的信息）、信息管理系统。

（1）信息。

信息与数据关系密切，信息是经过处理的、有组织的或汇总的数据，可以将信息定义成相关数据的集合，它们被收集在一起，向使用者传递有意义和有用的消息，让使用者据此做出正确的决策或解释数据以得到它们的确切含义。

与非营利组织有关的信息包括资金信息或会计信息、人力资源信息、资助方信息、受助者信息、合作者信息，其中最核心的信息是资助方信息。非营利组织应掌握最基本的营销规则：第一，向老客户推销最容易；第二，“二八原则”，即大多数捐款是由少数人提供的。一般情况下，这些贡献最大的少数人基本上属于老客户。所以，资助方信息的管理和开发至关重要。

不仅仅是大的资助方，还有小的资助方。如果能积少成多，小的资助方的价值也不容忽视。但是，如果组织确定的募捐策略是面向大的资助方，有意识地放弃小的资助方，那就另当别论。

目前，在中国大陆，绝大多数非营利组织是采取大的资助方战略，通过向少数几个基金会、国际组织、企业募捐以满足组织的资金需求。很少有非营利组织主要依靠大量的小的资助方的零星捐款解决资金需求问题，这也许是因为：第一，机构声誉不够高；第二，低成本的支付方式比较少。少数大的资助方的信息不需要计算机辅助系统保存和处理，主管人员的大脑就够用了，而且从募捐角度来看，人脑记忆这种信息存储方式更加有效，也更加合理。这也是数据管理得不到重视的原因之一。

（2）数据库。

数据库是按照数据结构来组织、存储和管理数据的仓库，它产生于 50 多年前，随着信息技术和市场的发展，特别是 20 世纪 90 年代以后，数据管理不再仅仅是存储和管理数据，而转变成管理用户所需要的各种数据的方式。马丁给数据库下了一个比较完整的定义：数据库是存储在一起的相关数据的集合，这些数据是结构化的，无不必要的冗余，并为多种应用服务；数据的存储独立于应用程序；插入新数据、修改和检索原有数据均能以一种公用的和可控制的方式进行。当某个系统中存在结构上完全分开的若干个数据库时，则该系统包含一个“数据库集合”。

萨师煊认为，“数据库”是指长期存储在计算机内的、有组织的、可共享的数据集合。数据库中的数据按一定的数据模型组织、描述和储存，具有较小的冗余度、较高的数据独

① SINGH S K. 数据库系统：概念、设计及应用. 北京：机械工业出版社，2010：2.

立性和易扩散性，并可为各种用户共享①。

辛赫将数据库定义为存储在一起的逻辑上相互关联的数据的集合，用来满足组织的信息需求。从根本上说，它是一个电子文件仓库，该仓库包含了计算机化的数据文件。根据需要它可能包含一个数据文件或多个数据文件。数据库以计算机程序能快速检索到所需数据的方式来组织。数据库独立于应用程序存储数据，当数据存储结构和访问策略更改时，应用程序或查询程序无须随之更改。数据库中结构化的数据为增加新数据、修改数据或恢复数据提供基础②。

数据库管理是有关建立、存储、修改和读取数据库中信息的技术，是指为保证数据库系统的正常运行和服务质量，有关人员须进行的技术管理工作。非营利组织数据库管理的主要内容有：数据库的建立、数据库的调整、数据库的重组、数据库的重构、数据库的安全控制、数据的完整性控制和对用户提供技术支持等。

在非营利组织的日常管理中，有了这个“数据库”，我们就可以根据需要随时查询某员工的基本情况，也可以查询工资在某个范围内的员工人数等。这些工作如果能在计算机上自动进行，人事管理就可以达到极高的水平。此外，在财务管理、项目管理中也需要建立众多的这种“数据库”，使其可以利用计算机实现财务、项目的自动化管理。

（3）信息管理系统。

信息管理系统起到的核心作用是为组织运转的方式增添新的内容。应用信息管理系统可以使所有成员加深对组织潜力的了解，它将成为我们在某个领域加强合作、交流知识和专门技术的重要工具。信息管理系统往往在一个限定的领域或是范围内起作用，并且按照输入的数据和信息像专家一样工作。有时候，信息管理系统根据不完整的数据提出观点和解决问题的方案并对结论的可靠性做出判断。信息管理系统为我们提供特定领域中的深层次知识，是知识的储藏库。它为我们提供管理某些类型知识的基础结构，在知识管理中具有重要作用③。

2. 专业知识和技能

专业知识和技能主要包括存在员工大脑里的技能、存在组织结构内的技能和组织文化。

管理这些专业知识和技能的方法是知识萃取，即先编撰文字化、规范化的文档；然后存档，建立档案管理制度，达到保存、处理、传承、分享知识和技能的目标。知识萃取的结果是形成以下文字化知识：年报，战略，计划，组织、部门、项目、活动的工作总结，项目设计书，活动组织方案，章程，组织结构图，人事管理制度，财务管理制度，投资管理制度，募捐方法，各类流程说明书，等等。

3. 财产型无形资产

非营利组织财产型无形资产主要包括三种形式：注册登记、商标权、签订合同。

（1）注册登记。

注册登记也是非营利组织的一笔无形资产，因为在民政部门注册后，组织有了合法的

① 萨师煊. 数据库系统概论. 北京：高等教育出版社，2000：4.

② SINGH S K. 数据库系统：概念、设计及应用. 北京：机械工业出版社，2010：11.

③ 布鲁金. 企业记忆：知识管理战略. 沈阳：辽宁教育出版社，1999：133-135.

身份，比未能注册的组织具有更多优势。首先，注册登记的非营利组织能在法律允许的范围内开展活动，能参与政府招标的公益项目，其合法权益受到法律的保护；其次，注册登记的非营利组织比未注册登记的非营利组织具有更高的社会认可度和公信力，往往更能取得资助方的信任，从而得到更多的资助；最后，注册登记的非营利组织能享受到税收优惠，而未注册登记的非营利组织则要和营利性组织一样纳税，需要承担更重的经济负担。

（2）商标权。

商标是商品生产者或经营者（企业、事业单位、个体工商者）为了自己销售的商品在市场上同其他商品生产者或经营者的商品相区别而使用的一种可视性标志。这种标志包括文字、图形、字母、数字、三维标志和颜色组合等，商标应具有显著特征，便于识别①。

世界贸易组织对商标的定义是：任何能够将一个企业的商品或服务与其他企业的商品或服务区分开的标记或标记组合，均应能构成商标。此类标记包括文字、字母、数字、图形要素、色彩等②。

商标权，或商标专用权，是指企业拥有在某类指定的商品或产品上使用特定名称或图案的专有权利③。这种权利由商标注册人通过申请注册获得，包括独占使用权和禁止权两个方面。独占使用权指商标权享有人在商标的注册范围内独家使用其商标的权利，禁止权指商标权享有人排除和禁止他人对商标独占使用权进行侵犯的权利。非营利组织申请注册的商标受法律保护，体现其特色，代表其文化和使命的名称、图案、标志等都是组织的无形资产，应加强对这些财产的保护。

（3）签订合同。

非营利组织与资助方、合作者签订的各类合同也是组织的无形资产，这些合同规定的可能是给非营利组织提供资金、物资、智力等方面的资助和支持，合同签订以后，这些规定的内容就成为非营利组织的资产。如果资助方违约，不按照合同约定的数额和期限交付规定的内容，那么非营利组织可以依法起诉资助方，保护自己的合法资产。

当免税权、商标权或合同规定的权利等受到侵犯时，非营利组织应充分运用法律手段来保护自己的财产。

6.3 外部无形资产管理

6.3.1 外部社会关系

关系管理不同于单纯的知识管理。当然，两者也有相通之处。例如，关系管理也要管理相关的信息以及管理关系的知识。不同之处在于，关系管理不仅要管理信息和知识，还要管理关系。而后者才是关键、核心。外部社会关系管理有助于发现、建立、利用、维护关系。社会关系管理的方法包括：

---

① 蔡吉祥. 无形资产学. 修订本. 北京：人民出版社，2007：23.

② 叶惠霖. 入世与知识产权保护. 北京：世界图书出版社，2001：288.

③ 叶陈毅. 无形资产管理. 上海：复旦大学出版社，2006：3.

（1）确定利益相关者集合。将各个利益相关者排序，根据利益相关者对组织的价值，确定其优先次序，合理分配组织用于关系管理的资源。非营利组织利益相关者包括：理事、委员、顾问，如果把他们看作组织外的人的话；普通志愿者，他们毕竟不同于正式员工，可以当作组织外的人；受助者，组织真正的，也是最后的“顾客”，为他们服务是组织正当性或合法性的来源；资源提供者，大资助方或战略合作伙伴，提供资源；投资公司，帮助组织进行投资、增值；公关公司，帮助组织开展公关活动；政府，绝对重要的合作者、监管者；媒体，与外界沟通的最有效、最重要的平台，同时也是最危险的平台；审计机构；研究机构，从中获取知识支持；猎头公司，招聘；国内同行中的合作伙伴，行业内部的支持网络、专业化分工协作；国际关系网。

需要注意的是，社会关系管理的其他内容分布在本书的其他章节中，如志愿者管理、募捐管理、理事会管理。

（2）充分的双向信息沟通。双方要相互了解，具备了解的渠道和方法；用被操纵的、单向的信息传递渠道塑造出的良好形象只可风光一时，不能长久。

（3）合作。发现共同利益，寻找利益交叉点，寻找合适的方法以实现共同利益，进而达到实现自己利益的目的，合作的基础是互惠互利。

（4）寻求单方面的支持。这需要事业的感召力，个人之间的感情交流、培养、维护。

（5）购买服务。这属于雇佣关系，例如购买猎头公司、审计机构的服务。

在绝大多数情况下，组织应该采取混合策略或行动，综合运用上述各种方法。

6.3.2　公信力

1. 定义

公信力是外界对组织的看法、评价。当然，外界的看法取决于组织自身的表现。但是，外界的看法又不完全取决于组织的表现。舆论是可以引导的，可以管理的，因此外界的看法也是管理的结果。

对非营利组织而言，公信力就是该组织在社会上被公众接受和信任的程度。一个优秀的非营利组织不被任何利益集团左右，始终能够按照它的愿景和使命行动，保持其独立性和民间性。非营利组织公信力最重要的方面就是财务透明，其他还包括组织使命、品牌塑造、合法的身份、完善的内部治理结构、实施项目的效率和效果、积极回应外界问责等。

2. 概念辨析

公信力、信任、诚信、负责、问责。

（1）公信力是外界对组织的信任、好感，是组织留给外界的印象。对非营利组织而言，外界是指哪些人？首先是利益相关者，其次是一般公众。具有公信力意味着能获得利益相关者和公众的正面评价。

（2）信任是指相信对方所做的事不会对自己不利，认为对方所做的事以及承诺的不确定性和风险性较小，把对方看作是值得托付事情和共事的对象。厄尔和茨维特科维奇指出，信任是使个体能适应复杂社会环境的一种简化策略，并因此使个体从不断增加的机会中获益。贝塔指出，在不知道或不能确定他人行动的条件下，信任是特别重要的。

（3）诚信就是要求人们在行使权利和履行义务的过程中，讲究信用，恪守诺言，诚实不欺。《说文解字》中对诚信的解释是："诚，信也"，"信，诚也"。可见，诚信的本义就是要诚实、诚恳、守信、有信，反对隐瞒欺诈、反对假冒伪劣、反对弄虚作假。

（4）负责是指担负责任，如负责某项工作，或指尽到应尽的责任，如对工作认真负责。

（5）问责。在实际运用和分析中，人们从不同的角度对"问责"进行了不同的定义，到目前为止，尚未形成统一概念。根据世界银行对行政问责所做的定义①，我们对问责做了如下定义：问责是一个过程，这一过程涉及问责主体和问责对象。在问责过程中，问责对象要就其决策、行为、行为结果，向问责主体进行说明、解释、辩护，并据此接受失责的惩罚。

具体对非营利组织的问责，本书主编在《非政府组织问责：政治、原则与创新》一书中提出的问责逻辑是："非营利组织既然享受了权利，就要承担责任，就要对利益相关者负责，就要对自己的所作所为做出交代，就要接受利益相关者的询问和评估，并接受相应的惩罚和奖励。"

3. 建立公信力的方法

非营利组织建立组织公信力的方法有三种：财务透明；显示效率和效果；接受问责，承担责任。

（1）财务透明。

这是建立公信力最重要的方面，非营利组织的财务应该经过审计，并向利益相关者提交财务报告。但是考虑到不同组织的条件不同，可以对不同的机构区别对待。大机构可以聘请独立审计公司审计，小机构可以做自我财务报告。机构的年报和财务报告应寄给利益相关者。

非营利组织应该每年公布一次财务状况，包括收到了多少捐款，都用在了什么地方，要让社会公众尤其是捐赠者看到慈善资金的流向。公众不太了解慈善机构的信息披露制度，捐款之后也不知道此次募捐一共收到多少，用了多少，都用到了哪里。很多公众想知道这些信息，但往往又不会刻意去寻找这些信息。公众对非营利组织财务信息的了解受非营利组织自身信息透明度的影响，非营利组织财务透明度越高，公众对它的了解越多，非营利组织的公信力就越高。一个好项目的关键也在于透明，要让大家能看到整个项目到底怎样运作。如果公众能得到自己想了解的信息，可以知道整个项目的进展状况，也有机会参与，成为志愿者、义工或工作人员，那么这个项目的公信力会很高，从而吸引更多人参与其中。

（2）显示效率和效果。

仅有财务透明还不够，非营利组织还应追求效率。或者说，第三方评估机构应该对非营利组织的效能进行评估。例如资助贫困生，首先要有一个策略选择。有的组织可能选择"覆盖面广、捐助额小"这一策略，也有的组织可能会选择"受助者少、资助额高"的策

---

① 世界银行对行政问责的定义如下：行政问责是一个具有前瞻性的过程，通过它，政府官员要就其行政决策、行政行为和行政结果进行解释和正确性的辩护，并据此接受失责的惩罚。参见：世界银行专家组．公共部门的社会问责：理念探讨及模式分析．北京：中国人民大学出版社，2007.

略，选择何种策略并没有对错之分。但是，如果拿到很多捐款，却只做很少的事情，这是对社会慈善资源的浪费。比如，某个组织接受了 100 万的捐款，年底 80 万还在账上，这说明组织的办事效率低。机构发展到一定阶段，人们不仅要看捐款是如何使用的，也要看捐款如何使用才能效益最大化。市场经济讲投入产出，对非营利组织也是一样。

同时，非营利组织的成果需要量化。要建立公信力，非营利组织必须把工作成果展示出来，让资助方信任自己。西方的企业习惯于得出一个具体、能量化的成果。例如，宝洁公司 2005 年对宝洁捐助的 100 所希望小学做了一次问卷调查。该问卷包括 30 个大项、800 个问题，希望了解这些年帮助了多少人，影响了多少人，对村庄面貌的影响如何。公司在选择公益合作伙伴时会选择公信力高的非营利组织，非营利组织只有展示出自己的成果，才会拥有较高的公信力，从而成为资助方选择的对象。

（3）接受问责，承担责任。

非营利组织除了主动公开自己的财务信息，还应积极接受政府、公众、媒体、受益群体、独立评估机构的问责。非营利组织对各问责主体的查询和质疑应积极回应，如实告知对方该组织的工作情况，耐心地向对方解释存在疑问或误解的地方。非营利组织积极回应外部问责有助于建立良好的公信力，有利于增加外界对本组织的了解，回应问责的过程也是一个宣传介绍组织的过程。如果自身确实存在问题，应尽快向外界公布真实情况并及时改正，防止事态进一步恶化。有些组织面对外界问责采取了消极回避的态度，导致外界的质疑更加强烈，事情的真相得不到澄清，不仅会使组织丧失了一次宣传自己的机会，而且会使原已具备的公信力大大降低，对组织未来的发展极为不利。

6.3.3　品牌

1. 品牌（brand）定义

1960 年，美国市场营销协会对品牌做出了如下定义：品牌是一个名称、名词、标记、符号或设计，或是它们的组合，其目的是识别某个销售者或某群销售者的产品或劳务，并使之同竞争对手的产品和劳务区别开来。1998 年，英国学者莱斯利·德·彻纳东尼和麦克唐纳给品牌下了一个定义：一个成功的品牌是一个可辨认的产品、服务、个人或场所，以某种方式增加自身的意义，使得买方或用户察觉到相关的、独特的、可持续的附加价值，这些附加价值最可能满足他们的需要。

李业认为，品牌是组织通过设立区别标识，为顾客提供独特的价值和承诺而形成的无形资产。品牌是一种错综复杂的象征，它是品牌属性、名称、包装、价格、历史、声誉、广告方式的无形总和。品牌具有如下特征：具有很强的心理定式，是一面旗帜，是一种购买导向，是一种资产，是一种精神境界和心理享受，是社会经济发展的典型标本①。

塑造品牌就是将组织行动的“功绩”归于组织身上，产生“组织身份”的过程。组织做了很多事情未必就能建立起相应的品牌，需要将这些成绩转化为“组织身份”才行。组织身份一旦形成就会产生这样的作用：内容凝聚、特征突出、整体拔高乃至于产生光环效

---

① 李业. 品牌管理. 广州：广东高等教育出版社，2004：10.

应。品牌通常不是单纯依靠做品牌本身做出来的，而是做事业做出来的。但是，如果将品牌技术运用到组织内部、运用到项目范围内，将会使组织或项目具有巨大的潜力。非营利组织的项目品牌对组织的发展非常重要，会给组织带来资源和机会，如中国青少年发展基金会创立的“希望工程”品牌就是塑造品牌的成功案例。

2. 品牌的科学管理

品牌对组织的发展非常重要，那么如何才能实现对品牌的科学管理呢？品牌的科学管理一般包括以下内容：品牌创立、品牌推广、品牌延伸和品牌维护。

（1）品牌创立。

培育和创立品牌的过程是不断创新的过程，组织自身有了创新的力量，才能在激烈的竞争中立于不败之地，继而巩固原有品牌资产，多层次、多角度、多领域地参与竞争。非营利组织品牌创立包括三个环节：品牌决策、品牌定位、品牌设计。

第一，品牌决策。品牌决策包括品牌建立决策、品牌使用者决策、品牌名称决策、品牌战略决策和品牌再定位决策。在品牌决策过程中，组织管理者需要关注市场变化，对需求和竞争态势进行判断，并结合组织自身的实际情况，制定创建强势品牌的战略目标，然后将决策结果下达给营销管理者，让其严格执行并适时控制与反馈①。

第二，品牌定位。

1）品牌定位的过程其实也就是找准目标市场的过程。品牌定位是品牌塑造的前提，没有正确的定位只能使品牌塑造越走越偏，达不到效果，因此，我们首先需要对品牌进行清晰的定位。比如，我们在提到某一知名品牌时，应该一下就能联想到该品牌的形象。找到目标市场就是确定消费人群，比如有些非营利组织帮助贫困妇女，有些帮助失学儿童，有些帮助老年人，有些主要帮助智障人士，有些服务于孤独症患者，有些帮助死刑犯子女，有些帮助农民工子女，等等。不同的组织服务的群体不同，要根据非营利组织自身的资源和特色来确定服务群体。组织确定了服务的目标人群，也就决定了品牌的定位，从而决定了组织战略和营销策略。

2）品牌定位要着眼于潜在市场。不少组织在做品牌定位时，看到的往往是目前的市场需求状况，而没有考虑3年、5年甚至是10年后的市场状况，这样就会限制品牌的成长性，使组织无法发展壮大。

3）要注意服务和品牌概念的一致性。组织行为的目标应尽可能地集中，涉足的领域不应太多，因为组织的资源和精力是有限的，如果参与领域过多，很难在某一方面做出特色。同时开展的活动应努力体现组织的宗旨和使命，在活动中努力塑造组织的良好形象，而不是把活动当作组织领导者个人的事业来开展。当组织推出新产品或新服务时，需要及时调整品牌的概念和定位，保持服务和品牌的一致性，使组织的品牌推广更迅速和有效。

第三，品牌设计。

非营利组织要科学地设计组织品牌，离不开对市场的深入调查和对组织服务特点的准确把握。

---

① 李业. 品牌管理. 广州：广东高等教育出版社，2004：62.

1）进行深入市场调查。

首先，要了解受益群体对品牌的心理需求。品牌塑造首先要进行品牌定位，对非营利组织来说，要明确品牌的核心价值是什么，能给受益群体带来什么，如何体现组织的文化和产品特色。把握住品牌的核心价值和受助者的心理需求，就可以确定品牌的定位。

其次，进行市场细分，凸显品牌个性。这对处于成长期和成熟期的组织尤其重要，因为市场上提供同类服务的组织比较多，竞争相对激烈，有些组织在某领域已经具有很强的品牌优势。因此，进行市场细分，找出特定市场和品牌特色，使品牌凸显个性，是非常重要的。

2）使组织品牌和组织提供服务的特点保持一致。

首先，找准服务概念，满足受益群体的实际需求。确定服务概念和品牌概念是品牌推广人员的重要工作，服务概念意味着能给目标群体带来利益，品牌概念有更深的内涵，更多的是组织价值观、产品个性和特色的体现。品牌的塑造不能离开服务的概念，品牌概念必须跟服务概念有某种联系。

其次，不要急于求成，品牌塑造要有阶段性。许多非营利组织在塑造品牌时容易急于求成，在受助者还没有接受服务概念时，或者对服务内容和功能还不是很了解时，就开始做品牌的推广，结果往往是受助者对宣传一头雾水，不知道这个服务到底是干什么的，从而使组织品牌的推广效果大打折扣。

最后，注重品牌概念的塑造。应为品牌建立全面的识别系统，使之对应组织独特的行为与理念。比如，可以为组织或其活动提出一个恰当的主题、一个精练的名称或者一个恰当的象征物，使品牌个性化、人格化、象征化。

（2）品牌推广。

品牌推广的主要工作是通过营销传播活动影响目标群体。品牌管理人员应当力图使每一次营销行为都传递出品牌的核心价值，除包装设计外，更应力求在电视、报纸、电台等媒体开展的各类宣传活动中把握与消费者沟通的机会，从而使消费者在每一次接触品牌时都能感受到核心价值的信息。

品牌推广中的整合营销传播分为间隔性的整合营销传播和持续性的整合营销传播。间隔性的整合营销传播包括广告、公共关系、直接营销、事件营销、服务、产品价格、销售渠道等，这些都是向顾客传递信息的载体，都应纳入传播途径中。这个阶段的品牌形象，更多的是满足某一时期或某一市场区域的目标群体或竞争的要求，因此具有阶段性特点。持续性的整合营销传播是运用统一的大众传播组合以及互动式沟通的办法，按照既定的品牌设计，调动沟通性传播与非沟通性传播各方面的努力，形成面向目标群体的统一品牌形象。整个品牌传播并不是一个短期的过程①。

（3）品牌延伸。

如今，品牌延伸已成为许多知名品牌实行多元化的战略之一。然而，每一个组织在进行品牌延伸之前，都需要认真思考是否应该延伸、何时延伸、向何处延伸以及如何延伸。

品牌延伸是一个系统的过程，主要包括四个步骤②：

---

① 李业．品牌管理．广州：广东高等教育出版社，2004：63．

② 杨芳平．品牌学概论．上海：上海交通大学出版社，2009：233-235．

第一，确定品牌联系。发展延伸品牌的第一步就是确定由核心品牌名称所产生的品牌联想。对品牌联系的识别可以通过多种技巧达到，如名称联系法、放映技巧法、探寻智力差异法（探寻某品牌与其他品牌有何区别）。

第二，选择最好的候选者。在此过程中，先假设品牌是适宜延伸的，它应当提供一些有优势的立足点，然后从产品结果的清单中选择有限的数量来进行概念测试和检验。检验的主要内容之一是延伸品牌的适应性，即消费者对延伸品牌感觉是否舒适。

第三，选择候选品牌名称。在确定了延伸产品之后，紧接着要为其选择相应的品牌名称，选择延伸品牌名称时要从两点出发：

1）消费者从心理上是否接受延伸品牌的名称，如果核心品牌准备通过转移一种质量感受或消费者的一种强劲有力的品牌联想来帮助延伸，那么延伸品牌名称就比较容易使消费者感到愉快。

2）延伸品牌名称应当为延伸产品提供一些好处。这些好处主要来自消费者对延伸品牌名称的感觉。由于核心品牌是成功的品牌，一般都能给消费者留下良好的印象，而延伸品牌应该是这种良好印象的延续和加强，它应该成为消费者购买延伸产品的原因。对非营利组织而言，延伸品牌应当成为组织获得受益群体肯定，从而得到资助方认可的原因之一。

第四，进行战略考虑。由于品牌延伸是一个战略性问题，在采取这种行动时，有必要对战略性的问题加以考虑。

（4）品牌维护。

品牌一旦形成就要精心维护。非营利组织的品牌比企业产品的品牌更容易被毁灭，它不仅要求质量，而且要求品质，它就像人的眼睛，容不得半点沙子。随着品牌的形成，它成为一份资产，需要得到细心的呵护。维护品牌比创造品牌更难，所以要慎之又慎。

可能损害品牌的做法来自组织整体利益（品牌利益）与个人的利益之间、单个项目的利益与组织长期利益之间的矛盾。所以应尽量避免各种利益之间的冲突，当出现冲突时应以组织整体利益与组织长远发展为重，谨慎地做出取舍和判断。

6.3.4 信誉危机及其管理

非营利组织靠信誉吃饭，丧失了信誉就丧失了生存的机会。如何防范信誉危机，如何应对信誉危机，如何进行危机善后处理……这是非营利组织，特别是公益机构面对的最严峻，也是最重要的问题。

1. 危机及危机管理的生命周期理论

危机开始于一个导火索事件，紧接着迅速爆发，然后带来持续的影响，并会产生清晰的结果。划分危机和危机管理的阶段是认识危机、管理危机的基础。危机管理的理论主要包括斯蒂文·芬克的四阶段理论、米特洛夫的五阶段理论和奥古斯丁的六阶段理论。这些理论对非营利组织应对危机同样适用。

（1）斯蒂文·芬克的四阶段理论①。

斯蒂文·芬克在 1986 年提出了危机公关传播的四段论模式。第一阶段是危机潜伏期。

---

① 张小明．公共部门危机管理．北京：中国人民大学出版社，2006：217-218.

这个阶段是危机处理最容易的时期，但也是危机最不易为人察觉的时期。在这一阶段，决策者应树立危机意识，要多想一想“万一……怎么办”的问题，尽早察觉危机可能发生的征兆。第二阶段是危机突发期或爆发期。这是四个阶段中最短，但感觉最为漫长的阶段，而且它对人们的心理造成的冲击也最为严重。此阶段的特征是事件的急速发展和事态的急剧恶化。在此阶段，危机管理面临的最大威胁是雪崩式的速度和压力。危机突发期有四个特征：1）事态逐渐升级，由不为人知发展到备受关注。2）事态引起越来越多媒体的注意。3）烦扰之事不断干扰正常工作。4）事态影响了组织的正面形象和团队声誉。第三阶段是危机蔓延期。这是四个阶段中历时较长的阶段，但是如果应付得力，将会大大缩短这一阶段的时间。这一阶段的主要任务是采取措施，一方面遏制危机，另一方面努力从危机突发期造成的打击中恢复过来。此时，决策者要勇于进行深刻的反省，认真分析危机发生的深层原因，寻找改进的对策。一个组织事先有无危机管理计划，将在很大程度上决定这一阶段的时间长短。第四阶段是危机解决阶段。此时，组织从危机阴影中完全解脱出来，但在这一阶段仍要居安思危，防止危机卷土重来。

斯蒂文·芬克的模式可以用烧水过程来比喻。危机的发生过程就像一个用锅煮水的过程。从慢慢烧水的“危机潜伏期”到水烧开至沸腾的“危机突发期”。之后，或者把锅从火上移开，使危机得到及时解决，逃过一劫；或者无所作为，在“危机蔓延期”继续蒙受损失，直到把锅底烧掉，此时组织元气大伤或彻底毁灭，危机也得到了解决，但结局非常悲惨。

（2）米特洛夫的五阶段理论。

米特洛夫提出危机管理五阶段理论。五阶段分别为信号侦测阶段、探测和预防阶段、控制损失阶段、恢复阶段、学习阶段。在学习阶段，组织成员要回顾和审视所采取的危机管理措施，并加以整理，使之成为今后危机管理的基础。米特洛夫模式中的“学习机制”使危机管理成为一个循环的封闭过程。

（3）奥古斯丁的六阶段理论。

奥古斯丁将危机管理分为六个阶段，分别为危机避免阶段、危机管理准备阶段、危机确认阶段、危机控制阶段、危机解决阶段、从危机中获利阶段。奥古斯丁最突出的贡献是提出了“危机避免阶段”。奥古斯丁认为，将危机预防作为危机管理的第一阶段并不奇怪，令人奇怪的是，许多人往往忽视这一既简单又经济的方法。他还强调要从危机中获利。“每一次危机既包含导致失败的根源，又孕育着成功的种子。发现、培育，以便收获这个潜在的成功机会，就是危机管理的精髓；而习惯于错误地估计形势，并令事态进一步恶化，则是不良危机管理的典型特征。”①

奥古斯丁指出：“要尽一切努力避免使你的组织陷入危机；但一旦遇到危机，就要接受它、管理它，并努力将你的视野放长远一些。我自己对危机的最基本的经验，可以六个字概括：‘说真话，立刻说。’”

2. 危机扩散理论

仅有危机事件还不足以构成组织危机，组织危机是在危机事件诱导下，组织内部问题

---

① 奥古斯丁，等. 危机管理. 北京：中国人民大学出版社，2001：5.

和外部问题相互作用、放大的结果。

危机带来的结局可能包括四种：危机不了了之；使组织受到一定损失；组织元气大伤，甚至毁灭；危机扩散。其中，危机扩散是最坏的结局。

危机扩散架构为：危机爆发→媒体效应→形象危机→财务危机→生存危机。

这一模式的前提是，组织事前未能化解危机，也未能在危机爆发后有效地处理危机。该理论从危机杀伤力的强度、传播效果、认知结构、恐慌和从众行为、过去组织解决危机的能力表现，以及危机扩散和危机处理两者之间的时间落差等六个层面，剖析了危机得以扩散的动力与根源，从而为组织管理者提供了遏制危机扩散的策略导向。

该理论强调：(1) 危机管理的关键是避免诸如危机扩散架构所显示的一系列严重危害组织机体的危机涟漪效应的产生；(2) 组织应该与利益相关者进行充分的沟通，将媒体管理纳入组织战略管理。

对危机的有效管理，需要在深入研究危机诱发传导机制的基础上，制定和实施危机管理的策略。

3. 公信力危机管理的原则

(1) 端正心态。

在突发性危机管理中，主要存在四种错误心态：

1) 侥幸心理。在事态发展的各种可能性中，总是希望或相信对自己最有利的那种情形会出现。

2) 鸵鸟政策。闭目塞听，有意无意地回避真相，不敢面对现实。

3) 推卸责任。寻找各种借口，千方百计为自己开脱，不肯承认过错，也不肯承担责任。

4) 隐瞒事实。不主动向外界通报、揭示事件的真相，或是仅仅通报部分信息，甚至销毁证据。

经验证明，这些手段有时可以得逞，但绝大多数情况下以失败告终。而且它们往往还会加剧危机，扩大危机造成的损失。本来老老实实承认错误，只会丢掉 10 分，但是百般抵赖之后，100 分全丢了。

在现实中，这些道理几乎人人都懂，但是每当危机来临时，人们又故技重演、重蹈覆辙。很少有人能够汲取前车之鉴，很少有人能从别人的失败中学到一点东西。这是因为，危机之中，非营利组织利益与管理者利益存在冲突。为了组织利益应该直面现实，但是管理者为了逃避个人责任总是要隐瞒事实、推卸责任，采取鸵鸟政策，而且常常心存侥幸、自欺欺人。他们不惜牺牲组织利益以维护一己私利。但是，最后的结局总是管理者身败名裂，组织声誉扫地。个人与组织两败俱伤。

(2) 迅速反应。

尽快处理危机，控制局势，主要是为了避免危机的连带效应发生，即避免小危机引发大危机，避免不利局面进一步发展。

罗伯特·希斯在《危机管理》一书中指出，当一个危机引起另一个危机时，就叫“连锁反应”。连锁反应也用来指由危机初期管理不善而造成的涟漪效应。

为了控制连锁反应，要求危机管理必须迅速有效。在危机面前，速度就是生机，速度就是效益。危机一旦发生，伴随大众传媒的介入和公众的广泛关注，危机的负面影响会迅速扩大、深化。因此，快速反应、果断决策、及时而坚决的行动是绝对必要的。这也是危机管理必须遵循的基本原则之一。但是，在很多时候，当危机发生以后，组织可能没有认识到问题的严重性，并不觉得危机已经发生，或是虽然认识到危机降临，但犹豫迟疑，瞻前顾后，以致贻误战机，错过最佳处理时期，结果是后患无穷。

（3）控制信息。

危机会产生强劲的单向信息流。由于危机的震撼力极大，会在短时间内由危机现场向外快速扩散出强劲的信息流，组织和公众往往都来不及做出反应，每个人都是信息的被动接受者。绝大部分公众并不是根据对危机本身的全面了解而做出反应的，而是依据“道听途说”做出判断。因此，统一、快速、有效地披露信息十分关键。

诺斯科特·帕金森认为，危机中传播失误所造成的真空会很快被流言占据。同时，时间拖延会让公众对组织产生怀疑。对流言和怀疑的防范，最有效的方法是在第一时间将可能产生流言的事件通过权威的、正常的大众传播渠道进行全面、客观的报道。

（4）维护声誉。

威廉·班尼特的理论对应于芬克模式的危机突发阶段和蔓延阶段。

班尼特的理论建立在这样的假设之上，个人或组织最重要的资产是其声誉。因此，就像其他有价值的资产一样，应该从战略高度去维护组织的声誉或公众形象。任何组织都必须最大限度地提高其声誉和形象。

班尼特的理论实际上就是个人或组织为了放大其声誉应该采取的一系列策略或方法。这些策略或方法建立在“攻击-防御”“刺激-反应”的动力学基础之上。

班尼特认为，个人和组织是追求声誉最大化的，他们总是不断地、尽可能地提高声誉，并设法减少负面影响。同时，公众是多元化的，需要对他们实施不同的措施。媒体作为沟通组织和公众的中介，在危机发展和危机管理中处于核心位置，必须给予高度关注并善加利用。

已有人采取了一些方法来分析口头的正当防卫行为，有些使用修辞法，有些使用社会学方法。班尼特吸收了这些工作经验，建立了一门学科，提供了一个更为完整的理论——形象修复策略类型学，并且进行了几项应用。

形象修复策略类型学指出，一种比较有说服力的批评由两部分组成，即被指控者应对他的行为负责，以及一份认为此种行为带有冒犯性的声明，形象修复策略由此建立起来。前两种常规的形象修复策略是否认和逃避责任，它们专注于指控，而接下来的两种策略——降低冒犯性和纠正行为关注的是冒犯性。悔恨，既不是针对指控，也不是针对冒犯，而是表达了对不正当行为的自责，并寻求宽恕。表 6-3 中列出了各项形象修复策略。

表 6-3　形象修复策略

策略	细分策略	关键特征	举例
否认	简单地否认	没有采取过某行为	甲否认参与了攻击乙的行动
	转移批评矛头	是其他人采取了该行为	是别人偷了你的 CD，不是我

续前表

策略	细分策略	关键特征	举例
逃避责任	挑拨	对挑衅者的合理反应	我捣毁你的房间是因为我很生气你没有下班后来接我
	可取消性	缺乏信息或能力	开会迟到：没有被告知新的时间
	偶然性	歪曲	马路太滑，我的车子失控了
	良好意图	本意是好的	我本来想给你买件生日礼物，但是忘了
降低冒犯性	支持	强调好的特征	克林顿以他第一任期的成功而自豪
	最小化	行为并不严重	我弄坏了你的随身听，这并不是一件大事；它本来就旧了而且运转也不正常
	差异化	没有类似的行为那么具有冒犯性	我借了你的汽车，我没有偷
	超脱	更重要的价值	我用光了你的积蓄是想给你买件礼物
	反击指控者	减少指控人的可信度	被指控人说指控人一生都在说谎
	赔偿	向受害者赔偿	要去看电影的残疾人遭到拒绝后，获得了免费入场券
纠正行为		计划要解决问题或防止问题重复发生	当甲发现其产品有掺假时，甲引进了产品防伪包装
自责		道歉	丙向丁道歉

1）否认。形象修复的一种选择就是简单地否认不正当行为，可以有三种形式。葛夫曼观察发现，被指控者可能否认对自身行为应负的责任，或者否认曾有过该行为。布林森和班尼特观察发现，被指控者也可能否认其行为是有害的。任何一种形式的否认都可以解除有过失的诡辩者的责任。

被指控者也有可能将批评矛头转向第三方。这种形式的否认，也可称为“牺牲”，它是将批评矛头转向一个替罪羊。如果公众接受另一方应该受到批评的说法，那么被指控者的形象应该就可以被修复了。

2）逃避责任。那些由于不正当行为而被指控者可以通过四种具体的策略减少他们对冒犯行为显然应负的责任。第一，被指控者可以使用挑拨的策略，即声称那些冒犯行为只不过是对一些挑衅的合理反应，那些挑衅者应对引起这些行为的局势负责，这样被指控者的形象就得到了修复。

第二，逃避责任的第二种策略是可取消性，在这种策略中，被指控者声称他们缺乏关于引起冒犯行为的局势中的重要因素的信息或是缺乏对这些信息的控制。例如，人们可能解释说他们错过了一次会议是因为他们没有被告知会议举行的时间。或者，一位主管可能说他或她无法控制员工在工作时间以外的言行。被指控者可以减少公众认为他们应担负的责任，从而帮助他或她恢复已败坏的形象。

第三，被指控者可以声称不正当行为是一次偶然事件。只有当要素处于当事人的控制之中时，人们才倾向于要他们承担责任。如果公众同意冒犯行为是偶然发生的说法，那么被指控者的声誉就可以改善。

第四，被指控者可以声称冒犯行为有良好的意图，并说明行为所产生的消极影响是事先不能预见的，且是无意的。那些试图做好事但最终做了坏事的人与那些本意要做坏事的人相比，可能不会受到那么多批评。这种策略能够减少肇事者对行为应负的责任，从而改善肇事者的形象。

3）降低冒犯性。被指控者也可以尝试通过降低行为可感知的冒犯性来修复他或她的形象。这项常规的形象修复策略包括六个变种，即支持、最小化、差异化、超脱、反击指控者、赔偿。

支持策略是尝试加强公众对被指控者积极的情感，从而弥补由于不正当行为引起的消极情感。那些因不道德行为而被指控者可以描述他们具有的宝贵的特性或曾采取的积极行为。例如，那些与顾客关系紧张的公司可以描述他们与顾客过去的良好关系。

最小化策略尝试减少由不正当行为引起的消极情感。如果公众承认这种行为不如最初显现的那么坏，那么被指控者的形象破坏程度就会降低。因为一个被指控者的形象破坏程度应该与其行为的冒犯程度相对应，所以降低行为的令人不愉快的程度可以很好地改善被指控者的形象。

差异化策略将正受到质疑的行为和那些与之类似但更具有冒犯性的行为进行区别。通过对比，这些行为会显得不那么具有冒犯性，从而减少人们对被指控者的消极情感。例如，一个人可能声称他是在借，而不是偷邻居的电钻。换句话说，一个恰当的对比可能会使某种行为显得不那么具有冒犯性。

超脱策略尝试将行为置于一个不同且更为有利的环境中。例如，被指控者可能会将公众的注意力转移到一种更高的价值上，以此来证明被质疑行为的正当性。制造一个积极的环境可能降低行为被感知的冒犯性程度，从而改善被指控者的声誉。

那些由于不道德行为而被指控者有时会反击他们的指控人。通过这样一种反击，被指控者抨击了指控人的可信度。如果进行指控的那个人或那些人的可信度降低了，那么被指控者的形象受到的破坏程度可能会降低。这一策略也可以通过暗示那些由于被指控者的行为而受害的人是罪有应得，从而降低冒犯性。

最后，当那些由于不道德行为而被指控者使用赔偿策略时，他们会向受害者进行赔偿以便减少受害者的仇视。这种赔偿可以采取实物、服务补偿或退款等形式。如果公众认为这种动机是可接受的，那么就可能帮助平衡冒犯行为带来的消极情感，从而修复被指控者的形象。

4）纠正行为。当被指控者许诺，或是要修复由冒犯行为造成的破坏，或是要预防此类行为再发生，或是两者都要做时，就要采取纠正行为策略。葛夫曼提到这个策略时将它作为道歉的一部分。当那些由于不道德行为而被指控者表明他们要纠正或防止问题再发生时，他们的声誉可能得到改善。

5）自责。否认、逃避责任、降低冒犯性，以及纠正行为策略都是尝试通过使被指控者远离批评或是改变公众对行为冒犯性的感知来修复形象，而在自责策略中，被指控者对他或她的冒犯行为负责并道歉。如果我们相信道歉是真挚的，可以选择原谅这种不正当行为。

非营利组织在面临信誉危机时，应根据危机爆发的原因、特点及组织自身的状况灵活选择应对危机的策略，尽可能将危机带来的损失降到最低，同时尽快修复组织形象，争取使危机成为革新的契机。

本章小结

对非营利组织来说，无形资产非常重要，它可能是许多非营利组织最重要的资产，直接影响着组织的生存和发展。本章首先介绍了非营利组织无形资产的定义、分类以及无形资产管理和知识管理的关系；接着阐述了知识及知识管理的意义、知识的定义、知识管理的定义、知识管理的常用方法以及知识的分类管理；最后介绍了非营利组织外部无形资产的管理，主要包括组织的外部社会关系、公信力、品牌、信誉危机及其管理。通过本章的学习，我们应对非营利组织无形资产的概念及其所包含的内容有更清晰的认识，掌握无形资产管理的常用方法，了解如何建立组织的公信力和品牌，清楚组织面临危机时该如何应对。

关键术语

无形资产	无形资产管理	知识	知识管理	头脑风暴法	工作坊
公信力	诚信	问责	品牌	信誉危机	危机管理
形象修复策略					

复习思考题

1. 非营利组织无形资产管理的意义是什么？
2. 非营利组织无形资产管理和知识管理的关系是什么？
3. 知识管理的常用方法有哪些？
4. 非营利组织应如何提高公信力和塑造自己的品牌？
5. 非营利组织出现信誉危机时该如何应对？

参考文献

1. 布鲁金. 企业记忆：知识管理战略. 沈阳：辽宁教育出版社，1999.
2. 萨克森宁. 地区优势：硅谷和128号公路地区的文化与竞争. 上海：上海远东出版社，1999.
3. 拉萨德. 布莱克韦尔会计百科辞典. 中文版. 北京：对外经济贸易大学出版社，2002.
4. 奥古斯丁，等. 危机管理. 北京：中国人民大学出版社，2001.
5. SINGH S K. 数据库系统：概念、设计及应用. 北京：机械工业出版社，2010.
6. 蔡吉祥. 无形资产学. 修订本. 北京：人民出版社，2007.
7. 江明修. 非营利管理. 台北：智胜文化事业有限公司，2002.

8. 李业. 品牌管理. 广州：广东高等教育出版社，2004.
9. 萨师煊. 数据库系统概论. 北京：高等教育出版社. 2000.
10. 叶陈毅. 无形资产管理. 上海. 复旦大学出版社，2006.
11. 杨芳平. 品牌学概论. 上海：上海交通大学出版社，2009.
12. 叶惠霖. 入世与知识产权保护. 北京：世界图书出版社，2001.
13. 于玉林. 无形资产概论. 上海：复旦大学出版社，2005.
14. 张小明. 公共部门危机管理. 北京：中国人民大学出版社，2006.

第7章 组织结构、治理结构与组织文化

非营利组织首先要确定自己的宗旨，有了宗旨之后要制定实现宗旨的战略，有了战略之后要确定体现战略的项目组合，有了项目组合之后要拥有支撑项目的资源，有了资源之后要建立管理资源的组织结构。本章在战略管理和资源管理的基础上讲述与组织结构相关的知识。

本章的内容包括组织结构、治理结构、组织文化。组织结构是整合组织资源的基础性单位，治理结构是组织的决策结构，它们构成了组织的有形结构。组织文化则是一种无形的结构。

7.1 组织结构

组织结构是支持组织战略、管理组织资源最重要的工具。在这种意义上，“组织”也是一种重要的资源。无论是人、资金还是知识，没有经过组织就是“一盘散沙”，在威力或功能方面与经过组织的资源相去甚远。这种“组织”资源的能力是非营利组织最重要的能力之一。

7.1.1 组织结构的基本要素[①]

组织结构界定了对工作任务进行正式分解、组合、协调的方式。非营利组织管理者设计组织结构时，必须考虑六个关键问题，即工作专门化、部门化、命令链、控制跨度、集权与分权、正规化（见表7-1）。

---

① 罗宾斯，库尔特，等. 管理学：第13版. 北京：中国人民大学出版社，2017：270-280.

表 7-1 组织结构的六个关键问题

关键问题	由谁回答
把任务分解成相互独立的工作单元时，应细化到什么程度	工作专门化
对工作单元进行合并、组合的基础是什么	部门化
员工个人和群体向谁汇报工作	命令链
一名管理者可以有效指导多少员工	控制跨度
决策权应该放在哪一级	集权与分权
规章制度在多大程度上可以指导员工和管理者的行为	正规化

1. 工作专门化

工作专门化或劳动分工是指把组织中的工作任务划分为单独工作单元的过程或程度。当组织规模达到一定程度时，一个人无法完成整个工作，因而需要把工作分解成若干步骤，每个个体完成其中一个步骤。其核心就是每个人专门从事活动的一部分，而不是全部活动。

专门化的结果是：使得超越个人能力的工作可以完成，对员工的技能要求降低，提高整体工作效率（亚当·斯密就已发现专门化或劳动分工可以大幅度提高劳动生产效率）。现在，人们意识到，对于有些工作来说，过度专门化不但不能提高效率，还会降低效率，因此一个相反的趋势开始出现了。但是，无论如何，必要的专门化永远不会过时，因为总有超过个人能力的工作任务需要完成。

2. 部门化

通过工作专门化将工作分解成各个部分之后，还需要对它们进行组合，以便有效地协调那些相同的任务。对工作单元进行合并叫作部门化。

根据职能进行合并、组合是最常用的部门化方法。把同类专业人员集中在一起，可以提高管理效率，实现规模经济。也可以根据产品或服务类型进行部门化。这种部门化方法可以提高产品或服务绩效的责任制。还有一种部门化方法是根据地域进行划分，即每一个地区形成一个部门，分片负责。对于那些需要分步骤完成的工作任务，根据这些步骤或环节进行部门化。最后，还可以根据顾客类型进行部门化。

大型组织在进行部门化时，可能会综合运用上述各种方法。

3. 命令链

命令链是一种从组织最高层贯穿到最基层的不间断的职权线路，它明确指出谁要听从谁的指挥，谁要向谁负责。这里涉及“职权”概念。职权是指管理岗位中固有的发布命令的权力，并且人们预计这种命令会被遵从和执行。在非营利组织管理中，每位管理者都被授予一定的职权。

4. 控制跨度

控制跨度显示了一名主管可以有效地管理下属的规模。它在很大程度上决定了组织的层级和人员的规模，从而影响到组织的管理效率和人员成本。

5. 集权与分权

在集权式组织中，高层管理者做出所有决定，基层管理者只负责执行上级的指示。在分权式组织中，决策权下放给离活动最近的基层管理者，更多的人参与到决策过程之中，且员工与那些影响自己工作的决策者之间的隔阂也更少。

6. 正规化

正规化是指组织内部工作标准化的程度。一种工作的正规化程度越高，意味着从事该工作的人对于工作内容、时间、手段的自主权越低。在高度正规化的组织中，有明确的工作说明书，有大量的规章制度，有对于工作流程的详尽规定。

7.1.2 组织结构的基本类型

组织结构的基本类型包括简单结构、直线职能制、事业部制、矩阵制、团队结构、网络制以及无边界组织①。

1. 简单结构

（1）基本特征。简单结构是小型非营利机构广泛采用的组织结构类型。罗宾斯指出，“对简单结构的定义，与其从正面加以界定，还不如从反面进行说明。假如你观察一个组织，它表现出几乎没有什么结构，那么它很可能就是一种简单结构。所谓简单结构，就是指它是低复杂性、低正规化和职权集中在一个人手中的。它是一种‘扁平’组织，通常只有两三个纵向层次，有一个松散的员工队伍，并且决策权集中于某一个人”。

（2）适用条件。简单结构的决策结构、信息结构和控制结构都表现出高度集中的特征。它的优点是反应快速、灵活、运营成本低、责任明确。如果机构的规模较小，或者外部环境比较简单而且经常变化，或者处于初建时期，那么简单结构就是最有效率的组织结构。规模小通常意味着工作量少、工作的重复性低、机构内部的非正式沟通更方便，也更有效，因而正规化和标准化就没有吸引力。简单的环境易于把握，而简单结构的灵活性也使机构能对不可预见的环境变化做出迅速的反应。即使是具有相当规模的机构，在建立之初也都倾向于采用简单结构，因为管理者那时还来不及去发展他们的组织结构。

（3）缺点。简单结构仅仅适用于小型机构。随着机构规模的扩大，低正规化和高度集权的结构会使决策者承担的协调和决策工作量很快超过他的实际能力，简单结构变得越来越不适用。此时，如果机构继续维持简单结构，拒不采用复杂结构，那么机构就将陷入停滞不前的境地。

2. 直线职能制

（1）基本特征。直线职能制是以工作为中心，以有效地完成工作任务为目标而构造的一种经典式组织结构。它充分运用专业化分工原理，把管理职能和工作技能专业化为不同的部门，组织机构和部门设置不随工作性质和工作种类的变化而变化，不论承担什么样的工作，都先把工作按职能和技能专业化原则分解，再根据展开该项工作的固有程序依次在不同部门中操作、流转。按管理层次实行的纵向分工，按管理职能和工作技能专业化原则实行的横向分工，高度集中的决策结构、信息结构、控制结构，赋予直线职能制典型的金字塔式组织形态，并且使等级制成为它的基本组织原则。

（2）适用条件。直线职能制适用于决策结构高度集中，决策权集中于最高领导手中，

---

① 罗宾斯，库尔特，等. 管理学：第13版. 北京：中国人民大学出版社，2017：283-294；罗宾斯，贾奇. 组织行为学：第16版. 北京：中国社会科学出版社，2016：387-390.

下级的任务仅仅是执行上级的决策、实现上级确定的目标的组织。与高度集中的决策结构相对应的是集中的层级式信息结构。集中的决策结构还倾向于选择直接控制和反馈控制方式，一旦目标或计划在执行过程中发生偏差，就由目标或计划的制订者亲自确定调控方案，下达行动指令。

（3）缺点。由于在直线职能制结构中决策和决策的执行彼此分离，因而直接控制就要求一旦目标和计划需要调整，就必须自下而上逐级将偏差信息反馈到最高决策层，而最高决策层做出的决策则沿相反方向按原路自上而下传递下去。随着组织机构规模不断扩大、管理层次逐渐增加、任务或目标日趋多样化、所面对的环境越来越复杂，机构内部信息传递的环节越来越多，需要处理的信息越来越复杂而且量越来越大，决策的难度和对决策者的要求也越来越高，其结果就是由最高决策者直接操纵的反馈控制的有效性和可靠性变得越来越不理想。因此，对规模较大、层次较多的机构来说，直线职能制并不是非常有效的组织结构。

另外，此种组织机构形式还存在难以避免的缺陷。在采用直线职能制的机构中，常常会因为追求部门的职能目标而看不到全局的最佳利益。各个职能领域中的职员彼此隔离，缺乏相互了解，不同职能部门之间利益和视角的差别会导致部门之间不断发生冲突，各自极力强调自己部门的重要性，而且没有一个职能部门对最终结果负全部责任，因此最高管理层必须承担大量的协调工作。直线职能制的另一个缺点是，它不能为未来的最高决策者提供训练机会，部门经理了解的只是机构的一个狭窄的局部，不利于形成和发展把握全局的能力。

3. 事业部制

（1）基本特征。事业部制是以绩效为中心的典型组织结构。采用事业部制的机构由一个总部和一些分部组成，分部一般是按照产品或地区划分的。总部为各个分部规定运营目标，这种目标表现为运营的绩效（如利润），而不是具体的任务。每个分部或事业部都是自治的，由分部经理对分部的全面绩效负责，同时拥有充分的战略决策权和运营决策权。除了规定绩效目标之外，总部还要考核和评估分部的运营绩效，同时作为外部监督者，协调和控制各分部的活动。总部也要为各个分部提供支援服务，主要是财务和法律方面的服务。事业部制与直线职能制并不矛盾。在事业部制结构中常常包含着直线职能制结构。一般情况下，机构的总部和各个分部所采用的组织结构与机构的选择并不相同，而且它们往往采用直线职能制。

（2）适用条件。事业部制适用于规模巨大的机构、产品或项目多元化程度高的机构、活动空间范围大的机构、外部环境复杂多变的机构。可以说，在直线职能制失效的地方，事业部制都能够有效地发挥作用。

与直线职能制相比，事业部制是分权化结构。机构具有多个决策中心，而且分部在制定决策时基本不受总部的约束，唯一的“硬约束”就是最终完成总部规定的绩效目标。在这种分权化结构中，由于分部为总部分担了绝大部分信息处理、决策和控制工作，从而大大降低了总部的最高决策层需要处理的信息量和决策的难度，同时也减少了机构内部信息传递的环节，提高了控制的有效性和可靠性。

实际上，事业部制的产生就是为了解决大型机构难以有效控制的问题。组织规模的扩张，一方面是机构发展的需要，另一方面也会削弱机构的凝聚力和控制力。直线职能制采用层级式信息结构，这种信息结构是一种容量小、传递速度慢、处理能力弱的结构。当机构的规模较小时，它可以满足机构运行和发展的需要。而当机构规模较大或扩张较快时，信息量急剧增加，直线职能制的信息结构就越来越不能及时有效地传递、集中和处理这些急剧增加的信息，使直接控制和反馈控制的有效性大大下降，从而导致机构失控。既然高层无力集中信息，当然也就无法有效地进行集中决策，结果必然是信息中心、决策中心和控制中心同时向下移动，形成分权化结构。

可见，正是机构规模扩大带来的信息量剧增迫使最高决策层为了保持和提高机构的控制能力而放弃一部分决策权，通过对下级授权建立多个决策中心，同时改变控制策略，实行间接控制。所以，大型机构采用分权化结构是一种必然趋势，而事业部制就是分权化结构的具体形式之一。

（3）缺点。事业部制的主要缺点是存在严重的资源重复配置问题。例如，机构的每一个分部都可能有一个宣传部或财务部，而在直线职能制中，机构的宣传工作或财务管理工作都由一个部门统一承担，所需要的员工数量和经费支出都要远远小于事业部制。因此，事业部制的职能重复配置就导致了机构总成本的上升和效率的下降。

4. 矩阵制

直线职能制能够利用专业化的优势，但各个职能部门往往会忘记机构的整体利益，而且彼此之间经常发生利益冲突。事业部制可以保证分部利益与机构利益的一致，但又存在资源重复配置的问题。那么是否存在一种结构能将事业部制的责任感和直线职能制的专业化优势结合起来呢？答案是肯定的，那就是矩阵制结构。

（1）基本特征。这种结构先按照专业化原则划分职能部门，据此获得专业化的经济效果。同时又设置了一系列项目组，每一个项目组负责一个项目，设一位领导，领导根据项目的需要从各个职能部门中抽调有关人员参加项目组。这样一来就将职能部门化和产品部门化的因素交织在了一起，因此称之为矩阵制结构。

矩阵制结构创造了双重领导关系。矩阵制结构中的员工同时属于两个部门，既属于某个职能部门，又属于某个项目小组。他还同时有两个上司，一个是他所属的职能部门的领导，另一个是他所在的项目小组的领导。一般情况下，项目小组的领导掌握给小组成员规定工作目标的职权，而把晋升、定薪、奖励等项职权留给职能部门的领导。

网络式的信息结构和决策结构。机构的信息结构是由信息收集点、信息传递渠道、信息处理与存储中心构成的。矩阵制的网络式信息结构与直线职能制的层级式信息结构明显不同。这种信息结构的特点是，各信息点之间的联系既有垂直方向，即上下级之间的纵向联系，也有水平方向，即项目组内的横向联系，形成纵横交错的信息传递网络。在层级式信息结构中，只有一个信息中心，即金字塔的顶部。而在网络式的信息结构中，却可以设计多个信息中心。每一个矩阵组织单元，如项目组、委员会、工作队都是信息中心，它们既可以掌握本单元的全部信息，又可以通过职能部门的代表了解职能部门的信息。

分权与集权相结合的决策结构。根据决策中心应与信息中心重合的原理，网络式的信息结构可以支撑多中心决策结构，也就是说，每个矩阵组织单元都有成为决策中心的条件。实际上，设计和采用矩阵制的目的之一，就是把各个矩阵组织单元作为一个个相对独立的集中决策点，促使项目组的成员从不同管理职能的角度参与决策以保持协调，同时鼓励和激发每个部门和每个员工的进取精神和创造性，以持续的创新应付复杂多变的环境要求。因此，矩阵制包括了分权化决策结构。矩阵制在分权的同时也保持了机构的目标集中。首先，项目组没有独立利益，它的活动目标可以由最高决策层直接决定。而且最高决策层可以派人直接参加项目组，直接参与项目组的决策、管理与具体运作。这些代表会把最高层的意志贯彻在项目组的活动中，同时也会平衡各方利益。这样一来，矩阵制结构就创造了一种集权与分权相结合的决策结构。

（2）优点。直线职能制的优点在于，它将职能专家组合在一起，可以减少所需的人员，并促进各个项目共享机构的专业资源。它的缺点在于，难以协调各职能部门的行动，无法按计划完成任务。而事业部制恰好具有与直线职能制相反的优缺点。它可以有效地促进各个职能部门的工作人员协调行动，以便按计划准时完成任务。而且，它还明确了各个职能部门的具体工作人员对特定项目所负有的直接责任。但是，它不可能从长计议开发专业技能和培养专业人员，并会导致资源重复配置。矩阵制结构可以兼收直线职能制和事业部制的优点，同时又能避免它们的缺点。

矩阵制的另一个优点是结构灵活。成立项目组的唯一理由就是有项目。只要有项目，就可以成立项目组，指定一位领导之后，他就可以到各个部门去抽调人员组织队伍。项目结束之后，大家分别回到自己原来所在的职能部门，准备迎接下一个项目。项目组可以是永久的，也可以是暂时的，全由项目决定。尽管员工在职能部门之间是相对稳定的，但在各个项目组之间却保持着极高的流动性。从人力资源的配置来看，矩阵制灵活而又经济节约。

（3）缺点。矩阵制结构并不是完美无缺的组织结构。罗宾斯指出："矩阵制的主要缺点在于，它造成了混乱，并隐藏着权力斗争的倾向。当你放弃了统一指挥原则，你也就在相当程度上增加了组织的模糊性。混乱存在于谁向谁汇报工作方面。这种混乱和模糊性反过来培植着权力斗争的种子。因为职能经理与项目经理之间的关系通常并不是由规则和程序决定的，而是经由二者相互协商，而这就容易产生权力斗争。决定是否采用矩阵结构，要求管理者妥善地权衡这些弊和利。"赫尔雷格尔也认为，"矩阵制组织必然在参与者的多中心之中保持持续的紧张气氛"，相应地，"需要一整套人际技术来疏导对抗，解决矛盾，进行协商和权衡利弊"，这是一种结构复杂、实施困难、代价颇高的组织形式，只有在一次性任务和非程序化决策较多的特殊情况下才应该采用。

5. 团队结构

（1）基本特征。团队结构的主要特征是打破部门界限，并把决策权下放到团队。当管理层运用工作团队作为协调组织活动的核心方式时，其组织结构即为水平组织。这种结构形式要求员工既是通才又是专才。

（2）适用条件。在较小型组织中，可以用团队界定整个组织架构。但是，更常见的是，在大型组织中，团队结构作为一种典型的官僚结构的补充。

（3）优点。组织既能得到官僚化结构标准化的效果，又能因为工作团队的存在而增强灵活性。

6. 网络制

（1）基本特征。网络制结构只有很小的中心组织，以合同为基础，依靠其他机构开展业务活动。这种机构所要做的关键工作是创建一个关系网络，并通过与关系网络中的其他独立机构进行合作来实现自己的目标。采用网络制的机构把在其他情况下本该由自己来承担的许多职能，通过签订合同委托给了独立的合作者，由合作者替自己完成这些职能。实际上，网络制的本质是把机构内部的分工协作转变成机构之间的市场交易。

（2）适用条件。网络制结构并不是对所有的组织都适用，它更适用于需要较大灵活性的组织。

（3）优点。网络制结构能够帮助机构及时吸收新的技能和知识，对千变万化的社会需求做出迅速的反应，轻而易举地扩展自己的业务规模、活动空间和活动领域，以较低的成本支撑自己的基础结构。

网络制结构最突出的优点是节约。它不必拥有自己独占的许多职能部门和相应的工作人员，因此也就不用长年累月地花钱养它们，而是在需要的时候，到市场上去“购买”这些职能。这样一来，机构就掌握了主动权，因而也就获得了灵活性。例如，它可以不养专职的研究人员，但是照样能完成研究职能。在需要的时候，它会根据研究课题的特征，寻找这一领域中最优秀的专家，委托他完成研究任务，代价是支付研究经费。

（4）缺点。网络制组织结构需要科技与外部环境的支持，并且降低了管理层对组织关键部分的有力控制。

7. 无边界组织

随着互联网技术的发展、公众受教育水平的提升，各式新兴的组织形式，如虚拟组织、非正式网络及其他多样化的行动主体等不断涌现，并日益成为组织结构的一种基本类型，展现出蓬勃生机与非凡前景，本书借用“无边界组织”来统称此类新型且多样的组织与行动形式。所谓无边界组织，是指“不被各种预先设定的横向、纵向或外部边界所定义或限制的一种组织结构”①。

（1）基本特征。促使无边界组织出现并发展的最重要的动因是信息技术革命，“互联网革命”引发了一场广泛而深刻的“组织革命”。互联网打破了自然和人为的限制，使个体的力量得到前所未有的增长，组织方式和行动方式发生了巨变，集体行动广泛地发生，并深远地影响了人们的理念和思维方式，多样化的行动主体由此产生。互联网也改变了实体组织的运行逻辑和组织结构。互联网的运用大幅度降低了组织内部的沟通成本，管理幅度增大，层级减少，组织趋于扁平化；同时，网络型协作更加普及，决策方式也更加分散，人们的参与性更强。

互联网所带来的更伟大的变革是创造虚拟组织。社交软件的出现是发生在互联网上的又一场伟大的组织革命。Facebook、微博、微信等社交网络，其本质是形式化的、通用的、开放的、人人可用的、触手可及的、简单的、免费的“组织”。它们是“组织的平台”。拥有一个自己的“组织”（名词），自发地“组织起来”（动词），不再是困难的事情、成本高昂的事情、难以企及的事情，而是简单的事情、廉价的事情、轻松愉快的事情。权力和金钱有效地垄断“组织”这种最重要的“资源”的时代结束了。互联网帮助人们实现了“自由结社的权利”。而互联网及虚拟组织，解除了个人对实体组织的依赖，个人不依靠实体组织也可以高效率地组织集体行动。

（2）优点。无边界组织的优点主要体现在两个方面：其一，无边界组织拥有高度的灵

---

① 罗宾斯，库尔特，等．管理学：第13版．北京：中国人民大学出版社，2017：293.

活性和快速的响应能力；其二，无边界组织能够跨越地域限制，有效地利用从任何地方挖掘到的人才。

（3）缺点。无边界组织也自有其劣势。一方面，无边界组织内部缺乏控制，难以保证产品的标准与计划的如期完成；另一方面，无边界组织中沟通较为困难，互联网技术并不能完全取代面对面的交流。

7.1.3　组织结构的影响因素①

为什么不同的组织具有不同的组织结构？是什么影响组织对组织结构的选择？决定组织结构的主要因素包括战略、组织规模、技术特性、环境。

（1）战略。组织结构是帮助管理者实现组织目标的一种手段。组织目标由组织的总体战略决定，因此组织战略与组织结构之间存在密切关联也是符合逻辑的。具体而言，组织结构应该服从组织战略。如果管理层针对组织战略做出重大调整，那么组织结构也应随之做出相应的变化，以适应和支持组织战略的变化。钱德勒提出的著名定律"结构跟随战略"即说明了结构与战略的关系。

（2）组织规模。经验研究显示，组织规模对组织结构具有显著影响。与小型组织相比，大型组织更倾向于专门化，更为部门化，有更多的垂直层级，也有更多的规章制度。

（3）技术特性。对技术进行区分的一个常用标准是常规化程度。所谓"常规化程度"是指技术是一种常规性活动，还是一种非常规性活动。前者以自动化和标准化的操作为特点，后者则是根据客户要求而专门定制的活动。常规性任务与部门化程度更高的组织结构有关。另外，常规性通常与操作规范手册、工作说明书，以及其他正规文件的存在有关。最后，研究发现，技术与集权化程度之间存在有趣的关系。常规性技术与集权式结构之间存在正相关。由于更加依赖专家的知识，非常规性技术与分权式和授权式结构相关。但是，研究发现，正规化与集权化可以相互替代，如果组织中的规章制度非常少，则常规性技术就与集权化有关；如果正规化程度高，常规性技术则可以伴随分权化。因此，只有当正规化程度低时，常规性技术才会导致集权化。

（4）环境。组织所处的环境包括在组织外部可能对组织绩效造成影响的各种结构和力量，其中包括捐赠者、志愿者、受助者、政府管理部门、社会经济条件、法律体系等。任何组织的环境都存在三个维度，即容量、易变性、复杂性。研究显示，环境的稀缺性、动态性和复杂性越强，组织就越倾向于采用有机型结构。相反，环境的丰富性、稳定性、简单性越强，组织就越可能采用机械式结构。

7.2　治理结构

7.2.1　治理结构的定义

治理是一个内涵丰富的概念，字面意义至少涵盖如下行为：规范、控制、指导、要

① 赫尔雷格尔，斯洛克姆. 组织行为学. 北京：中国社会科学出版社，1988：480-484.

求、限制、检查。

治理结构原是法律用语，意为公司权力机关的设置、运行及权力机关之间的法权关系，后来逐渐运用到其他组织类型中。

非营利组织的治理结构对组织发展具有决定性的影响。

7.2.2 非营利组织的委托-代理问题

非营利组织的“产权”是社会所有，即归社会全体成员所有，既不归个人所有，也不归国家所有。与企业不同，在非营利组织治理结构中，出资人或捐款人是提供资源的人，但他们不拥有组织的所有权，不能凭借所提供的资金获取盈余，也不拥有对组织的控制权，组织清算时剩余财产也不归出资人或捐款人。非营利组织的所有权性质带来了严重的委托-代理问题。

一般情况下，法律规定，理事会为非营利组织的最高权力机构。这意味着，理事会代表社会管理非营利组织。

法律上非营利组织归社会所有，即全体社会成员是它的所有者。但是，实际上，全体社会成员既不可能对其实行直接管理，也不可能通过选举产生一个代表机构（理事会）对其进行间接管理，所以，非营利组织理事会的产生机制往往是“自我维持”，即由发起人组建第一届理事会，而后续的理事会则由前任理事会产生。这样一来，非营利组织的“所有者缺位问题”就极为严重，甚至无法解决。可以说，非营利组织的“内部人控制问题”几乎是无法避免的。法律上社会所有，事实上私人控制，这就是非营利组织治理的基本现实。这就是非营利组织的“一次委托-代理问题”。

解决一次委托-代理问题首先得从内部入手。理事会内部实行一人一票制。决策遵从多数原则。受薪理事不能超过1/3，即2/3（绝对多数）的理事必须是志愿者，从理事待遇上体现非营利精神、利他主义精神、组织的公益性。其次从外部入手，实行外部问责，问责主体包括政府管理部门、司法部门、大众传媒、专业评估机构、资助方、合作者、受助者等所有利益相关者。世界各国的经验表明，公益机构并非天使，一样会犯错甚至犯罪，没有强有力的外部问责，它同样会辜负社会的期望，走向自己所宣称的使命的反面。

非营利组织，特别是其中的公益组织的另一特性加剧了治理问题。公益组织的直接受助者往往不是“付费人”。接受公益组织服务的人并不是直接付费的人，为公益组织服务付费的人往往是资助方，而资助方与受助者往往是不同的人。在实际活动中，公益组织是提供帮助的人，受助者往往处于弱势地位，没有能力对公益组织的服务实行有效的监督和问责。

一般情况下，人们关注的仅仅是“二次委托-代理问题”，即理事会内部治理问题和理事会与秘书处关系问题。

7.2.3 西方非营利组织的理事会

在西方国家，非营利组织的最高权力归理事会所有。理事会对组织的生存与发展负责，对组织应承担的社会责任负责。具体来说，理事会负责阐明组织使命，制定发展战略，审核长期发展计划；任命和解聘秘书长，制定秘书长的薪酬标准，监督秘书长的工作；维护重要的外部关系，扮演组织和社会之间的协调角色；评估组织的绩效；等等。

理事会下设各种委员会，如投资委员会、筹款委员会等。委员会没有决策权，它们为理事会提供咨询服务。所以，设立委员会并不意味着理事会可以就此卸除责任。

秘书长是直接对理事会负责的员工，扮演理事会对外联系的主要角色。处理员工与理事会的关系，建立双方合作模式，达成组织目标，都是秘书长的职责。遴选秘书长是理事会的重要职责之一。秘书长的任命和职责应由理事会规定并与之签约，规定薪资、福利、工作条件、职责、年度目标等。理事会要定期对秘书长的绩效进行评估，评估的依据是组织与其签订的合约、年度运营计划和工作成果鉴定。

理事长是理事会的核心、灵魂。理事长的职责包括安排理事会会议，主持理事会会议；主持理事会活动，制定战略、政策、计划；对理事会交付执行的工作进行跟踪评估；联系理事使其对组织有所了解，进而关心组织，参与组织活动；担任组织发言人，维护组织的公共关系；与其他理事、秘书长、员工合作；等等。

理事由现任理事会聘任。理事要认同组织文化，对组织的任务和目标有相当的兴趣，具有为组织募捐的愿望和能力，在个人履历中已经展现出足够的领导能力，具有良好的人际沟通技巧，致力于实践组织的目标和理事会的工作，承诺参加理事会的会议。

7.2.4　中国非营利组织的理事会

《社会团体登记管理条例》《民办非企业单位登记管理暂行条例》《基金会管理条例》确立了双重管理体制。上述条例在字面上规定了非营利组织的最高决策权属于其理事会。但是，上述法律又规定，所有合法的非营利组织，即在民政部门正式登记的社会团体、民办非企业单位、基金会，都要有一个业务主管单位，而且业务主管单位拥有很大的权力，一般情况下属于理事会的许多权力被赋予了业务主管单位。因此，从治理结构上看，中国的非营利组织的治理结构可以称为“双中心模式”，即有两个最高权力机构——理事会和业务主管单位，而且在“双中心模式”中，两个中心不是对等的，业务主管单位更加强势。

在政府的“权力场”之外，理事会的命运并没有好转，常常是“有名无实”。许多非营利组织成立理事会一般有以下三个原因：首先是为了满足法律的要求，否则就无法登记注册；其次是为了赢得“社会合法性”，否则就得不到社会承认，无法获得资助；最后，也是最重要的，理事会是建立和维护人脉的有力工具，理事有义务为其所在组织无偿做出贡献，而且理事往往是“有用的人”。

在官办的非营利组织中，绝大多数情况下，理事会无足轻重，决策权或是掌握在秘书长手中，或是由业务主管单位操控，或是两者分享。少数情况下，理事会具有否决权，这一权力只能保证组织不做理事会坚决反对的事，但不能保证组织去做理事会想做的事。这种情况被形象地称为“三国演义”。

民办的非营利组织一般规模小、历史短，绝大多数实行“家长制”，理事会徒有虚名。人们往往认为民办非营利组织在治理结构上更加健康。这是完全错误的。实际上，在私人控制公共组织这个问题上，民办非营利组织比官办非营利组织更为严重。

此外，注册为企业法人的非营利组织一般具有双重治理结构。法律身份决定了它们拥有一套企业法人治理结构。但是，为了获得社会资源，必须赢得社会合法性，而为了获得社会合法性，它们要按照非营利部门的“行规”组建理事会，而且至少在口头上宣称遵循非营利组织的治理原则。

那些没有法人身份的挂靠机构在法律上不需要理事会，实际上也没有理事会。这类组织要么是一个人主导，要么是几个志同道合的同志或朋友主导。

总的来看，目前中国非营利组织的治理结构不尽如人意。从长远来看，要想使非营利组织按照社会的期待运行，一方面要完善其内部治理结构，使理事会发挥应有的作用；另一方面要发展外部问责机制，强化来自外部的监督压力，以弥补内部治理的“先天不足”。

这里需要特别指出的是，我国 2004 年颁布实施的《基金会管理条例》规定了基金会的治理结构。这是到目前为止对非营利组织的治理结构做出最详细规定的一份法律文件。

该条例规定：“基金会设理事会，理事为 5 人至 25 人，理事任期由章程规定，但每届任期不得超过 5 年。理事任期届满，连选可以连任。”为了减少内部人控制的风险。该条例规定：“用私人财产设立的非公募基金会，相互间有近亲属关系的基金会理事，总数不得超过理事总人数的 1/3；其他基金会，具有近亲属关系的不得同时在理事会任职。”

为了体现非营利性和公益性，该条例规定，“在基金会领取报酬的理事不得超过理事总人数的 1/3”，“监事和未在基金会担任专职工作的理事不得从基金会获取报酬”，“基金会理事遇有个人利益与基金会利益关联时，不得参与相关事宜的决策；基金会理事、监事及其近亲属不得与其所在的基金会有任何交易行为”。

该条例还规定，“理事会设理事长、副理事长和秘书长，从理事中选举产生，理事长是基金会的法定代表人”，“基金会理事长、副理事长和秘书长不得由现职国家工作人员兼任。基金会的法定代表人，不得同时担任其他组织的法定代表人”。“理事会是基金会的决策机构，依法行使章程规定的职权。理事会每年至少召开 2 次会议。理事会会议须有 2/3 以上理事出席方能召开；理事会决议须经出席理事过半数通过方为有效。下列重要事项的决议，须经出席理事表决，2/3 以上通过方为有效：（一）章程的修改；（二）选举或者罢免理事长、副理事长、秘书长；（三）章程规定的重大募捐、投资活动；（四）基金会的分立、合并。理事会会议应当制作会议记录，并由出席理事审阅、签名。”“基金会设监事。监事任期与理事任期相同。理事、理事的近亲属和基金会财会人员不得兼任监事。监事依照章程规定的程序检查基金会财务和会计资料，监督理事会遵守法律和章程的情况。监事列席理事会会议，有权向理事会提出质询和建议，并应当向登记管理机关、业务主管单位以及税务、会计主管部门反映情况。”

7.3 组织文化

每一个组织都有自己的文化，没有文化的组织是不存在的。文化渗透在组织的使命、战略、结构和规章制度之中，体现在每一个成员的日常行为之中。就像鱼儿离不开水一样，企业不能没有文化，也逃脱不了文化的制约。

7.3.1　何谓"组织文化"

直到 20 世纪 80 年代中期，大部分人仍然简单地把组织视为协调和控制一群人和资源的理性工具。把组织视为一种文化的想法是最近 20 多年的现象。在这里，文化指的是组织成员共享的意义体系。

组织文化指组织成员共享的一套意义体系①。组织独立于它的创建者和任何成员，老员工走了，新员工来了，但是组织仍然存在，而且往往还会继续保持自己的"风格"。其实，这种"风格"就是组织文化。了解组织文化的构成内容以及它的产生、维系和学习的方式，有助于提高解释和预测组织成员行为的能力。

组织的制度可以使组织成员对于什么是恰当的行为，或者从更根本的意义上说，对于什么是有意义的行为，获得共同的理解。文化与制度具有相似的功能。强势的组织文化可以扮演正式制度的角色。组织文化越强，管理层就越不用费心制定规章制度来规范员工的行为。当员工接受了组织文化时，那些规章制度就内化在他们的心中了。所以，人们常常把文化看作"无形的制度"。

组织文化作为意义共享体系，反映了组织所看重的一系列关键特征。这些特征构成了考察组织文化的"维度"，利用这些维度可以描述一个组织的文化。组织文化的维度如表 7 - 2 所示：

表 7 - 2　组织文化的维度

文化维度	内容
创新与冒险	员工在多大程度上受到鼓励进行创新和冒险
注意细节	员工在多大程度上被期望做事缜密、注重细节
结果取向	管理层在多大程度上重视的是结果，而不是方法和过程
人际取向	管理决策在多大程度上考虑到决策结果对员工的影响
团队取向	工作活动在多大程度上以团队而不是个体进行组织
进取心	组织成员的进取心和竞争性的程度
稳定性	组织活动在多大程度上强调维持现状而不是发展

资料来源：罗宾斯，库尔特，等. 管理学：第 13 版. 北京：中国人民大学出版社，2017：73-79.

组织文化代表了组织成员拥有的共同的认知。强调组织文化的共性、共享的侧面，并不意味着其中不存在差异。很多大型组织中都同时存在一个"主文化"以及众多的"亚文化"。主文化体现的是一种核心价值观，它为组织中的绝大多数成员所认可和共享。当人们谈到组织文化时，通常指的就是它的主文化。亚文化通常存在于大型组织内部，反映了其中一些成员所面临的共同问题、情境、经历、态度和准则。如果组织没有主文化，只有一堆亚文化，那么员工对"哪些行为恰当""什么是有意义的"就会缺乏一致的判断，从而带来各种混乱和冲突。

在强文化中，组织核心价值观得到强烈而广泛的认同。强文化会对其成员的行为产生

① 赫尔雷格尔，斯洛克姆. 组织行为学. 北京：中国社会科学出版社，1988：572.

巨大影响，在组织内部创造一种有力的行为控制氛围。它也会增强组织的内聚力、忠诚感，降低员工脱离组织的可能性。

7.3.2　组织文化的功能

组织文化具有多种功能。第一，使组织区别于其他组织。第二，表达组织成员对组织的认同感。第三，增强组织的稳定性。第四，文化作为一种意识形态和控制机制，能够引导和塑造员工的态度和行为。文化是一种无形的、虚无缥缈的、不可捉摸的，同时又被视为理所当然的东西，每个组织都会发展出一套自己的信息、价值观和行为准则来管理工作环境中员工的日常行为。组织的新成员只有学会按这些行为准则做事，才能真正算是组织的一员。不管是高层管理者，还是一线员工，只要有人违背这些行为准则，就会受到普遍的指责和严厉的惩罚，而遵循这些行为准则是得到奖励和升迁的基本前提。

文化也是一把“双刃剑”。不用做多么广泛的观察，从文化的定义就可以推知，文化也会带来不利影响。例如，不良文化会损害组织利益，而强势文化很可能成为组织变革、多样化、组织间合作的障碍。

7.3.3　组织文化的创建与维系

一个组织的文化并非凭空产生，而一旦形成，也很难消失。组织当前的惯例、传统、做事方式，在很大程度上是对以往的沿袭。组织文化的源头是组织的创始人。创始人对组织早期文化具有重大影响。新组织的典型特点是规模比较小，这非常有利于创始人把自己的理想、价值观、思考方式和做事习惯灌输给员工。

一般说来，创始人通过三种方式确立组织文化。第一，创始人仅仅聘用和留用那些与自己的想法和感觉一致的人员；第二，创始人对员工的思维方式和感觉方式进行社会化；第三，创始人把自己的行为作为角色榜样，鼓励员工认同这些信念、价值观和行为准则，并让员工进一步内化这些信念、价值观和行为准则。当组织成功时，创始人的愿景被人们视为成功的主要决定因素。于是，创始人的人格特征就根植于组织文化之中了。可以说，正是创始人和后续领导的性格塑造了组织的文化。

文化一旦建立，组织内部就会采取一些措施来维系文化。组织的员工甄选过程、绩效评估标准、培训和职业发展计划，以及晋升标准及程序，进一步保证了组织雇用的是适应这种文化的员工，奖励的是支持这种文化的员工，而挑衅这种文化的员工将受到惩罚直至被开除。

组织文化需要借助一些工具才能有效地传递给员工，最常用的工具是故事、仪式、物化象征、专门用语等。许多组织内部流传一些小故事，它们能够起到借古喻今的作用，还可以为目前的组织政策提供解释和支持。绝大多数情况下，这些小故事是在组织的发展历史中自然产生的。仪式指的是表达并强化组织中核心价值观的一组重复性活动。如果一个组织有较少的独立的办公室，办公区主要由间隔、公共区、会议室组成，那么这种非正式格局就会向员工传递一种“文化信息”——这里鼓励开放、平等、创新、灵活的精神。这就是文化的物化象征的例子。许多组织或组织的部门使用一些专门的语言作为识别组织文化或亚文化的手段。通过这种语言的学习，员工可以表明自己对该文化的接纳，同时也维护了这种文化。

7.3.4　非营利组织的文化特征：现实中的慈善文化

尽管“慈善”在不同的社会形态和每个社会形态的不同历史阶段的表现有所不同，但其不变的核心内涵可以归结为两个字——“利他”。

从丛林世界进化而来的人，具有进化赋予的强烈的求生冲动，这种求生冲动最直接的表现就是利己本能。但是，利他行为则不然，利他意味着为了他人的幸福自觉地放弃某种自我利益，显然，这与人类的利己本能有很大的出入。所以，人类的利他行为需要“高尚的”价值观支撑，甚至离开后者根本就不可能发生，至少不会大面积、持续地发生。简而言之，慈善行为更多的是与个人的价值观联系在一起的，所以更多地受到个人思想和社会文化的影响。

为了识别现实中的公益慈善文化，有必要建立慈善文化描述框架。慈善文化描述框架的功能在于真实、准确、全面地呈现慈善文化，这意味着，第一，描述框架应体现一切慈善文化的共性，即其构成元素应覆盖一切慈善文化共有的东西，据此可以认定孰为慈善文化。第二，描述框架应体现不同慈善文化的差异，即其构成元素应覆盖各种慈善文化的不同之处，据此可以区别各种慈善文化。只有满足上述条件的描述框架，才能成为建立慈善文化测量指标的基础。

慈善的本质是“利他”，所以慈善文化要回答与“利他”相关的一系列问题，主要包括：第一，人为什么会利他。第二，如何看待及解决不平等问题。第三，什么人的什么需求应该得到满足。第四，如何利他。这些问题本身、问题的答案，以及从问题到答案的逻辑构成了慈善文化的主要内容。

为了描述不同来源的慈善文化，本书采用韦伯的理想类型方法完成这一任务。遵循该方法，本书基于现实，删繁就简，描述了慈善文化的来源，阐释了所在社会的慈善文化的核心价值与核心逻辑。就中国传统慈善文化而言，抛开佛教、道教，抛开诸子百家的论述，只取儒家的慈善文化，而在儒家慈善文化中，又只取孔孟的有关主张。就西方现代慈善文化而言，抛开基督教等宗教的慈善文化，抛开道德的实际影响，抛开个人主义之外的其他的慈善文化，如社群主义、共和主义、马克思主义等，只取个人主义的慈善文化。显然，这样概括出来的西方现代慈善文化，不同于在现代西方世界实际发挥作用的慈善文化。

1.　中国传统慈善文化

概括说来，儒家慈善文化的主要构成要素包括：天人合一的宇宙论、以仁为本的人性论、成贤成圣的人生理想、追求和谐的社会理想、以忠恕之道为核心的行仁之方、以“八条目”为阶梯的成己之道、以追求不朽和天人合一为归宿的超越精神。它们构成了一个完善的体系，指明了人生意义、社会理想，以及实现人生意义和社会理想的方式与途径，也为最广义的“利他”奠定了坚实的基础。下面概略阐述儒家慈善文化的诸构成要素及其体系结构。

第一，人性论。儒家认为，“仁”是人与生俱来的本质属性。“仁”使人区别于非人。人必须“仁”，人若“不仁”，则不成其为人。这就是儒家的人性论。“仁”，从人，从二。

所以，儒家将人视为人际关系网络的节点。所有成员的人际关系网络的总合就是社会。因此，儒家的“本体论”属于“关系本位”或“伦理本位”[①]。人性得自于天。天有其道，谓之“天道”，而天道的本质是“仁”。儒家主张“天人合一”，“一”就是“仁”，也就是说，天与人合于“仁”。但是，天与人不是对等的，天先于人而存在，天赋予人德性。这就是儒家人性论的宇宙论根据。

在《论语》中，孔子关于人性的最直接的论说是“性相近也，习相远也”。人之性之所以“相近”是因为有共同的而且是唯一的根源，即“仁”。然而，虽然天赋予人德性，但是天并不保证人能实现天赋之德性。要实现天赋之德性，需要后天的修养，各个人的修养千差万别，故孔子又曰“习相远也”。孟子关于人性的主张与孔子一脉相承。孟子认为人具有“善端”，具有为善的潜能。孟子还认为，通过尽心、知性、知天，人可以与天道合一。

由儒家的人性论可以推知其人生理想。人生的最高理想就是将人之为人的本性发扬光大。由儒家的人性论也可以推知儒家关于平等与不平等的主张。就“人格”而言，儒家主张绝对平等。就“机会”而言，儒家要求人人平等。就“结果”而言，儒家不要求人人平等，但要求不平等符合道义的要求，而且国家要保证每个人能够平等地获得人之为人的条件。需要强调指出的是，儒家认为人具有达到至善的潜能，但并不认为人可以自动地达到至善的境界，更不认为人只能为善，不会作恶。

第二，社会理想。就个人而言，儒家认为，最有效的利他途径是出仕。当然，出仕不是为了争权夺利，而是为了造就理想社会。儒家认为，君子或国家对人民的幸福负有天赋的责任。儒家讨论的主要是“小康”的治理问题，仁政就是儒家提出的“小康”治理方案。但是，儒家的社会理想不止于“小康”，而是“大同”。

第三，行仁之方。如何使人成其为人？如何达成理想社会？儒家的答案是充分发扬人的天性（仁）。那么，如何发扬人的天性（仁）？儒家的答案是“忠恕之道”。“忠”即是“己欲立而立人，己欲达而达人”。“恕”即是“己所不欲，勿施于人”。按照忠恕之道，通过“推己及人”，由近及远，达到“老吾老以及人之老，幼吾幼以及人之幼”，最终达到“四海之内皆兄弟”的“大同”境界。

第四，成己之道。“仁”不但规定了人生理想和社会理想，也规定了实现人生理想和社会理想的方法与途径。这种方法与途径，在原理层面是“忠恕之道”，在实践层面则是“《大学》之道”。《大学》阐明了君子的“成己之道”。《大学》把儒家所推崇的理想的人生轨迹概括为“三纲八目”。所谓“三纲领”为“明明德”“亲民”“止于至善”。所谓“八条目”为“格物、致知、诚意、正心、修身、齐家、治国、平天下”。实际上，《大学》也提出了一种利他的先后顺序，即由“自我”到“他人”，由“家”而“国”而“天下”。

第五，超越精神。任何人都要面对死亡。渴望生而惧怕死是人的本能。每个文明都要面对和解决生与死的问题。与一般的宗教不同，儒家不是通过出世而是通过入世超越死亡和有限，不是在来世和彼岸寻求永恒和幸福，而是在今生和此岸实现不朽和理想。通过此

① 梁漱溟．中国文化要义．上海：上海世纪出版集团，2005.

生的积极作为，践行天道，超越生命的有限，实现不朽与永恒。

综上，天人合一的宇宙论、以仁为本的人性论、成贤成圣的人生理想、追求和谐的社会理想、以忠恕之道为核心的行仁之方、以“八条目”为阶梯的成己之道、以追求不朽和天人合一为归宿的超越精神，这一切都要求，一个人，更确切地说，一个立志成为君子的人，以造福他人、造福社会、造福天下为己任。如果说“慈善”的内核是“利他”，而“利他”之“他”涵盖个体、群体、全人类乃至整个宇宙，那么，上述慈善文化足以支撑人类历史上最高尚、最纯粹、最完美的利他行为。

2. 西方现代慈善文化

第一，个人主义。西方现代慈善文化是个人主义文化的“子集”，而个人主义文化是资本主义市场的反映与辩护。《大英百科全书》对“个人主义”的定义是：一种政治和社会哲学，高度重视个人自由，广泛强调自我支配、自我控制、不受外来约束的个人或自我。个人主义的价值体系可以表述为以下三项主张：一切价值均以人为中心；个人本身就是目的，具有最高价值，社会只是达到个人目的的手段；一切个人在道义上是平等的，任何人都不应该被当作另一个人获得幸福的工具。个人主义的人性理论认为，对于一个正常的成年人来说，最符合他利益的，就是让他有最大限度的自由和责任去选择他的目标和达到这个目标的手段并且付诸行动。个人主义者往往把国家看作一种必要的“恶”，赞赏“无为而治”的小政府。个人主义也指一种财产制度，即每个人（或家庭）都享有最大限度的机会去取得财产，并按自己的意愿去管理或转让财产。

第二，对待不平等的态度及解决方案。个人主义反映了处于自由市场之中的财产所有者的典型生存状态，也反映了他们的根本诉求或社会理想。反过来，作为一种资产阶级的意识形态，它也由衷地支持自由市场制度及其财产分配结果。个人主义充分肯定自由市场制度，它认为“看不见的手”不但是有效率的，而且其结果也是“道德的”。因此，与马克思主义截然相反，个人主义肯定自由市场制度，肯定自由市场的财富分配结果，也承认自由市场带来的经济不平等的正当性。所以，它主张在肯定市场分配结果的基础上，以温和方式缓解不平等，其主要手段一为由政府实施的社会保障制度，二为由社会实施的现代慈善事业。

第三，利己主义者的利他逻辑。个人主义主张“个人本位”或“个人中心”。它认为，社会是由众多互不相干的个人组成的；相对于个人来说，社会仅仅是“形式上的存在”；离开了个人，社会不但无法存在，而且也失去了存在的意义。所以，只有个人才是目的，社会不过是帮助个人实现目的的手段。这样一来，问题就产生了，如此“自我中心”的主义，该如何解释人的利他行为？托克维尔用“正确理解的利益”（开明的自利）的原则来解释利己主义者的利他逻辑。另一种流行的个人主义利他逻辑是“慈善的理性经济人模型”。这种利他逻辑有时也被称为“策略性慈善”。

第四，慈善的自愿原则。个人主义主张，社会若不是其成员自愿选择的产物就是不正当的。慈善也不例外。慈善必须是“自愿的”或“非强制的”，而且对于助人者和受助者都必须是“自愿的”或“非强制的”。这就是慈善的“自愿原则”。对于助人者来说，该原则表现为个人行善的“非强制性原则”；对于受助者来说，则表现为拒绝“家长作风”。

第五，公民权利与公民义务。20 世纪以来，西方慈善事业发生了重大转变，慈善的“业务范围”持续扩大，政府的“责任清单”亦持续扩大，而且两者之间的“重叠部分”也越来越多，民间和政府不但共同经营“重叠业务”，还基于优势互补原则建立起了密切的合作关系。与民间慈善不同，政府为公民提供范围广泛的福祉的依据，不是传统的神谕、道德规范、风俗习惯，也不是个人主义的利他逻辑，而是全新的“正义”理念。正义通过法定的公民权利与公民义务实现自己的要求。每个人都享有法定的权利，每个人都要承担法定的义务；而且，只有每个人都履行了公民义务，才能保障每个人的公民权利。在这种情境中，得到帮助的人，不必感恩戴德，这是他应有的权利。帮助别人的人，不必自鸣得意，这是他应尽的义务。

至此，我们已经完成了两项工作：其一，建立了慈善文化描述框架；其二，描述了两种慈善文化的理想类型。在描述两种慈善文化的理想类型时，为了保持各原型文化内在逻辑的完整性，并没有严格按照描述框架展开。下面，按照慈善文化描述框架对两种慈善文化理想类型做一简要归纳（见表 7－3）。

表 7－3　两种慈善文化理想类型

问题	中国传统慈善文化	西方现代慈善文化
人为什么会利他	信仰“天人合一”，天人相合之“一”就是“仁”。仁者爱人。利他是人性（仁）的内在要求，是成就自我的必由之路，也是赢得不朽的唯一途径	以自我为目的，视他人为工具，不可能做出不求任何回报的利他行为。开明的利己主义者，将利他视为自我与他人或社会的交易。根据“公平交易”原则，既然要得到他人的帮助，自己就“应该”利他
如何看待及解决不平等问题	承认人与人之间的正当的差异，反对平均主义。承认合理的私利，推崇公利，主张以义制利。接受自发的经济秩序，承认受到道义约束的市场的初次分配的正当性，亦正视市场造成的不平等，主张采取温和方式逐渐消除不合理的现实	承认资本主义市场、私有制以及市场分配结果的正当性。正视不平等，主张通过温和的方式逐步消除不合理的现实。要求规范市场运作，支持由政府主持的再分配，大力提倡民间慈善
什么人应该得到帮助	“合格受助者清单”覆盖所有人	“合格受助者清单”覆盖所有公民
什么需求应该得到满足	“合理需求清单”由助人者通过将心比心来确定	“合理需求清单”由宪法规定的个人权利清单决定
利他的次序	按照忠恕之道，推己及人，由近及远，将爱施行于普天之下	主张一视同仁的博爱
助人者与受助者的关系	持父爱主义慈善观，不重视对受助者的自决权和参与权的尊重	强烈主张平等主义，反对家长作风
组织化慈善的法律和政治条件	自古以来便有组织化慈善的实践，但是没有“结社权利”的概念，更没有宪法规定的结社权利	有组织慈善得到法律保障，宪法保障公民的自由表达和自由结社的权利

本章小结

本章介绍了非营利组织的组织结构、治理结构和组织文化的相关知识。通过对本章的学习，我们应对非营利组织组织结构的基本类型和影响因素有更加清晰的认识；了解西方国家和我国非营利组织治理结构的现状；对组织文化的创建方式与维系的方法有更准确的把握，对中西慈善文化的特征和差异有更加深刻、更加全面的认识。

关键术语

组织结构	命令链	控制跨度	简单结构	直线职能制	事业部制
矩阵制	团队结构	网络制	治理结构	委托-代理问题	理事会
组织文化	西方现代慈善文化				

复习思考题

1. 组织结构的基本类型包括哪些？每种类型的主要特征及适用条件是什么？
2. 为什么非营利组织先天存在一次委托-代理问题？
3. 中国非营利组织治理结构有什么特征？
4. 组织文化具有什么功能？创建与维系组织文化的方法有哪些？

参考文献

1. 罗宾斯，库尔特，等. 管理学：第 13 版. 北京：中国人民大学出版社，2017.
2. 罗宾斯. 组织行为学：第 10 版. 北京：中国人民大学出版社，2008.
3. 赫尔雷格尔，斯洛克姆. 组织行为学. 北京：中国社会科学出版社，1988.

第8章

政府管理体制

一个国家的政治制度、经济制度、文化和历史，以及第三部门的发育程度，都会影响其政府管理非营利组织的方式、范围和强度。任何一个国家，无论是公民享有自由结社权的国家，还是结社权受到限制的国家，政府都要对非营利组织实施管理。但是，在不同的国家，政府管理非营利组织的方式、范围、强度又各不相同。政府的许多管理行为是必要的，也是积极的，它们为非营利组织创造了秩序框架，并有力地促进了非营利组织的发展。同时，政府的管理也会产生负面效应，压缩非营利组织的生存空间，扼杀其发展机会。

作为面向中国学生的教材，本章主要介绍中国非营利组织所处的政府管理体制。

8.1 总体特征

政府作为第三部门最重要的环境要素之一，其首要意义在于提供了一个规范第三部门的法律框架。法律对于第三部门的发展至关重要，没有法律，第三部门将陷入无序、混乱的境地。

8.1.1 法律构成

广义的"法律"包括法律、法规、部门规章、地方性规章、其他规范性文件、口头指示和不成文规则等。

《中华人民共和国民法总则》（简称《民法总则》）规定："为公益目的或者其他非营利目的成立，不向出资人、设立人或者会员分配所取得利润的法人，为非营利法人。非营利法人包括事业单位、社会团体、基金会、社会服务机构等。"《民法总则》还对"非营利法人"的性质、类型、设立、活动开展、组织结构、终止等做出了一般性规定。

同时，中国已经出台了一部适用于所有非营利组织的法律，即《慈善法》。《慈善法》

对慈善活动、慈善组织、慈善募捐与捐赠、慈善信托、慈善财产、慈善服务、信息公开、政府对慈善事业的促进措施与监管，以及相应的法律责任等做出了全面、详细的规定。值得一提的是，《慈善法》与时俱进的特征明显，比如“慈善信托”“网络募捐”等新兴事物的纳入，体现着中国公益慈善法律、政府管理体制与公共政策对于技术革新和社会发展变化的回应。以《慈善法》的出台为标志，中国公益慈善事业进入全面“有法可依”的阶段。

《慈善法》出台后，一系列配套性规章、政策相继出台，如针对慈善组织定义的《慈善组织认定办法》，针对公开募捐活动的《慈善组织公开募捐管理办法》，针对募捐平台管理的《公开募捐平台服务管理办法》，针对慈善信托的《慈善信托管理办法》，针对信息公开的《慈善组织信息公开办法》和《社会组织信用信息管理办法》，针对慈善财产的《慈善组织保值增值投资活动管理暂行办法》，它们与《慈善法》形成了有序衔接，表现出良好的政策设计性、系统性和整体感。

这种政策整体感还表现在“跨部门治理”方面，比如《公开募捐平台服务管理办法》由民政部、工信部、国家新闻出版广电总局、国家网信办联合出台，《慈善信托管理办法》则是由银监会与民政部共同印发。

《慈善法》规定：“慈善组织可以采取基金会、社会团体、社会服务机构等组织形式。”《社会团体登记管理条例》、《社会服务机构登记管理条例》与《基金会管理条例》分别对这三类慈善组织进行针对性的管理。与此同时，适用于上述三类社会组织的行政法规《社会组织登记管理条例（草案征求意见稿）》也已经进入立法程序。这些法律、法规、规章对中国非营利组织的法律身份、治理结构、活动领域、运作方式、与其他法律主体的相互关系、享有的权利和责任等做出了规定。

对于社会团体中相对特殊的 8 大人民团体和 25 家免登记社团，政府专门设立了相关的法律、法规来调整。比如，《中华人民共和国工会法》《中国共产主义青年团章程》《中华全国妇女联合会章程》等分别对工会、共青团、妇联的法律地位、组织属性、组织的成立、组织结构、权利义务、经费财产等方面的内容做出了规定。

除此之外，民政部和有关部门在具体的工作过程中又根据实际的需要发布了一系列配套性的政策。此外，各级地方人民政府也制定了一些与非营利组织管理相关配套的地方性规章与政策。

在与非营利组织直接相关的法律法规之外，《中华人民共和国公益事业捐赠法》《中华人民共和国企业所得税法》《中华人民共和国个人所得税法》等也是调整非营利组织的重要法律法规。

特别的是，针对境外非政府组织在中国开展活动，则专门由《境外非政府组织境内活动管理法》予以规范调整。该法律规定，国务院公安部门和省级人民政府公安机关而非民政部门，是境外非政府组织在中国境内开展活动的登记管理机关。因此，如果中国的慈善组织或社会组织想与境外组织在境内合作开展活动，还需要主管单位批准并在公安部门备案。

总之，上述法律法规等共同构成了改革开放后中国第三部门所面临的法律环境。

8.1.2 法律框架特征

我国非营利组织法律框架的特征可以概括为：政府主导、双重管理、行政分割与限制竞争。

1. 政府主导

无论从非营利组织在参与相关立法上所拥有的权利来看，还是从法律框架所体现出的政府与非营利组织关系来看，其特征都体现为政府主导。

在中国，政府在立法过程中占据绝对主导地位。中国非营利组织和公众参与政府立法的制度空间和现实空间都有限。法律制度没有明确规定非营利组织和公众参与立法的权利和义务，现实层面更没有具体规定非营利组织和公众参与立法的事项和程序。缺乏非营利组织和公众参与的立法，更容易站在政府的立场上。现行非营利组织立法就明显体现出这一特点，政府更多是从如何更好地管理非营利组织，使之始终处于自己的掌控之下这一立场出发。立法中对非营利组织明显更多控制而更少支持。立法所体现出的政府与非营利组织的关系，也自然是政府始终处于主导地位。

2. 双重管理

政府对非营利组织采取的是双重管理体制，即非营利组织要同时接受“登记管理机关”和“业务主管部门”的管理或指导。

双重管理体制是从1989年国务院《社会团体登记管理条例》开始确立，并由1998年修订的《社会团体登记管理条例》正式确立的一项制度。2003年之后，广东、上海等地从行业协会商会管理体制的改革着手，尝试突破双重管理体制。2006年深圳率先实现行业协会的无业务主管单位登记，2008年深圳进一步将直接登记的范围扩大至工商经济、社会福利与公益慈善三类社会组织，之后越来越多的省区市跟进。2013年，《国务院机构改革和职能转变方案》中明确提出“行业协会商会类、科技类、公益慈善类、城乡社区服务类社会组织”成立时可以直接登记。但是2018年，《社会组织登记管理条例（草案征求意见稿）》《关于进一步加强和改进社会服务机构登记管理工作的实施意见》《民政部办公厅关于在社会组织登记管理工作中加强名称管理有关问题的通知》等文件显示，民政部门对于社会组织登记管理的基本倾向是强化登记审查和综合监管，强化双重管理。

双重管理制度的特点之一是“归口登记”，即除三类特殊的社会团体外，所有社会组织均统一由县以上各级民政部门登记，并颁发登记证书。

该制度的特点之二是“双重负责”，即除行业协会商会类、科技类、公益慈善类、城乡社区服务类社会组织可实行直接登记外，其他社会组织须经其业务主管单位审查同意，并依照规定进行登记。因此，社会组织要同时接受登记管理机关和业务主管单位的管理。

《社会组织登记管理条例（草案征求意见稿）》第六十五条规定，登记管理机关的监督管理职责包括：登记管理机关履行下列职责：（1）负责社会组织的设立、变更、注销登记以及章程核准；（2）对社会组织执行本条例的情况进行监督检查；（3）对涉嫌违反本条例的行为进行查处。第六十七条规定，业务主管单位的监督管理职责包括：（1）负责社会组织设立、变更、注销登记以及章程核准前的审查；（2）监督、指导社会组织遵守宪法、法律、法规和规章，依据其章程开展活动；(3) 负责社会组织年度工作报告的审查；(4) 协助登记管理机关和其他有关部门查处社会组织的违法行为；(5) 会同有关机关指导社会组织的清算事宜；(6) 领导和管理社会组织党建工作；(7) 业务主管单位负责的其他事项。

业务主管单位的巨大权力带来了双重后果：第一，业务主管单位对社会组织的控制无所不包、无所不在，而且只有政府机构及其授权的组织才有资格成为业务主管单位[①]，这样一来，就把所有的合法社团都置于政府的直接控制之下，损害了社会组织的自主性。第二，业务主管单位的巨大责任使得它不愿担当社会组织的“婆婆”，使社会组织因找不到“婆婆”而无法申请成立，提高了社会组织的“进入门槛”。

当然，双重管理模式也具有一定的合理性。非营利组织数量巨大、种类繁多、活动领域复杂多样、活动方式千差万别，民政部门没有能力对它们进行有效的管理。业务主管单位或多或少与其管理的非营利组织在业务上有相通的地方，监管起来更专业也更便利。

3. 行政分割

民政部要求对社会团体进行属地登记。以社会团体的登记管理为例，《社会组织登记管理条例（草案征求意见稿）》第十七条规定：“全国性的社会团体，由国务院的登记管理机关负责登记管理；地方性的社会团体，由所在地县级以上地方人民政府的登记管理机关负责登记管理；跨行政区域的社会团体，由所跨行政区域的共同上一级人民政府的登记管理机关负责登记管理；城乡社区服务类社会团体，由所在地县级人民政府的登记管理机关负责登记管理。”

《社会组织登记管理条例（草案征求意见稿）》第五十五条还规定，“社会组织不得设立地域性分支机构”，即非营利组织活动的地域范围不得超出其登记机关的行政管辖范围。这样一来，把非营利组织限定在一个个由行政界线分割而成的大大小小的格子里。政府通过设立业务主管单位，建立了针对非营利组织的“条条化”管理；通过设立属地登记制度，建立了针对非营利组织的“块块化”管理。

4. 限制竞争

《社会组织登记管理条例（草案征求意见稿）》第二十条规定：“向国务院的登记管理机关申请设立的社会团体，与该登记管理机关已登记的社会团体业务范围相同或者相似，不符合国家有关规定的，不予登记。”在具体实践中，有的地方民政部门还主动将其认为业务上有重复或者没有必要存在的社团，予以撤销或者合并，社团管理中尚存“一业一会”规定。

这一规定从表面上看规避了无序竞争，但实际上抑制了非营利组织的发展，更准确地说，抑制了民办非营利组织的发展。因为，在绝大多数重要的领域，政府已经建立了自己的官办非营利组织。

---

① 《社会组织登记管理条例（草案征求意见稿）》第八条规定，“国务院有关部门和县级以上地方各级人民政府有关部门、国务院或者县级以上地方各级人民政府授权的组织，是社会组织业务主管单位”。

8.2 登记管理体制

我国非营利组织的登记管理体制主要包括筹备登记、成立登记、变更登记、注销登记、分支（代表）机构设立（变更、注销）登记等。

1. 筹备登记、成立登记

以社会团体的发起、筹备、成立为例，中国公民、法人均可以申请成立社会团体，发起人数量不限，但国家机关和具有行政管理职能的事业单位不宜作为发起人，也不能成为会员，具体条件包括：(1) 有 50 个以上的个人会员或者 30 个以上的单位会员；个人会员和单位会员混合组成的，总数不少于 50 个。(2) 有规范的名称、章程、组织机构。(3) 有与其业务活动相适应的从业人员。(4) 有必要的注册资金。(5) 有固定的住所。(6) 社会团体发起人符合相应的规定。

成立社会团体法人须经过申请筹备和申请成立两个阶段，具体程序如下：(1) 发起人向业务主管单位提交筹备成立申请文件。(2) 业务主管单位审查同意后，发起人向民政部门提交筹备成立申请文件。(3) 登记管理机关批准筹备，向发起人发筹备成立批复。(4) 发起人在 6 个月的筹备期内开展筹备活动，召开成立大会。(5) 发起人向业务主管单位提交成立登记申请文件。(6) 业务主管单位审查同意后，发起人向民政部门提交成立登记申请文件。(7) 民政部门审查同意的，向发起人发成立登记批复。(8) 社会团体在民政部门领取证书、刻制印章后，到组织机关代码管理部门申请组织机构代码，到银行开立银行账户，到税务部门办理税务登记，并报民政部门备案。

一般情况下，即使具备了法律要求的条件，也很难成功登记注册。一是不容易找到业务主管单位。做非营利组织的业务主管单位，一般无利可图，相反却要承担很大的风险，特别是政治风险，所以很少有政府部门愿意担任业务主管单位。二是即使找到了业务主管单位，也具备了相关条例所要求的各项条件，民政部门仍然可能以业务范围相近等理由拒绝批准。

2. 变更登记

非营利组织的名称、住所、宗旨、业务范围和活动地域、法定代表人、活动资金、业务主管单位发生变动的，应当申请变更登记。《社会组织登记管理条例（草案征求意见稿）》规定，社会组织变更登记事项，应当自变更决议做出之日起 30 日内，向登记管理机关申请变更登记。同时，社会组织修改章程，应当自修改决议做出之日起 30 日内，报登记管理机关核准。

3. 注销登记

《社会组织登记管理条例（草案征求意见稿）》规定，社会组织出现章程规定的终止情形的，因分立、合并需要终止的，依法被撤销登记或者吊销法人登记证书的，或因其他原因终止的，应当向登记管理机关申请注销登记。

社会组织终止前，应当进行清算，清算期间，社会组织不得开展清算以外的活动。非营利组织如果完成了社团章程规定的宗旨、自行解散、分立、合并，或是由于其他原因终止，应当申请注销登记。社会组织应当自清算结束之日起 15 日内向登记管理机关提交注销登记申请书、清算报告书、清税证明等，办理注销登记。

社会组织登记前须经业务主管单位审查同意，还应当向登记管理机关提交业务主管单位同意注销登记的文件。登记管理机关准予注销登记的，发给注销证明文件，收回该社会组织的登记证书和印章，财务凭证按照国家有关会计档案管理的规定处理。

4. 分支（代表）机构设立登记

《社会组织登记管理条例（草案征求意见稿）》规定，社会团体可以依据其会员组成特点、业务范围的划分、财产的划分设立分支机构。基金会可以依据其业务范围的划分、财产的划分设立分支机构。社会服务机构可以依据其业务范围的划分、财产的划分设立分支机构，依托场所提供服务的社会服务机构也可以依据其服务需要，在其登记管理机关管辖范围内按场所分布设立分支机构。

社会组织可以在其登记管理机关管辖区域内，设立代表该社会组织开展联络、交流、调研的代表机构。

8.3　税收管理体制

非营利组织应依照国家税务总局《税务登记管理办法》进行登记。非营利组织的税收管理体制主要包括纳税税种和减免税优惠政策两个方面。

8.3.1　非营利组织主要税种

从总体上看，非营利组织需缴纳的税有十余种。其中，企业所得税、营业税、增值税、关税是最重要的四个税种。

1. 企业所得税

按照 2018 年通过的新《企业所得税法》，企业所得税纳税人为“企业和其他取得收入的组织”，非营利组织属于后者。按照新法规定，非营利组织企业所得税征税范围包括货物销售收入、提供劳务收入、转让财产收入、股息红利等权益性投资收益、利息收入、租金收入、特许权使用费收入、接受捐赠收入、其他收入。

按照新法规定，非营利组织的所得税率为 25%。

2. 营业税

根据《营业税暂行条例》，非营利组织只要从事营业税的应税活动，就是纳税人。营业税税目分为 9 类，依据税目不同，税率分为 3%、5%、5%～20%三种。

3. 增值税

根据《增值税暂行条例》，增值税的税基应为应税货物或劳务的增值额，实际执行中，一般按照销售额计算。增值税标准税率为 17%，低税率为 13%。

4. 关税

根据《进出口关税条例》，进出口货物的关税税率依据税目的不同而有差异，进口税则设有最惠国税率、协定税率、特惠税率和普通税率四种。

8.3.2 非营利组织税收优惠

减免税优惠包括针对非营利组织的税收优惠和针对捐赠主体的税收优惠。《慈善法》规定："慈善组织及其取得的收入依法享受税收优惠。"

1. 针对非营利组织的减免税优惠

中国各种非营利组织都有可能享受不同的减免优惠，非营利组织的税收优惠散见于法规政策中，主要包括所得税、流转税和其他税种的优惠政策。

（1）所得税的优惠。

企业所得税的减免优惠是非营利组织税收优惠中最重要的。

《企业所得税法》及其实施条例规定，符合条件的非营利组织的收入享有税收优惠，不包括非营利组织的营利性收入，但国务院财政、税务主管部门另有规定的除外。符合条件的非营利组织①企业所得税免税收入包括：1）接受其他单位或者个人捐赠的收入；2）除《企业所得税法》第七条规定的财政拨款以外的其他政府补助收入，但不包括因政府购买服务取得的收入；3）按照省级以上民政、财政部门规定收取的会费；4）不征税收入和免税收入孳生的银行存款利息收入；5）财政部、国家税务总局规定的其他收入。

（2）流转税的优惠②。

流转税主要包括增值税、消费税、营业税和关税四个税种。非营利组织的营利性活动常会涉及流转税的问题。

根据国务院《增值税暂行条例》及财政部发布的相关实施细则的规定，社会团体如果从事增值税的应税活动就应该按照法律规定缴纳增值税。在税收优惠方面，直接用于科学研究、科学实验和教学的进口仪器、设备免征增值税。

非营利组织的营业税减免项目包括：1）托儿所、幼儿园、养老院、残疾人福利机构提供的养育、婚介、殡葬服务；2）医院、诊所及其他医疗机构提供的医疗服务；3）学校和其他教育机构提供的教育劳务；4）纪念馆、博物馆、文化馆等门票收入；5）财政性收费、社团的会费；6）非营利性科研机构从事技术开发等获得的收入。

在关税方面，《慈善法》规定："境外捐赠用于慈善活动的物资，依法减征或者免征进口关税和进口环节增值税。"非营利组织进口货物用于自身的消费或是用于公益事业时，其在关税上也享有一定的优惠。比如，税法规定，外国政府、国际组织无偿赠送的物资经

---

① 根据2018年财政部、税务总局颁布的《关于非营利组织免税资格认定管理有关问题的通知》，符合条件的非营利组织，须同时满足以下条件：1）依照国家有关法律法规设立或登记的事业单位、社会团体、基金会、社会服务机构、宗教活动场所、宗教院校以及财政部、税务总局认定的其他非营利组织；2）从事公益性或者非营利性活动；3）取得的收入除用于与该组织有关的、合理的支出外，全部用于登记核定或者章程规定的公益性或者非营利性事业；4）财产及其孳息不用于分配，但不包括合理的工资薪金支出；5）按照登记核定或者章程规定，该组织注销后的剩余财产用于公益性或者非营利性目的，或者由登记管理机关采取转赠给与该组织性质、宗旨相同的组织等处置方式，并向社会公告；6）投入人对投入该组织的财产不保留或者享有任何财产权利，本款所称投入人是指除各级人民政府及其部门外的法人、自然人和其他组织；7）工作人员工资福利开支控制在规定的比例内，不变相分配该组织的财产，其中：工作人员平均工资薪金水平不得超过税务登记所在地的地市级（含地市级）以上地区的同行业同类组织平均工资水平的两倍，工作人员福利按照国家有关规定执行；8）对取得的应纳税收入及其有关的成本、费用、损失应与免税收入及其有关的成本、费用、损失分别核算。

② 马骏．非营利组织税收优惠法律问题研究．太原：山西财经大学，2008.

海关审查无讹，可以免税。此外还有政策性减免：对科研单位进口的仪器、设备和大专院校进口的教学、科研设备，对进口的残疾人专用物资等也可根据相关政策予以减免。

（3）其他税种的优惠。

房产税、车船使用税、城镇土地使用税、城市维护建设税、耕地占用税、契税、车辆购置税等税种对非营利组织的优惠政策，主要是对社会团体、宗教寺院、公园、名胜古迹等非营利组织的财产和经济行为免税。

2. 针对捐赠主体的减免税优惠①

根据捐赠主体的不同，可分为针对企业的减免税优惠和针对个人的减免税优惠。

（1）企业。2018 年修改的《企业所得税法》第九条规定："企业发生的公益性捐赠支出，在年度利润总额 12%以内的部分，准予在计算应纳税所得额时扣除；超过年度利润总额 12%的部分，准予结转以后三年内在计算应纳税所得额时扣除。"企业除了以现金形式捐赠外，还可以采用股权捐赠，对此，2016 年 4 月 20 日，财政部、国家税务总局发布的《关于公益股权捐赠企业所得税政策问题的通知》指出："企业向公益性社会团体实施的股权捐赠，应按规定视同转让股权，股权转让收入额以企业所捐赠股权取得时的历史成本确定。"

（2）个人。《慈善法》规定："自然人……捐赠财产用于慈善活动的，依法享受税收优惠。"根据《个人所得税法》及其实施条例，个人用于公益、救济性捐赠，在年度应纳税所得额 30%范围内准予扣除。另外，在相关税收政策中还突破了上述扣除比例，通过列举的方式将纳税人（包括企业及个人）向中华慈善总会等 25 家非营利组织的捐赠扣除标准提高到全额扣除。

8.4　财务管理体制

我国政府对非营利组织的财务管理体制主要包括财务审计、收入管理、支出管理、财务清算等四个方面。

8.4.1　财务审计

《社会组织登记管理条例（草案征求意见稿）》指出："社会组织应当接受税务、会计主管部门和审计机关依法实施的税务、会计和审计监督。""社会组织在换届或者更换法定代表人前，应当进行财务审计。"在双重管理体制下，非营利组织的登记管理机关和业务主管单位作为组织的上级单位，依据法律规定对组织的财务情况进行监督。

8.4.2　收入管理

非营利性是非营利组织的根本属性。我国法律规定，社会团体不得从事营利性经营活动，基金会不得经营管理企业。

---

①　许捷．我国非营利组织税收制度分析与建议．税务研究，2007（6）．

1. 募捐管理

《慈善法》中有“慈善募捐”的专门章节，对慈善募捐的定义、分类、资格、方式、方案制订、活动备案等问题进行了规定。《慈善法》规定：“慈善组织开展公开募捐，应当取得公开募捐资格”，但是“不具有公开募捐资格的组织或者个人基于慈善目的，可以与具有公开募捐资格的慈善组织合作，由该慈善组织开展公开募捐并管理募得款物”。

对于网络募捐，《慈善法》规定：“慈善组织通过互联网开展公开募捐的，应当在国务院民政部门统一或者指定的慈善信息平台发布募捐信息，并可以同时在其网站发布募捐信息。”

2. 会费管理

《社会组织登记管理条例(草案征求意见稿）》指出：“社会团体收取的会费，应当主要用于为会员提供服务及开展业务活动等支出。会费标准的额度应当明确，不得具有浮动性。社会团体的分支机构、代表机构不得单独制定会费标准，不得重复收取会费。”

中国各级民政部门和财政部门不再核定统一的社团会费标准，各社团会费标准的制定或修改须经会员大会或会员代表大会讨论，其决议经到会的会员或会员代表半数以上表决通过后，于30日内报送业务主管单位、登记管理机关和财政部门备案方能生效。社团收取会费必须使用财政部门印（监）制的会费收据。社团应定期向会员大会或会员代表大会公布会费收支情况，并在每年年检时向登记管理机关报告收支情况。如果社团在会费标准的制定、修改以及会费收取、使用和管理上违反规定，登记管理机关可以依法给予相应的行政处罚。

3. 收费管理

社团依据法律、行政法规规定履行或代行政府职能的收费，作为行政事业性收费管理，应报经省级以上财政、价格主管部门批准。社团按照自愿有偿原则提供服务的收费，作为经营服务性收费管理，其中，对存在垄断的服务实行政府定价或政府指导价，应报经所在地价格主管部门按规定的权限和程序，明确收费项目、收费范围和收费标准；对其他服务实行市场调节价，收费标准由社团自主确定或与委托人协商确定。

4. 票据管理

社团收取会费应使用财政部门印（监）制的社团会费票据。社团收取行政事业性收费应到指定价格主管部门办理《收费许可证》，并购领和使用中央和省两级财政部门统一印制的财政票据，收费收入按规定缴入国库，支出通过部门预算安排。社团收取经营服务性收费应到指定税务部门购领税务发票，依法纳税。

8.4.3 支出管理

支出管理指非营利组织的受赠财产支出比例应符合相关法规规定。《慈善法》规定，“慈善组织中具有公开募捐资格的基金会开展慈善活动的年度支出，不得低于上一年总收入的百分之七十或者前三年收入平均数额的百分之七十；年度管理费用不得超过当年总支出的百分之十”。对于年度管理费用难以符合前述规定的特殊情况，社会组织应当报告其登记管理机关并向社会公开说明情况。不过，“捐赠协议对单项捐赠财产的慈善活动支出和管理费用有约定的，按照其约定”。

8.4.4 财务清算

《社会组织登记管理条例(草案征求意见稿)》指出，社会组织终止前，应当进行清算。清算期间，社会组织不得开展清算以外的活动。非营利组织如果完成了社团章程规定的宗旨、自行解散、分立、合并，或是由于其他原因终止，应当申请注销登记。社会组织应当自清算结束之日起 15 日内向登记管理机关提交注销登记申请书、清算报告书、清税证明等，办理注销登记。

8.5 人事管理体制

中国政府针对非营利组织的人事管理有一些限制性规定，主要包括组织的负责人和会员。为了保障非营利组织的员工利益，在社会保障方面也有制度保障。

8.5.1 负责人

(1) 有下列情形之一的，不得作为社会组织的发起人、负责人：无民事行为能力或者限制民事行为能力；正在或者曾经受到剥夺政治权利的刑事处罚；因故意犯罪被判处刑罚，自刑罚执行完毕之日起未逾 5 年；在被吊销登记证书或者被取缔的组织担任负责人，自该组织被吊销登记证书或者被取缔之日起未逾 5 年；被列入严重违法失信名单。

(2) 对于社会团体，其发起人在拟设立社会团体的业务范围和活动地域内应当具有社会认知的代表性，并成为本社会团体的会员；同时，社会团体的法定代表人由章程规定的负责人担任，社会团体的法定代表人不得同时担任其他社会团体的法定代表人。同一社会团体的负责人之间不得具有近亲属关系。

(3) 对于在国务院的登记管理机关登记的基金会与社会服务机构，其发起人须在有关领域具有全国范围的广泛认知度和影响力。基金会、社会服务机构的法定代表人由章程规定的负责人担任，且应为内地居民。基金会、社会服务机构的负责人不得由在职公务员兼任。担任基金会负责人的香港居民、澳门居民、台湾居民、外国人，每年在中国内地居留时间不得少于 3 个月。

8.5.2 会员

《社会组织登记管理条例(草案征求意见稿)》规定，社会团体应当有 50 个以上的个人会员或者 30 个以上的单位会员；个人会员、单位会员混合组成的，会员总数不少于 50 个。全国性的社会团体的会员，应当具有地域分布的广泛性。

8.5.3 社会保障

社会团体应有与其业务活动相适应的专职工作人员。员工应依法签订劳动合同，受《劳动法》保障。

凡依法在各级民政部门登记的社会团体（包括社会团体分支机构和代表机构）、基金会（包括基金会分支行机构和代表机构）、民办非企业单位、境外非政府组织驻华代表机构及其签订聘用合同或劳动合同的专职工作人员（不包括兼职人员、劳务派遣人员、返聘的离退休人员和纳入行政事业编制的人员），应当参加当地企业职工基本养老保险。

8.6 党组织建设

我国是中国共产党领导的人民民主专政的社会主义国家，与政府和企业一样，非营利组织中同样也要进行党的组织建设。《社会组织登记管理条例（草案征求意见稿）》规定，在社会组织中，要根据中国共产党章程及有关规定，建立中国共产党的组织并开展活动。社会组织应当为中国共产党组织的活动提供必要条件。

(1) 社会组织党组织是党在社会组织中的战斗堡垒，发挥政治核心作用。其基本职责是保证政治方向、团结凝聚群众、推动事业发展、建设先进文化、服务人才成长、加强自身建设。

(2) 健全社会组织党建工作管理体制和工作机制，推进社会组织党的组织和党的工作有效覆盖，按单位、按行业、按区域建立党组织，实现全领域覆盖。

(3) 拓展社会组织党组织和党员发挥作用的途径，即围绕社会组织健康发展、贴近职工群众需求、突出社会组织特点开展党组织活动，同时紧扣党员实际创新教育管理服务，贯彻从严要求提高组织生活质量。

(4) 加强社会组织党务工作者队伍建设，包括选优配强党组织书记、充实壮大党务工作者队伍、加强党务工作者教育培训、强化管理和激励等。

8.7 其他规定

我国政府对非营利组织的日常管理包括信息公开、年度检查、违法行为处罚和重大事项报告等四个方面。

8.7.1 信息公开

《慈善法》规定，慈善组织和慈善信托的受托人应当在统一的信息平台发布慈善信息，并对信息的真实性负责。其中应予公开的信息包括：组织章程和决策、执行、监督机构成员信息及其变更情况；年度工作报告和财务会计报告；有公开募捐资格的慈善组织应当定期向社会公开其募捐情况和慈善项目实施情况；慈善组织开展定向募捐的，应当及时向捐赠人告知募捐情况、募得款物的管理使用情况；资助标准、工作流程和工作规范；等等。

《慈善组织信息公开办法》与《社会组织信用信息管理办法》则对非营利组织信息公开的内容、时间要求、奖惩措施等进行了更为全面细致的规定。同时，民政部还建立了“中国社会组织公共服务平台”、“中国慈善信息平台”以及“国家社会组织法人库”等平台，面向社会公开慈善信息，提供慈善信息发布与查询服务，也便于公众、媒体对非营利组织进行监督。

8.7.2　年度检查

《社会组织登记管理条例（草案征求意见稿）》规定，社会组织应当于每年 5 月 31 日前向登记管理机关报送上一年度的工作报告，并向社会公开。年度工作报告内容包括：遵守法律、法规和规章的情况，按照本条例履行登记手续的情况，按照章程开展活动的情况，人员和分支机构、代表机构等组织机构变动的情况，财务管理的情况，以及接受、使用捐赠、资助的情况。

须经业务主管单位审查同意登记设立的社会组织，应当在报送年度工作报告的同时，将年度工作报告报送业务主管单位。

8.7.3　违法行为处罚

《社会组织登记管理条例（草案征求意见稿）》规定，社会组织有下列情形之一的，由登记管理机关责令改正，可以予以警告或者限期停止活动，并可以责令撤换直接负责的主管人员；情节严重的，吊销法人登记证书：

（1）未按照章程规定的宗旨和业务范围活动；

（2）从事营利性经营活动；

（3）违反本条例第十三条关于负责人任职条件的规定；

（4）伪造、变造、出租、出借法人登记证书、印章；

（5）未按照规定或者提供虚假材料办理变更登记、注销登记、章程核准手续；

（6）基金会年末净资产总额低于本条例第二十三条规定的注册资金数额；

（7）未使用规范的名称开展活动；

（8）理事、监事违反本条例规定领取报酬；

（9）违反规定设立分支机构、代表机构，或者对其疏于管理，造成严重后果；

（10）侵占、私分、挪用社会组织的财产；

（11）违反国家有关规定收取费用、筹集资金或者接受、使用捐赠、资助；

（12）违反本条例第五十三条第三款规定；

（13）违反本条例第五十五条规定；

（14）违反本条例第五十六条规定；

（15）拒不接受或者不按照规定接受监督检查。

除上述十五种情形外，社会组织还可能因其他情况而被撤销登记，比如：在申请登记中弄虚作假、骗取登记的；从事或者资助危害国家统一、安全和民族团结活动，非法从事或者非法资助宗教活动的；取得法人登记证书后连续 12 个月未开展活动的；等等。除吊销法人登记证书外，政府部门对社会组织的惩处手段还包括警告、限期停止活动、责令撤换直接负责的主管人员、罚款、列入严重违法失信名单、取缔等。

8.7.4　重大事项报告

各地建立了社会组织重大事项报告制度，社会组织的重要变更和重要活动均须分别向业务主管单位和登记管理机关上报。例如，安徽省规定，社会团体重大事项包括社会团体换届、变更登记、年会、培训、联谊交流会、展览会、研究成果、出版会刊、涉外事宜等。以上事项需要事前通报业务主管单位或（和）登记管理机关，其审核同意后方可施行，事后将有关材料报业务主管单位或（和）登记管理机关备案。

本章小结

本章主要介绍了中国非营利组织管理体制。《慈善法》及其配套法规、规章，《社会组织登记管理条例(草案征求意见稿）》构成了我国非营利组织管理的基本法律框架。法律框架的特征主要包括政府主导、双重管理、行政分割、限制竞争四个方面。同时，本章还介绍了中国非营利组织登记管理、税收管理、财务管理、人事管理、党组织建设、日常管理等内容。

关键术语

登记注册	注销	清算	企业所得税	营业税	增值税
关税	政府主导	双重管理	行政分割	限制竞争	重大事项报告

复习思考题

1. 简述中国非营利组织管理体制的法律构成。
2. 中国非营利组织的法律框架的主要特征有哪些？
3. 中国非营利组织的登记管理体制主要包括哪些内容？

参考文献

1. 王振耀. 慈善规范实务指南. 北京：中国言实出版社，2017.
2. 许捷. 我国非营利组织税收制度分析与建议. 税务研究，2007（6）.
3. 马骏. 非营利组织税收优惠法律问题研究. 太原：山西财经大学，2008.
4. 金锦萍. 中国非营利组织法前沿问题，北京：社会科学文献出版社，2014.

第 9 章

相关理论概览

学术界主要通过两个视角考察非营利组织，一是政治社会学视角，二是公共管理学视角。政治社会学视角主要关注非营利组织与民主制度的关系，特别是它与民主化的关系。公共管理学视角更多地从公共服务供给方面讨论非营利组织。在提供公共服务方面，政府与非营利组织之间应该保持一种怎样的关系，成为公共管理学视角下讨论政府与非营利组织关系的焦点。

9.1 政治社会学视角

多元主义、法团主义、行政吸纳社会、极权主义，是从政治社会学视角观察非营利组织的几种主要的理论模式。

9.1.1 多元主义

多元主义是西方的一种政治思想。

多元主义假定，权力的分布是分散的、非单一集团控制的，社会中包含许多在利益和价值方面相互冲突的群体，它们由个体组成，个人通过参加群体集中利益、影响政策。在竞争性的政治市场中，各种群体依据自己的资源即支持率获得影响力①。

多元主义认为，社会先于国家产生，外在于国家，是一个具有独特运作逻辑的自主和独立的领域。社会具有强烈的非政治色彩，社会不是通过政治组织来界定的，相反，政权只是社会内部的一个机构。在多元主义看来，政治的基本场所是社会而非国家，数量众多的利益集团自身不图谋组织或取代政府，但它们的积极行动会对政府构成压力。在没有国家强权侵扰的情况之下，公众根据自己的意愿和利益组成各种利益集团，各利

---

① 张静. 法团主义. 修订版. 北京：中国社会科学出版社，2005：3.

益集团相互竞争并以竞争的过程和最终结果来确保自身利益，而社会则可以从利益集团的竞争中获益。

这一多元主义思想产生于20世纪初期，是为反对19世纪流行的自由放任主义和日益膨胀的国家主义而产生的。当时，面对大规模的工业化、经济集中，以及国家权力的日益膨胀，个人逐渐淹没在日益强大的国家权力之下。多元主义者反对以个人主义为基础的自由放任主义，认为它把个人从社会联系中分离出来，这样的个人很容易受到专横的国家权力的侵害。他们也反对万能的和一元化的国家观，认为国家权力的扩张是对个人自由和尊严最主要的威胁。他们认为，如果赋予国家至高无上的和独占的权力，必然产生极权主义，扼杀个人自由。在反对个人至上和国家至上的同时，他们极力推崇社会团体的作用，维护社会团体的权利。他们认为，这些自愿组成的小规模的社会团体是真实的人类共同体，它们一方面把分散的个人组织起来，使人们有一种团体感；另一方面抵御国家权力的侵犯，保护成员的个人权利。这些团体具有独立的人格，它们对内部事务享有自主权，国家不能干预。国家的作用在于维护公共利益，调解各团体之间的冲突。国家不是凌驾于各种社会团体之上的主权者，而是众多社会团体中的一个。过于集中的国家权力应被分解，尽可能转移给各种社会团体，实现政治权力体系的多元化。

多元主义认为，社会中的个人或团体应该按照自愿与契约原则活动，建立起与国家相对的非政治的、自主的活动领域，它通过社会自我管制达成相互联系并依存的整合秩序，以防止国家对社会自由的干预。公民组织应积极关切和参与公共事务，并形成和国家建制对等的监督力量。伴随着非营利组织的发展，它们将会捍卫社会相对于国家的独立性，明确国家与社会之间的边界，使社会中自发组织的多元利益和价值群体与政府之间形成权力平衡，制约国家的权力，使社会政策的制定不仅仅是国家意志的体现，而且是社会利益集团利益表达和相互竞争的结果，进而达到善治。

多元主义使人们对现代国家与社会关系的认识突破了以往国家本位的思维定式，转变了自上而下的传统政治思维方向，开创出一种自下而上的新的政治思维路向。

9.1.2 法团主义

法团主义思想有着长久的历史渊源，人们普遍认为，它发源于近代欧洲斯堪的纳维亚地区的权威主义政体。这一术语的现代语源学来自19世纪末20世纪初拒绝自由主义与社会主义理论前提的社会思潮。它一方面谴责资本主义的个人主义和竞争，另一方面批评阶级冲突及其导致的社会主义运动。法团主义者认为，阶级和谐与有机统一对社会是必不可少的。第二次世界大战时期，这个概念被用来描述墨索里尼时期的意大利这样的法西斯类型的政体，于是有人认为，法团主义与当时的独裁体制有关，因而“名声”欠佳。直到20世纪70年代中期，法团主义才恢复了它在政治理论中的地位。

从历史看，法团主义的思想背景存在于三个方面：欧洲天主教教义、社会有机论和民族主义。欧洲天主教特别强调人的群体性，崇尚“爱你的邻居如同爱你自己”的博爱精神。天主教认为，这种博爱和牺牲精神体现在个人与个人、个人与群体、群体与群体之间关系的各个层面。天主教主张实现社会正义，消除经济与社会发展中的危险因素和不确定性，社会各阶级或阶层应和睦相处，国家要积极促进共同利益，个人要捍卫基本的道德底线。社会有机论强调社会整体与部分、部分与部分之间关系的调适，认为社会具有整体性、统一性、复合性、确定性、自我平衡性和开放性。作为法团主义思想背景的民族主义尤其强调民族共同体中的个体成员利益对整体利益的贡献和服从，从而为法团主义提供了精神支撑。法团主义的三大思想渊源形成法团主义的如下理念："认为社会是一个整体"，"提倡和谐、一致的社会秩序"，"谴责过度的个人主义和竞争，批评阶级冲突及其导致的社会无序，认为阶级和谐与有机统一对社会是必不可少的"①。

相对于多元主义主要反映美国社会经验而言，法团主义是一个来自欧洲经验的理念，它与多元主义概括了两种不同的国家和社会关系模式。事实上，法团主义正是针对多元主义而产生的，它的目的是在多元主义支配模型之外提供一个可供选择的方案。

法团主义质疑美国式的多元主义结构，认为在多元主义体制下，不同的利益群体为了本群体的利益相互竞争，从而导致社会冲突，危及公共秩序。特别是在许多社会异质性很强的国家，盲目地实行多元主义制度会造成社会分裂。相对于多元主义的自由竞争价值观，法团主义特别强调稳定与整合，即如何将社会冲突化为秩序。法团主义认为，国家是影响利益构成和团体作用的决定性力量，应当寻求在利益集团和国家之间建立制度化的联系通道，重视利益集团对国家与社会关系的协调作用。因此，法团主义大量使用的词语是中介（intermediation）或调整（regulation）。

根据这一界定，法团主义这一体系包含以下特征：

（1）国家和社会共同参与公共事务。国家作为总体利益的代表，在尊重社会及各种组织独立性的前提下积极介入社会生活的过程，对后者的活动进行多种形式的协调与引导，并为它们创造出适宜的活动环境与条件；社会则以功能团体的形式参与到公共事务和活动中。国家与社会互相承认对方的合法资格和权利。

（2）政府与社会进行政治交换和利益合作。在法团主义模式中，国家与社会的界限是不分明的：国家与垄断的利益集团之间建立起了一种制度化的协商、合作关系，一方面是国家让渡出了部分公共权力，允许这些利益集团进入公共政策的决策过程，并对相关的政策提出意见；另一方面则是作为政治交换，利益集团有义务使达成一致的公共政策在其占有垄断地位的领域内得到有效的贯彻。结果是国家与社会双方在社会结构中的相互地位及行为是互动的结果，它们相互创造并互为结果。诚如威尔逊指出的，"在法团主义模式中，利益集团并非在政府之外，向政府施加'压力'，而是统治过程中的一部分，既执行政策，也协助拟定政策。这种政府与利益集团之间相互依赖的状况，在某些国家益发亲密"。

（3）政府和社会存在相互制约。法团主义是一种关于社会结构性冲突及秩序的学说，其关注的核心问题是社会不同利益如何得到有序集中、传输、协调和组织，并用各方同意的方式进入体制，以便使决策过程有序吸收社会需求，将社会冲突降低到不损害秩序的限度。这些利益集团在其代表的范围内是独一无二的、强制性的、非竞争的，并具有等级结构。它们被国家承认或由国家同意而建立，并在各自的领域内被特意授予代表的垄断权，作为交换，其领导人的选择以及要求和支持的表达要受到国家的某种控制。法团主义体制下的利益集团既代行了部分公共权力的职能，同时也受到一定程度的国家控制。在价值理

---

① 张静．法团主义．北京：中国社会科学出版社，1998：20-22.

念上，法团主义注重整个社会的整合、秩序及稳定。

（4）社会利益集团具有垄断性和官僚特征。法团主义强调社会组织具有官僚化的集中趋势。作为这种趋势的结果，某一领域的利益由数量有限的、具有垄断性的特定组织团体表达，它们在政策制定过程中扮演了特殊的角色。另外，在内部关系中，这些组织具有官僚制的层次特征，成员的资格具有一定的限定性或强制性。

法团主义所推崇的实例是法团主义体制在比利时、瑞士、奥地利、荷兰等国的长期实践以及在爱尔兰、法国、意大利、日本、德国等国的表现，尤其是 20 世纪后期，日本和德国的经济实力大幅增长为法团主义提供了成功的例子。

9.1.3 行政吸纳社会①

“行政吸纳社会”是一种特定的国家与社会关系模式。在这一概念中，所谓“行政”，既指“政府”或“国家”，也指“政府”或“国家”的“行为”。“社会”不是指一般意义上的“社会”，而是指“公民社会”“公共领域”“法团主义”所指称的那种社会。“吸纳”意味着政府通过自己的一系列努力使“公民社会”“法团主义”“公民社会反抗国家”之类的社会领域的结构无法出现。

从国家与社会的权力分配格局来看，在这一体制中，政府处于支配地位，而社会处于从属地位，缺乏独立性、自主性、自治性。这一体制的外部政治环境是权威主义政体，政治空间有限开放，国民拥有有限的结社自由。而经济领域的制度结构属于资本主义经济体制，即市场是资源配置的主导机制，存在强大的私人企业制度、无产阶级化及发达的劳动力市场。国民的个人和家庭生活拥有较为充分的自由。海外势力对第三部门的发展影响巨大。中产阶层构成了第三部门最主要的行动者。

政府凭借自己的优势地位，针对第三部门的双重属性（挑战权威主义和提供社会服务），制定并实施“限制与发展并重”的两手策略。其根本目的是“为我所用”（既利用第三部门的服务能力，又限制其挑战潜力）。

在行政吸纳社会体制中，存在大量的第三部门，类型高度多元化，行为方式也高度多元化，但是，对抗性的、暴烈的、破坏性的行为方式极为少见。非营利组织的社会和政治功能主要是从事广义的社会服务，而不是倡导和干政。对政府来说，它们的功能主要是“帮忙”，而不是“添乱”。第三部门危及权威主义政体的潜能受到了有效的控制，而提供社会服务的功能得到了有效发挥。

行政吸纳社会的逻辑如图 9－1 所示：

“行政吸纳社会”的核心机制：一是控制，即控制被统治者运用“非政府的方式”挑战政府权威；二是功能替代，即通过拓展行政机制满足被统治者的利益要求。在这里，政府是“控制”“功能替代”的决定者和实施者。显然，“控制”是为了防止第三部门组织挑战政府权威，是为了继续垄断政治权力。而“功能替代”是通过实施“延续”“新建”“收编”“合作”“不支持”等策略，发育出“可控的”第三部门组织体系，并利用它们满足社会

---

① 康晓光，韩恒，卢宪英. 行政吸纳社会：当代中国大陆国家与社会关系研究. 新加坡：世界科技出版公司，2010.

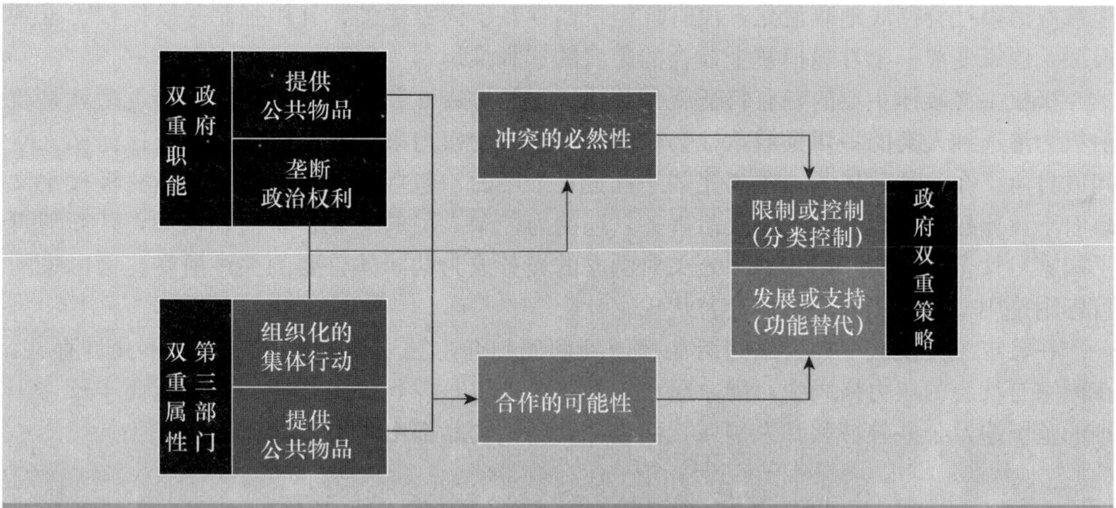

图 9-1　行政吸纳社会的逻辑

的需求，消除“自治的”第三部门组织存在的必要性，从功能上替代那些“自治的”第三部门组织，进而避免社会领域中出现独立于政府的第三部门组织，最终达到消除挑战势力和满足社会需求的双重目的。可以说，“功能替代”是一种更为精巧的控制手段，通过主动回应来自社会的需求，从功能上“替代”被统治者的“自治”诉求，从而达到“通过替代实现控制”的目的。通过同时运用这些策略，政府不但赢得了权威政体的稳定，也赢得了经济和社会的发展。

“行政吸纳社会”强调的不是国家与社会的分离，更不是国家与社会的对立，而是国家与社会的融合。在其中，国家采取“社会的方式”进入社会，但是进入社会的国家已经不同于“纯粹的国家”，而“社会的方式”又打上了“国家”的烙印，国家对第三部门组织的干预和影响无所不在。显然，这不同于法团主义、公共领域等社会结构。

与全能主义体制相比，在行政吸纳社会体制中，确实出现了国家与社会的“分离”。但是，这种“分离”在“范围上”是“有限的”，国家仅仅放弃了对“私域”的控制，但重建了对“公域”的控制。而且，这种“分离”在时间上也是“有限的”，经历了最初的国家与社会的“分离”之后，紧接着就通过建立行政吸纳社会体制重建国家与社会的“融合”。这种社会变迁，并不是一个单纯的自治扩大的过程，也不是单纯的重建政府控制的过程，而是一个在社会自治增加的过程中重建行政控制的过程。在某种程度上，这是一个社会和国家双赢的过程。

9.1.4　极权主义

极权主义意味着社会秩序完全由政治权力或国家权力达成，私人空间被压缩到几乎不存在的状态，自由被减至最低限度。正如汉娜·阿伦特所言，它意味着私人及公共生活的一切方面都包摄在一个囊括一切的统治过程之内。

一般来说，极权主义的政治统治具有空前的强度、弥漫性和渗透性，极权主义是指把整个社会囚禁在国家机器之中，对人的非政治生活无孔不入的政治统治。国家和社会的界限被取消，社会彻底地政治化，没有任何东西存在于国家之外，并用强制手段把权力推到极限，国家变成一个吞噬掉整个社会的庞大的“利维坦”。

极权主义政体主要的专有特征就是政治权力的渗透性和扩散性，它的极端类型就是政治权力渗透到人类的一切领域，社会秩序完全由政治权力来达成，个人不再有任何私人空间或自由。在此种政体下，国家笼罩于社会各个层面，包括其公民的日常生活。极权主义政府不仅要控制所有的经济、政治事务，还竭力控制人民的意见、价值和信仰，从而消弭了国家与社会之间的一切分别。公民对国家的义务成为共同体首要的关注所在，而国家的目标则是用一种完美的理想社会替代现存社会。

在极权主义模式下，公民的结社权遭到彻底剥夺，独立的第三部门组织不允许存在。在国家与社会的权力格局中，国家居于绝对支配地位，并且国家对社会实行全面干预，干预的范围遍及公共领域和私人领域，而且一切公共物品都由国家包办。

9.2 公共管理学视角

随着全球范围内新公共管理运动的兴起，以公共服务供给为视角的政府和非营利组织关系也成为学界讨论的热点。

9.2.1 市场/契约/政府失灵理论

亚当·斯密的市场理论备受推崇：只要给予公民追求利益的自由，“看不见的手”就会自动调节资源配置，促进社会的经济繁荣，并达到社会福利的最大化，政府只起“守夜人”的作用。

市场失灵理论指出，公共物品的非竞争性和非排他性使得公共物品领域常会出现“搭便车”行为。私人组织会因提供公共物品可能导致资源配置的损失而不愿投资，最终导致公共物品的严重短缺。

契约失灵理论认为，市场竞争有效率需要满足一些条件，一个重要的条件是契约双方是否掌握完全的信息并都能遵守契约；但当消费者与生产者存在着严重的信息不对称时，就会出现契约失灵的现象。

因此，政府理所当然应该承担起提供公共服务的职能。

然而，政府在克服公共服务领域市场失灵的同时，也会出现失灵。政府失灵的原因在于：首先，公共物品的需求是有差异的，政府无法满足这种差异性；其次，政府的公共决策反映的是中位选民的要求，因此政府所提供的服务通常是统一的，它不能满足部分群体的特殊需求；最后，政府官僚体制的不完善导致政府机构庞杂、缺乏灵活性、高成本、低效率。

因此，伯顿·韦斯布罗德认为，在提供公共物品方面，“市场失灵”导致政府的介入，而政府同样存在着“政府失灵”，市场和政府的双失灵必然导致非营利组织的介入。

韦斯布罗德则认为，非营利组织非常贴近现实，能够以低成本、高效率更好地、更灵活地满足不同群体尤其是弱势群体的需求。而亨利·汉斯曼则提出，非营利组织本身所具有的公益性、非营利性等使得非营利组织的剩余只能用于组织的发展，不能在组织成员中分配，使非营利组织通常不可能以提高价格或降低质量来损害消费者。这种“非分配约束”使非营利组织与营利性企业相比有绝对优势①。这种分析使非营利组织存在的空间更加广阔。因此，他认为在其他条件相同的情况下，对政府提供的公共物品的满意度越低，非营利组织就越发达，反之则规模越小②。

可以看出，市场/契约/政府失灵理论认为，非营利组织的功能是在政府和市场失灵的时候发挥拾遗补阙的作用。这就是非营利组织存在的价值。韦斯布罗德认为，政府主要提供垄断性公共物品，非营利组织提供竞争性公共物品。而汉斯曼则认为，市场提供信息透明的私人物品，而非营利组织提供的是信息不对称条件下的私人物品。但是，无论是哪种分工，市场/契约/政府失灵理论都暗含着政府与非营利组织之间的关系并不是平等的，非营利组织只是政府的补充，在提供公共物品方面，应该以政府为主导，以非营利组织为补充这样的意思。

9.2.2 志愿失灵及第三方政府理论

萨拉蒙不认同市场/政府失灵理论，他认为市场、政府和非营利组织三者之间的先后关系应该是“市场失灵”——非营利组织反应与“志愿失灵”——政府反应与“政府失灵”。也就是，因为市场或者契约失灵而带来的社会公共服务需求空间，首先应该由非营利组织来弥补。但是非营利组织本身也存在不足，由于存在着志愿性部门的失灵，所以才导致了政府介入的可能性和必要性，而且从历史上来看，政府可以视为志愿失灵之后的衍生性制度，而不是相反。

萨拉蒙分析了非营利组织失灵也就是志愿失灵的情形，包括：(1) 慈善供给不足。社会对慈善的需求大大超过了非营利组织的慈善供给，原因在于更多的人倾向于不花成本地享受他人给自己提供的福利。(2) 特殊主义或狭隘性。非营利组织通常有自己所服务的特定群体，但可能忽视了最需要帮助的一些群体。(3) 家长式作风。非营利组织掌握着公共物品的供给，也就掌握着分配的权力，控制者根据自己的偏好决定把什么样的服务提供给什么样的群体，这会造成决策的非民主化与非透明化。(4) 业余性③。非营利组织无法提供足够的报酬吸引专业人员加盟，使这些工作只能由有爱心的业余人员来做，降低了服务质量。

这种失灵萨拉蒙认为可以由政府组织来弥补。政府可以通过税收克服慈善的供给不足，政府可以通过民主的政治程序决定福利支出，从而纠正慈善的狭隘性与家长式作风等。但政府也存在弱势，例如，以权力为基础的科层制度缺乏灵活性，难以根据不同群体的需求提供相应的服务，同时，成本也高。而小型的非营利组织富有弹性，可以满足不同层次的需求，在非营利组织之间还可以展开竞争，提供更好的服务。因此，非营利组织与政府之间是相互合作和相互依存的，而不是相互排斥的。萨拉蒙还借用经济学中的“比较

---

① HANSMANN, H. The role of nonprofit enterprise. The yale law journal, 1980: 835-901.

② WEISBROD B. Toward a theory of the voluntary non-profit sector in a three-sector economy. IN E. S. Phelps (ed), Morality and economic theory. New York: Russell Sage Foundation, 1975.

③ 萨拉蒙. 公共服务中的伙伴关系：现代福利国家中政府与非营利组织的关系. 北京：商务印书馆，2008.

优势”理论来分析非营利组织和政府间的这种关系。他指出，非营利组织和政府的优势、劣势相互补充，才使得它们能够建立起紧密、稳固的合作关系。至少在某些情况下，致力于扩大社会福利保护的政府能得益于非营利组织的援助，而非营利组织则可受益于政府资金的帮助。因此，与内在冲突关系不同，政府与非营利组织之间存在着建设性的伙伴关系的基础。该理论指出，随着政府社会福利开支的增加，非营利组织会增加，而不是减少；而且随着政府社会福利开支总体规模的扩大，非营利组织所筹集的资金中公共资金的份额也会增长。

萨拉蒙提出的志愿失灵理论也被称为第三方政府理论。这一理论认为，政府与非营利组织既是相互依存的，又是优势互补的，因此，它们之间是一种合作而非冲突关系。在提供社会公共服务方面，应该主要由非政府组织来完成，政府更多的是服务的资金提供者，以及在必要的时候，作为非营利组织的补充。

9.2.3 民主制行政与多中心治理理论

“民主制行政与多中心治理”是文森特·奥斯特罗姆等学者针对传统“官僚制行政”与“单中心治理”理论所提出的现代行政理论与治理理论。

奥斯特罗姆指出，美国公共行政的思想主流是官僚制行政，即威尔逊-韦伯范式。其基本特征为“政治-行政二分法”“单中心的权力结构”“官僚等级制”。威尔逊认为，政治是国家意志的表现，行政是国家意志的执行。政治与行政分离，可以防止政治腐败（如政党分肥制）并保证行政效率。这一范式要求行政官员保持“政治中立”。韦伯认为，官僚制最符合理性的要求，是效率的保障。但奥斯特罗姆认为，正是这种行政模式导致美国公共行政研究中持续的信心危机与身份危机。通过梳理汉密尔顿、托克维尔的民主行政思想，他指出：“通过交叠管辖和权力分散的体制，民主制行政获得了一种稳定的形式，从而提供了一种公共行政组织的替代结构。”①

“民主制行政的特质是多中心而不是单中心的。”② 在奥斯特罗姆看来，多中心意味着同时存在许多相互独立的政治决策中心，它们之间存在协作、竞争与冲突，并通过协作、竞争、冲突寻求解决问题的方案。多中心治理，则是以宪法和法律为前提，以自主治理为基础，允许多个权力中心存在，并通过它们之间的合作，为公民和地方社区提供更好的服务。多中心治理的主体包括政府、企业、非营利组织、国际组织等，它们处于紧密的互动网络之中，越过代议制民主和官僚制等级结构设置的障碍，直接表达自己的利益，做出政治决定，解决自己的问题。多中心治理也意味着，政府不能再垄断公共权力和公共物品的供给，政府不能再是政治决策的唯一制定者和执行者，政府不再是高高在上的统治者，但是，这并不意味着政府要从公共领域中完全退出，而是转变其角色、权限与行动方式。

相比于“单中心”，多中心的优势主要表现在：多中心秩序中复杂的交叠管辖体制可

---

① 奥斯特罗姆．美国公共行政的思想危机．上海：上海三联书店，1999：102.

② 同①87.

能优于单中心的权力体制①；同时，“无中心或多中心的制度结构能够减少策略成本和信息成本，而又在存在规模经济时保留大型生产机构的优点”②；此外，合理的多中心设计，还可以提高政治代表性③，也可以提高政府的回应性和回应的有效性④。

多中心的存在有赖于诸多条件，在《多中心》一书中，文森特·奥斯特罗姆论述了市场、司法、政治联盟、公共经济之中存在的多中心秩序，论证了多中心秩序的普遍性，并进一步指出：“在市场安排、司法领域、政治联盟等组织中存在的多中心，每一个都是公共服务经济中存在多中心的必要前提条件。”⑤ 此外，他还强调文化、民情的重要性。

值得注意的是，文森特·奥斯特罗姆力图与我们即将讨论的新公共管理范式划清界限，虽然二者有共同的理论批判对象。他指出：“多中心政治体制不是一个市场，多中心组织的理论不是市场模式的类比。”⑥ 多中心并不排斥市场机制，“竞争和半市场的条件是多中心的人工制品，可能引入到多中心组织的公共服务经济中”⑦，但这样做的前提条件是，存在交叠管辖和权威分散的秩序，而且能够充分利用这种结构的优势。

9.2.4　新公共管理理论

如果说民主制行政与多中心治理是从民主政治的角度对传统行政范式进行分析和批判的话，那么新公共管理范式则是从市场的角度对传统行政范式进行分析和批判。

新公共管理范式，本质上是一种市场导向的公共管理或公共治理模式，它运用现代经济学和商业管理理论与方法，对传统福利国家进行技术性的分析和批判，要求打破由威尔逊和韦伯所确立的行政管理范式，在提供公共服务中引进竞争机制，用企业的管理方式改造政府，变直接提供方式为间接提供方式，对政府设立的服务机构进行民营化和私有化改革，广泛实行外包或政府采购非营利组织的服务，通过中央政府、地方政府、非营利组织、企业、社区、家庭的合作提供公共物品。经济合作与发展组织列举了新公共管理范式的主要特征⑧：

> 在大多数成员国，公共管理改革已涉及重大的文化变迁以适应一种新的公共管理典范，它试图把现代管理方法和经济学的逻辑规范结合起来——尽管仍然保持公共服务的核心价值。这种新的管理典范强调：根据“成本-收益分析”来确定结果，运用目标管理方法实现任务，运用市场与市场机制，竞争与选择，通过权力、义务、责任的协调一致向工作人员下放权力。被替代的旧典范主要依靠程序和规则驱动并强调层级决策和控制，而新公共管理的环境特征是：
>
> ● 根据效率、效能、服务质量以及计划的收益人是否真正受益等实现对结果的

---

① 麦金尼斯. 多中心体制与地方公共经济. 上海：上海三联书店，2000：3.

② 奥斯特罗姆，施罗德，温. 制度激励与可持续发展. 上海：上海三联书店，2000：204.

③ 同①52-54.

④ 同①57.

⑤ 同①90.

⑥ 同①94.

⑦ 同①93.

⑧ 休斯. 公共管理导论. 北京：中国人民大学出版社，2007：303-304.

关注；

- 一个分权管理的环境，能更好地配置权力和职责，使资源分配和服务供给的决策更贴近现实，而且为顾客和利益集团提供了反馈意见的机会；
- 通过在公共部门内部以及公共部门和非政府竞争者之间创造一个竞争的环境，进一步实现以顾客为中心并为顾客选择提供更多的条件；
- 灵活使用更多的成本-收益方法指导公共供应和管制，包括应用市场化手段；
- 对结果负责，对建立正当程序而不是屈从一套特殊的规则负责，并相应地从规避风险转向风险管理。

新公共管理对政府行政模式提出了新的要求。一方面，新公共管理范式要求改革政府本身。例如，要求精简政府机构，削减政府职能，实行绩效导向的管理和职业化的管理，在政府工作中强化信息技术的使用，等等。其总的精神是强调在公共行政管理中吸收商业管理的理论、方法和技术，“企业家政府”是这种取向最响亮的表达。

另一方面，新公共管理范式还要求转变政府角色，由公共服务的直接提供者变为规则制定者、资助者和监管者。它们提出的著名口号是“掌舵而不是划桨”。它们对政府的要求有以下几点：政府把公民视为消费者，强调所谓“消费者主权”；放松管制；取消公共服务的政府垄断；在公共服务领域引入竞争机制；公共服务供给主体的多元化，允许私营部门参与公共物品供给；实施民营化、外包或采购私营部门的服务；与私营部门广泛合作；利用市场、政府、社会各自的相对优势，通过优势互补，有效满足社会需求。

新公共管理的一系列理论与实践主张在全球范围内掀起了一场轰轰烈烈的“新公共管理”运动，延续至今。这场运动重塑了政府的职能定位和行政模式，也重塑了政府与社会关系，使社会逐渐从边缘走向公共管理的中心舞台。

但与此同时，对新公共管理范式的批评一直不绝于耳。对其主要攻击包括：第一，忽视文化对人的规制，忽视促进美德的重要性，引发公共伦理的危机。第二，过分强调效率、工具理性，违背了公共行政的本质属性，即公民权利、人性尊严、公平正义、社会责任等价值。第三，奉行市场原教旨主义。对市场机制过分推崇，神化市场，忽略了市场的缺陷，而且无视市场与公共行政的实质差别，扭曲了公民与政府的关系，导致政府的角色混乱。第四，政府大量采购私人机构的产品和服务又会引发新的腐败。

9.2.5 民营化理论

“民营化”是新公共管理范式最突出的特征之一，也是最主要的政策工具之一。“民营化不仅是一个管理工具，更是一个社会治理的基本战略。它根植于最基本的哲学或社会信念，即政府自身和自由健康社会中政府相对于其他社会组织的适当角色。”① 民营化意味着以政府高度介入为特征的某种制度安排向较少政府介入的另一种制度安排的转变。政府服务活动、政府企业和国有资产可以通过委托授权、政府撤资和政府淡出三种方式实现民营化。政府的收缩为企业和非营利组织提供了活动的舞台，也为非营利组织与政府之间伙

① 金志云．有限民营化与有限政府：公共服务民营化进程中政府职能研究综述与引申．求索，2018（12）：26-28.

伴关系的发展提供了可能性。民营化理论以公共选择理论为基础，与当代行政改革的主导理论——新公共管理潮流相契合，推进了非营利组织与政府之间关系的直接发展。

公共选择学者认为，公共物品市场是一个很容易导致不完全竞争的市场，政府很容易就形成了垄断。政府限制市场机制的作用，垄断公共物品和服务的生产、供应，会导致公共物品成本高昂、质量低劣、效率低下，而且对公众的需求反应过于迟钝，缺乏回应性。造成政府这种现状的原因并不是政府的工作人员懒惰或者是他们没有能力，而仅仅是因为资源在一个垄断的环境中运作，管理者缺乏激励，没有人同他们竞争。公共选择理论认为要改善政府供给公共物品的效率必须引入市场机制。

尼斯卡兰提出的改革思路是在行政机构之间引入竞争，并将市场运作扩大到公共服务的生产中去。尼斯卡兰认为，许多由公共部门提供的服务如清除垃圾、消防、医院、邮政、公共运输，如果改由私营部门来提供，效率会提高。这些公共物品的生产可以更广泛地依靠私人投标制度。米尔顿·弗里德曼提出要充分利用市场解决问题，芝加哥学派把这些方法概括为“重新创造市场”。

这些思想促成了民营化运动的兴起，并直接推动了西方 20 世纪 80 年代以来的新公共管理运动。“作为经济学观点的基本延展，新公共管理明显地与理性主义观点相联系……它尤其与公共选择理论有联系”①。因此，新公共管理成为公共选择理论的活体，公共选择理论不仅被公共管理理论所吸纳，而且在实践上演化出了一系列相关的具体措施。

在萨瓦斯看来，新公共管理是“一系列创造性改革的通用标签，其最显著的特征是将市场机制引入政治领域……民营化显然属于新公共管理的主流，体现了新公共管理的上述所有特征。在新的环境下，公共管理者正在引入管理者参与的竞争、竞争性合同外包等方式，更有效地提供公共服务。他们通过凭单制扩大顾客的选择空间，通过建立公私伙伴关系来满足公众的需求。他们还在出售国有资产和国有企业，放松规制以便利用市场力量实现政府管制所期望的社会目标。从这个意义上讲，民营化就是新公共管理”②。

奥斯本和盖布勒也认为应该在公共服务中引入竞争机制，从而建立一个“企业家政府”。也就是要使政府处于一个竞争的环境中，不仅在政府内部形成一种政府的竞争机制，而且使政府与私营部门和非政府部门平等地竞争。他们认为，政府应该“掌舵而不是划桨”，要把政府的一些非核心职能通过某种方式转移给私营部门。这样，政府就可以将有限的资源用于发展核心职能，政府可以更专注于战略计划③。

民营化理论或者新公共管理理论认为，政府与非营利组织之间体现的是一种竞争关系，在社会公共服务领域引入非营利组织的一个重要原因，就是要与政府形成竞争关系，从而既提高政府的效率，又改善社会公共服务的供给。

9.2.6　公共治理理论

公共治理理论认为，政府不是管理公共事务的唯一主体，不是合法权力的唯一源泉。

---

① 登哈特夫妇．新公共服务：服务，而不是掌舵．北京：中国人民大学出版社，2004：18．

② 萨瓦斯．民营化与公私部门的伙伴关系．北京：中国人民大学出版社，2002：341-342．

③ 奥斯本，盖布勒．改革政府：企业家精神如何改革着政府．上海：上海译文出版社，1996．

政府、企业等应该在相互依存的环境中分享公共权力，共同管理公共事务。统治的权威主要源于政府的法规命令，而治理的权威则主要源于公民的认同和共识。前者以强制为主，后者以自愿为主。即使没有多数人的认可，政府统治照样可以发挥其作用，而治理则必须建立在多数人的共识和认可之上，没有多数人的同意，治理就很难发挥真正的效用。

在治理过程中，权力运行的向度是不同的。政府统治的权力运行方向总是自上而下的，它运用政府的政治权威，通过发号施令、制定政策和实施政策，对社会公共事务实行单一向度的管理。治理则是一个上下互动的管理过程，它主要通过合作、协商、伙伴关系、确立共同的目标等方式对公共事务实施管理。它所拥有的管理机制主要不依靠政府的权威，而是依靠合作网络的权威。其权力向度是多元的、相互的，而不是单一的和自上而下的。

从治理方式来看，除了国家的常规手段和方法外，公共治理理论更强调各种机构、团体之间的自愿、平等合作。治理主体间的权力存在互相依赖性和互动性，因为参与公共活动的各个组织，无论是公营还是私营，都没有充足的能力和资源来独自解决一切问题。并且，由于存在权力依赖关系，治理过程就成为一个互动的过程，政府与其他社会组织在治理的过程中将建立起各种各样的合作伙伴关系，并最终形成一种自主自治的网络。这一网络要求各种治理主体都放弃自己的部分权利，依靠各自的优势和资源，通过对话来增进理解，最终建立一种公共事务的管理联合体。因此，可以说，治理其实是实现民主的一种新形式。

治理模式还重新设定了与传统公共行政学相对立的人性观和哲学观。传统的行政学假定，社会是由一群追求自己利益最大化的“经济人”组成的，在缺乏强制惩罚的手段时，他们可能产生机会主义行为，并损害公共利益。为了克服这一弊端，需要一个代表全社会利益的政府来对公共事务进行管理。因而，政府是利他的，属于“道德人”的性质。而公共治理理论认为社会组织和个人也具有相当的责任心和道德感，具有为社会、为他人服务的动机，因而提出要反思传统公共行政的“政府模式”或“统治模式”，主张“社会的公共行政”。

此外，公共治理理论也提供了一个考察国家与社会关系的崭新视角。从根本上说，公共治理模式的过程就是寻求新型国家社会关系的过程，是重新定位政府统治与公民作用关系的过程。在治理理念看来，治理的成功实施离不开政府释放出公民组织的自主管理能量。因为公民组织的发展和公民积极参与公共事务是治理得以运转的物质基础，所以治理理念要求政府放松对社会的过度管制，逐步授权给社区、公民，大力发展公民组织，不断增强公民的参与意识，让公民承担一些政府做不到、不宜做的事。

本章小结

本章分别从政治社会学和公共管理学的视角考察了非营利组织。对学界最主要的几种国家与社会关系模式的核心思想进行了介绍，并总结了公共管理学视角中，政府与非营利组织之间主要存在的四种关系。

关键术语

国家与社会关系	多元主义	法团主义	极权主义	行政吸纳社会
新公共管理	市场失灵	契约失灵	政府失灵	志愿失灵
第三方政府	公共选择	民主制行政	多中心治理	新公共管理
公共治理	民营化			

复习思考题

1. 学术界主要从哪些视角考察政府与非营利组织之间的关系？它们考察的重点是什么？

2. 什么是国家与社会的关系？学术界形成了哪几种最主要的国家与社会关系模式？请简述每种模式的主要内容。

3. 新公共管理理论的主要观点是什么？它们体现了一种什么样的政府与非营利组织关系？

4. 当前中国政府与非营利组织的关系有什么特征？

参考文献

1. 萨瓦斯. 民营化与公私部门的伙伴关系. 北京：中国人民大学出版社，2002.

2. 奥斯本，盖布勒. 改革政府：企业家精神如何改革着政府. 上海：上海译文出版社，1996.

3. 登哈特夫妇. 新公共服务：服务，而不是掌舵. 北京：中国人民大学出版社，2004.

4. 萨拉蒙. 公共服务中的伙伴关系：现代福利国家中政府与非营利组织的关系. 北京：商务印书馆，2008.

5. 康晓光，韩恒，卢宪英. 行政吸纳社会：当代中国大陆国家与社会关系研究. 新加坡：世界科技出版公司，2010.

6. 张静. 法团主义. 北京：中国社会科学出版社，1998.

7. HANSMANN H. The role of nonprofit enterprise. The yale law journal，1980.

8. WEISBROD B. Toward a theory of the voluntary non-profit sector in a three-sector economy//PHELPS E S. Morality and economic theory. New York：Russell Sage Foundation，1975.

人大版公共管理类教材

公共管理类专业教材——学科基础课教材

书名	作者
现代管理学原理（第三版）（“十一五”国家级规划教材）	娄成武　魏淑艳
一般管理学原理（第四版）	张康之　周　军
管理学基础（第三版）	方振邦
政治学原理（第三版）	景跃进　张小劲
现代政治学原理（第四版）	石永义　刘玉萼　张　璋
公共管理学（第二版）	陈振明
公共管理学——一种不同于传统行政学的研究途径（第二版）	陈振明
公共管理学（第三版）（数字教材版）（“十二五”国家级规划教材）	蔡立辉　王乐夫
公共管理学（精编版）	王乐夫　蔡立辉
公共管理学（第二版）	张康之　郑家昊
公共管理概论（第二版）	朱立言　谢　明
公共政策导论（第六版）（数字教材版）	谢　明
公共政策概论（第二版）	谢　明
公共政策学——政策分析的理论、方法和技术（“十一五”国家级规划教材）	陈振明
公共政策学（第二版）	杨宏山
政策科学——公共政策分析导论（第二版）	陈振明
公共经济学（第三版）（“十二五”国家级规划教材）	高培勇
公共经济学教程	秦立建
政府经济学（第四版）（“十一五”国家级规划教材）	郭小聪
政府经济学（第四版）	潘明星　韩丽华

公共管理类专业教材——方法课教材

书名	作者
公共管理研究方法	何兰萍　张俊艳
行政学研究方法与应用案例	萧鸣政　等
管理定量分析：方法与技术（第三版）	刘兰剑

公共管理类专业教材——行政管理、公共事业管理专业教材

书名	作者
行政法学导论	姜晓萍
公共部门人力资源管理（第四版）	孙柏瑛　祁凡骅
公共部门人力资源开发与管理（第五版）（“十二五”国家级规划教材）	孙柏瑛　祁凡骅
公共部门人力资源管理（第三版）	滕玉成　于　萍
公共部门人力资源管理概论（第二版）	方振邦
公共部门人力资源管理案例	周均旭
行政管理学（第五版）（数字教材版）	郭小聪
公共行政学（第五版）	彭和平
公共行政学（第二版）	张康之　张乾友
行政学导论（第三版）	齐明山

书名	作者
行政管理学导引与案例	陈季修
管理心理学（第三版）	范逢春
公共组织行为学（第三版）（“十一五”国家级规划教材）	孙　萍　张　平
公共组织学（第四版）	李传军
行政组织学（第二版）	张　昕　李　泉
公共组织理论	陆明远　冯　楠
公共事业管理概论（第三版）	朱仁显
公共组织财务管理（第三版）（“十一五”国家级规划教材）	王为民
国家公务员制度（第五版）（数字教材版）（“十二五”国家级规划教材）	舒　放　贾自欣
国家公务员制度概论（第二版）	刘碧强　郗永勤
公务员制度概论	李如海
公务员制度	温志强　王彦平　郝雅立
当代国家公务员制度：理论与实践	胡春艳
行政领导学（第三版）	朱立言　李国梁
领导学（第五版）	邱霈恩
领导学	孙　健
现代市政学（第五版）（数字教材版）	王佃利
市政管理学（第五版）（“十一五”国家级规划教材）	杨宏山
社区管理（第四版）	汪大海　魏　娜　郇建立
社区管理原理与案例	魏　娜
电子政务教程（第三版）（“十一五”国家级规划教材）	赵国俊
电子政府与电子政务（第二版）（“十一五”国家级规划教材）	张锐昕
行政伦理学教程（第四版）（“十二五”国家级规划教材）	张康之　李传军
公共危机管理概论（第二版）	王宏伟
公共危机管理	唐　钧
当代中国政府与政治（第二版）	景跃进　陈明明　肖　滨
当代中国政府与行政（第三版）	魏　娜　吴爱明
地方政府学概论（第二版）	方　雷
地方政府管理（第二版）	陈瑞莲　张紧跟
管理秘书实务（第三版）	赵锁龙
行政秘书学	唐　钧
公文写作与处理	赵国俊
机关管理的原理与方法（第三版）	赵国俊　陈幽泓
公共部门绩效管理（第二版）	方振邦
政府绩效管理（第二版）	方振邦　葛蕾蕾
政府绩效评估	蔡立辉
政府公共关系（第二版）（“十一五”国家级规划教材）	廖为建　张　宁
西方行政学理论概要（第二版）（“十一五”国家级规划教材）	丁　煌
公共行政学史（第二版）	何艳玲
西方公共管理名著导读	汪大海
文化管理学（第三版）（“十二五”国家级规划教材）	孙　萍
文化创意产业导论	魏鹏举
卫生事业管理（第二版）（“十一五”国家级规划教材）	李　鲁
现代公用事业管理	崔运武

公共管理类专业教材——劳动与社会保障专业教材

书名	作者
社会保障概论（第七版）	孙光德　董克用
社会保障学	戴卫东
劳动经济学（“十一五”国家级规划教材）	董克用　刘　昕
劳动法与社会保障法	黎建飞
社会保险学（第四版）	孙树菡　朱丽敏
社会保障基金管理	李春根
社会保障国际比较	仇雨临

公共管理类专业教材——土地资源管理专业教材

书名	作者
土地经济学（第八版）（“十一五”国家级规划教材）	毕宝德
土地法学（中国人民大学“十三五”规划教材）	严金明
土地资源学	张正峰　赵文武
土地资源管理学（第二版）	张正峰
国土空间规划学	张占录　张正峰
不动产估价（第二版）（“十一五”国家级规划教材）	叶剑平　曲卫东
土地信息系统	曲卫东　韩　琼
地籍管理（第五版）（“十一五”国家级规划教材）	谭　峻　林增杰

公共管理类专业教材——城市管理专业教材

书名	作者
城市管理学（第四版）	杨宏山
城市管理学：公共视角	陆　军　等
城市管理法	王丛虎
城市总体规划原理	郐艳丽　田　莉

公共管理类教材——应急管理专业教材

书名	作者
应急管理导论：原理与案例	李燕凌　朱正威 张海波　章文光
应急管理概论	王宏伟
应急管理理论与实践	唐　钧
突发事件风险管理	张小明
应急管理新论	王宏伟
新媒体时代的应急管理与危机公关	唐　钧
公共安全风险治理	唐　钧

公共管理硕士（MPA）教材——核心课教材

书名	作者
全国公共管理硕士（MPA）核心课程教学指导纲要	全国公共管理专业学位 研究生教育指导委员会
社会主义建设理论与实践（第三版）	李景治　蒲国良
公共管理英语（修订版）	顾建光

书名	作者
学术规范和论文写作	胡宏伟
公共管理学（第三版）（全国优秀教材二等奖）	张成福　党秀云
公共管理学原理（修订版）	陈振明
公共管理导论	竺乾威　朱春奎　李瑞昌
公共政策分析	陈振明
公共政策分析导论	陈振明
公共政策分析概论（修订版）	谢　明
公共部门经济学（第三版）	高培勇　崔　军
公共经济学	唐任伍
行政法学（修订版）	皮纯协　张成福
行政法学概论（第三版）	胡锦光
非营利组织管理概论（修订版）	王　名
非营利组织管理	王　名　王　超
公共管理伦理学（修订版）	张康之
社会研究方法	陈振明
电子政务理论与方法（第五版）	金江军
公文写作概论	高永贵

公共管理硕士（MPA）教材——专业方向必修课、选修课教材

书名	作者
公务员制度教程（第六版）	舒　放　王克良
比较政府与政治（修订版）	卓　越
当代中国政府与政治（第三版）	吴爱明　朱国斌　林　震
公共部门人力资源管理及案例教程（第三版）	陈天祥
公共部门绩效评估（修订版）	卓　越
公共部门危机管理（第三版）	张小明
应急管理通论（第二版）	李雪峰
公共部门战略管理（修订版）	陈振明
MPA 学位论文写作指南	汪大海

图书在版编目（CIP）数据

非营利组织管理/康晓光主编. --2版. --北京：中国人民大学出版社，2020.8
新编21世纪公共管理系列教材
ISBN 978-7-300-26875-0

Ⅰ.①非… Ⅱ.①康… Ⅲ.①非营利组织-组织管理-高等学校-教材 Ⅳ.①C912.21

中国版本图书馆CIP数据核字（2020）第151641号

新编21世纪公共管理系列教材
非营利组织管理（第二版）
康晓光 主编
Feiyingli Zuzhi Guanli

出版发行 中国人民大学出版社
社　　址 北京中关村大街31号　　**邮政编码** 100080
电　　话 010－62511242（总编室）　010－62511770（质管部）
010－82501766（邮购部）　010－62514148（门市部）
010－62515195（发行公司）　010－62515275（盗版举报）
网　　址 http://www.crup.com.cn
经　　销 新华书店
印　　刷 北京溢漾印刷有限公司
开　　本 787 mm×1092 mm 1/16
印　　张 12.25
字　　数 284 000
版　　次 2011年9月第1版
2020年8月第2版
印　　次 2024年8月第6次印刷
定　　价 42.00元

中国人民大学出版社　管理分社

教师教学服务说明

中国人民大学出版社管理分社以出版工商管理和公共管理类精品图书为宗旨。为更好地服务一线教师，我们着力建设了一批数字化、立体化的网络教学资源。教师可以通过以下方式获得免费下载教学资源的权限：

★ 在中国人民大学出版社网站 www.crup.com.cn 进行注册，注册后进入“会员中心”，在左侧点击“我的教师认证”，填写相关信息，提交后等待审核。我们将在一个工作日内为您开通相关资源的下载权限。

★ 如您急需教学资源或需要其他帮助，请加入教师 QQ 群或在工作时间与我们联络。

中国人民大学出版社　管理分社

教师 QQ 群： 648333426(工商管理)　114970332(财会)　648117133(公共管理)
教师群仅限教师加入，入群请备注(学校+姓名)

联系电话： 010-62515735，62515987，62515782，82501048，62514760

电子邮箱： glcbfs@crup.com.cn

通讯地址： 北京市海淀区中关村大街甲 59 号文化大厦 1501 室(100872)

管理书社　　人大社财会　　公共管理与政治学悦读坊

中国人民大学出版社　管理分社

教师教学服务说明

中国人民大学出版社管理分社以出版工商管理和公共管理类精品图书为宗旨。为更好地服务一线教师，我们着力建设了一批数字化、立体化的网络教学资源。教师可以通过以下方式获得免费下载教学资源的权限：

- 在中国人民大学出版社网站 www.crup.com.cn 进行注册，注册后进入“会员中心”，在左侧点击“我的教师认证”，填写相关信息，提交后等待审核。我们将在一个工作日内为您开通相关资源的下载权限。
- 如您急需教学资源或需要其他帮助，请加入教师 QQ 群或在工作时间与我们联络。

中国人民大学出版社　管理分社

教师 QQ 群： 648333426（工商管理）　114970332（财会）　648117133（公共管理）
教师群仅限教师加入，入群请备注（学校＋姓名）

联系电话： 010-62515735，62515987，62515782，82501048，62514760

电子邮箱： glcbfs@crup.com.cn

通讯地址： 北京市海淀区中关村大街甲 59 号文化大厦 1501 室（100872）

管理书社　　人大社财会　　公共管理与政治学悦读坊